PALUDARIUM
&
AQUA-TERRARIUM

新装版

パルダリウムとアクアテラリウム

ガラスの中のボタニカルガーデン

エムピージェー

パルダリウム、アクアテラリウムの世界

水槽の中に緑の風景を作り出す
パルダリウムやアクアテラリウムの
注目度が高まっています。
関連する商品も多く発売され、
以前より手軽に楽しめるようになりましたが、
生物を育成することもあり
多少のコツは必要です。
本書はそのコツをたくさん盛り込んで
皆さんにお届けしようという考えのもとに
企画されました。
これからのグリーンライフの傍に
本書を置いていただければ幸いです。

協力／アクア・テイラーズ、アクアテイク - E、AQUA free、H2 豊洲店、N.B.A.T、かねだい東戸塚店、color、シモリン、
SENSUOUS、yossie-y2k、ロイヤルホームセンター千葉北店ワンズモール内ビオナ

パルダリウム、アクアテラリウムって何？

○○リウムというジャンルはいくつかある。いちばん有名なのはアクアリウムだろうか。パルダリウムとアクアテラリウムを分けるはっきりとした基準はないが、本書ではおよそ以下のように言葉を使い分けている。

イラスト／いずもり・よう

パルダリウム
Paludarium

ヨーロッパ発祥のレイアウトスタイルで主に熱帯雨林の多湿環境を再現したケース。特に植物の育成に重点を置いたものをパルダリウムと呼ぶことが多い。水場は浅い（小さい）かない。多湿環境を維持するためにケースはフタのある密閉型であることが多い。

アクアテラリウム
Aqua-Terrarium

アクアリウムとテラリウムを組み合わせた造語。とはいえ日本では少なくとも1980年代初頭から雑誌などでも使われており現在では広く認知された言葉と言っていいだろう。アクアテラリウムにも様々なスタイルがあるが、パルダリウムと比べ水場が大きく、ケースはフタのない開放型であることが多い。

その他の“リウム”

アクアリウム
Aquarium

魚などの水性生物を飼育するケース。水はケースいっぱいに満たされていることが普通。水族館も英語ではアクアリウム。

テラリウム
Terrarium

土を入れ植物を育成するケース。または動物を飼育するケース。水場はないか小さい。

ビバリウム
Vivarium

自然環境の一部を切り取り、人工的に再現させて楽しもうというもの。本来はアクアリウム、テラリウム、パルダリウム他を包括する言葉であるが、特に爬虫類・両生類を飼育するケースの呼称として一般的になっている。

コケリウム
Kokerium

近年ブームのコケ。それをパルダリウム的な管理で育成するケースをこう呼ぶことがある。近年の造語。

イモリウム
Imorium

パルダリウム／アクアテラリウムの住人として人気のイモリ。そのイモリを飼うケースをこう呼ぶことがある。近年の造語。

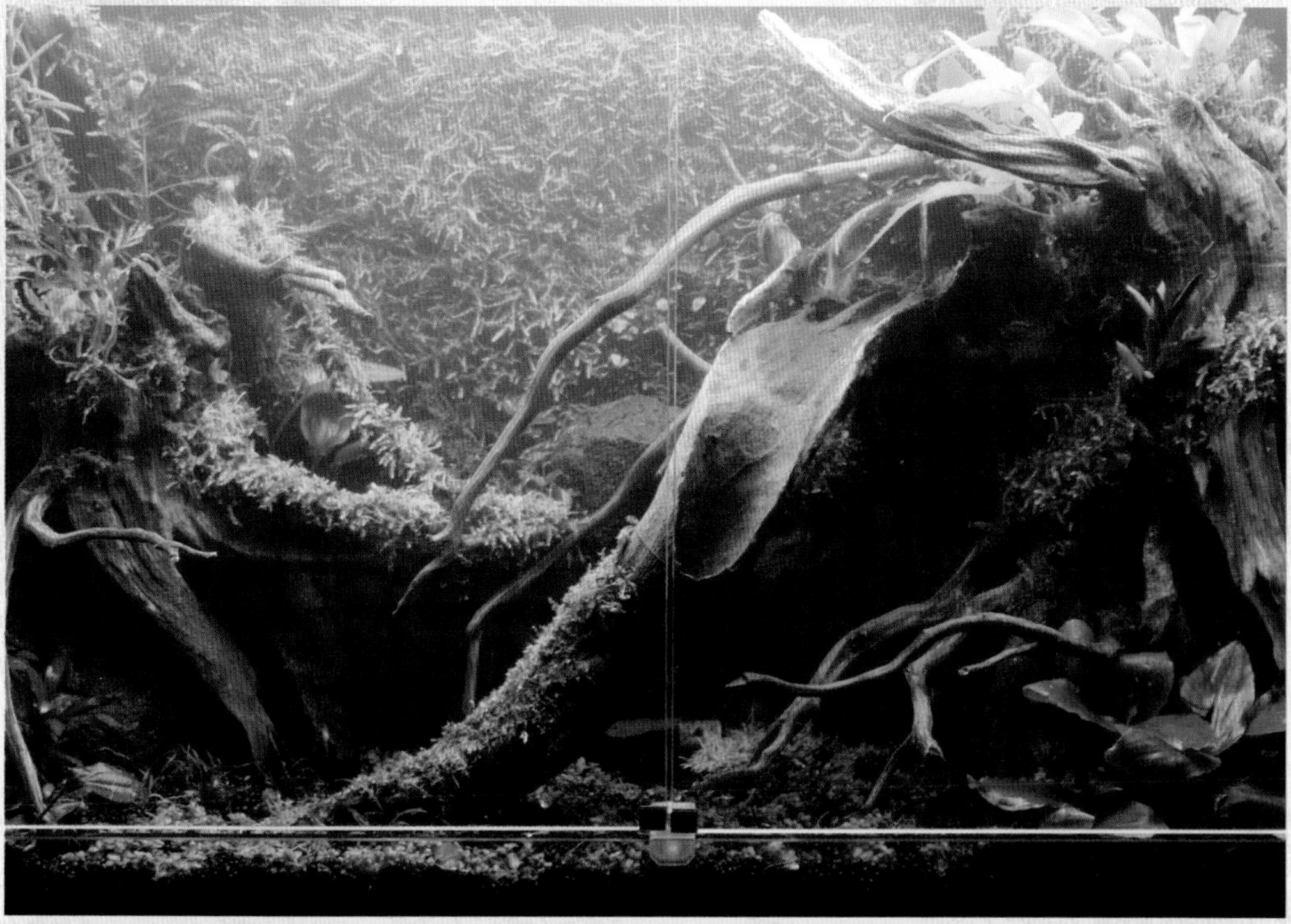

Paludarium

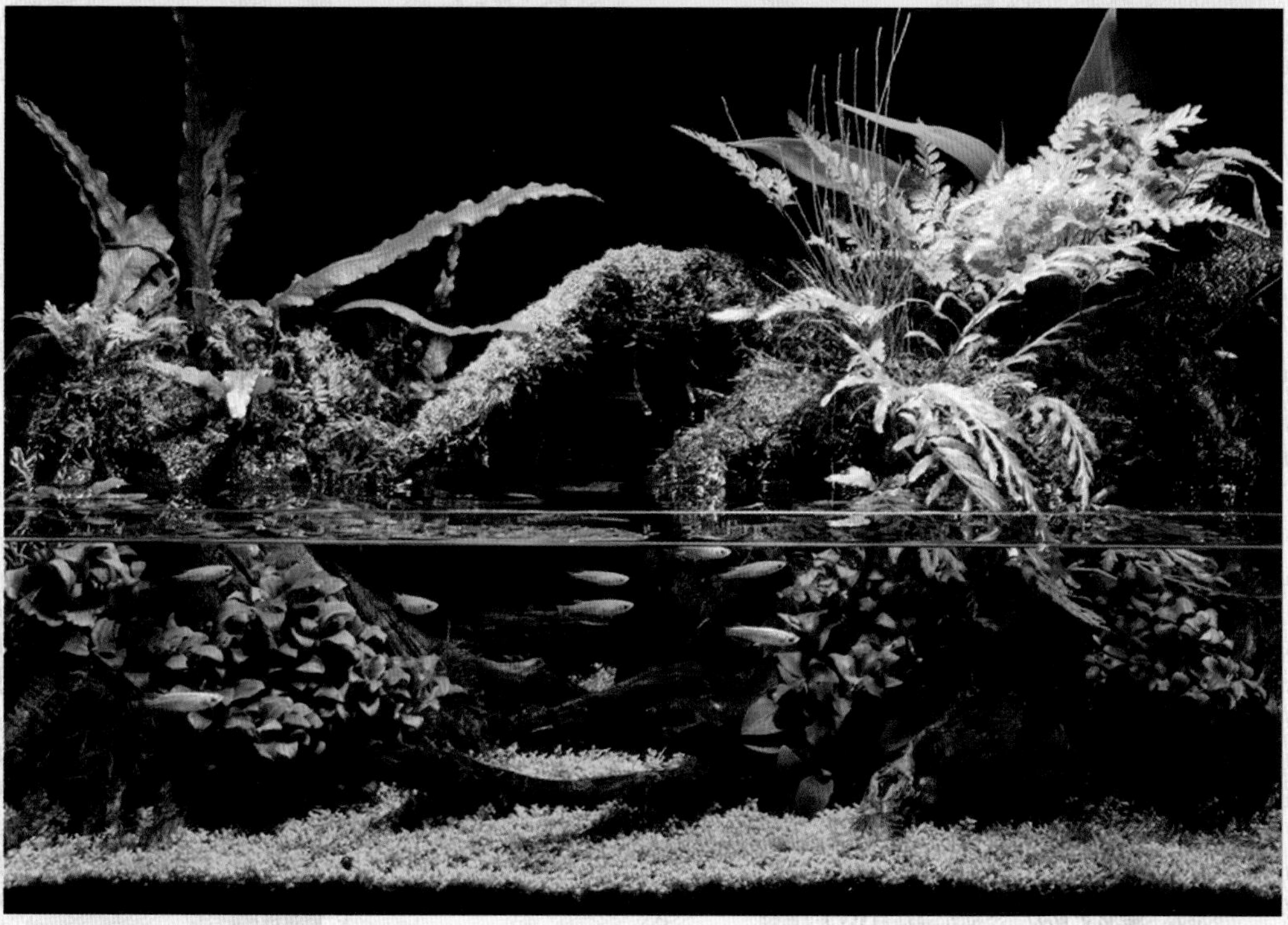

Aqua-Terrarium

N.B.A.T

特大パルダリウム！

幅 2m はあるだろうか。巨大なガラスの温室にびっしりと熱帯植物を植えた例。こちらはオランダの愛好家宅。オランダは水草ほか植物栽培について独自の文化を築いている

パルダやアクアテラには さまざまな楽しみ方がある

かしこまったルールは存在せず、
多彩な楽しみ方ができるパルダリウムとアクアテラリウム。
初めはわからないことも多いだろうが、
「好きな生き物を大切にする」ことさえ意識していれば、
自分なりのスタイルが身についていくはずだ。

極小パルダリウム！

大きなパルダリウムもあれば小さなパルダリウムもある。こちらは幅 13cm ほどのケースで手のひらに乗るくらい。専用のキットも発売されている

T.I

N.H

N.H

とっておきの植物を育てたい！

ポイントにお気に入りの植物を植えればパルダリウムへの愛着も増すというもの。左は葉脈が光り輝くジュエルオーキッドの仲間、右は凸凹した葉が面白いゲスネリアの仲間

人気のコケ栽培も！

パルダリウムではコケが多用される。長期育成のポイントは掴みづらいが、近年ではノウハウの蓄積も著しい

T.I

ペットも飼育できる！

パルダリウムやアクアテラリウムで飼うのに向いた動物もいるし、飼いたい動物に合わせてレイアウトを仕立てるのもよい。上はシリケンイモリ、下はキオビヤドクガエル

N.H

N.H

MPJ

作ることが楽しい！

土を練ったり、植物を植えたり。思い浮かべたレイアウトに近づけていく、その工程自体が楽しいのもこの趣味の魅力

CONTENTS

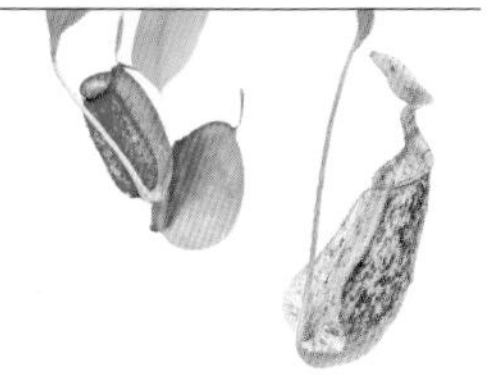

chapter 04

パルダリウム&アクアテラリウム 植物図鑑 142

chapter 05

愛好家訪問、フィールド採集 176

使いやすいグッズカタログ 196

本書は2021年発行「月刊アクアライフ増刊　パルダリウムとアクアテラリウム」を加筆修正し、新たな記事を追加するなどして発行したものです。本書に掲載した情報は一部を除き取材時のものです。

カバー写真／アクアデザインアマノ、橋本直之

chapter 01

パルダリウムアレンジ

奔放に成長する植物の姿を楽しむもよし。
デザイン重視で土台や植物を形作るもよし。
自分なりの感性でケースを彩ろう。

紹介しているレイアウトについて
・フタや前扉を外して撮影しているものもある
・水槽（ケース）のサイズは幅×奥行×高さ

paludarium arrange

小さくて爽やかなパルダリウム

レイアウト制作／アクアフォレスト新宿店　撮影／石渡俊晴

プテリスなど一般的な観葉植物もガラス越しに見ればまた異なった印象に

日本には古くから季節の風物詩があり、それぞれの季節を豊かな心持ちで暮らそうとつとめてきた。

パルダリウムはある季節限定のものではないが、ここで紹介する3点は特に夏に似つかわしい涼しげな作風だ。全体に爽やかな色合いの植物を使い、植物の種類も抑え気味で、密に植え込んでいない。

制作については、底床を入れ、石を置き、植物を植えるといった段取り。壁一面を緑で覆ったり、水槽の中に滝を作ったりしなければ、それこそ観葉植物の植木鉢感覚で制作できる。

うだるような暑さが続く昨今の夏。こんなパルダリウムを用意して一服の涼を味わうのも良さそうだ。

DATA

【水槽】15×15×20cm
【植物】①プテリス　②リュウノヒゲ　③イオニマス・ミクロフィラス・'ゴールド'　④ホソバオキナゴケ他

※3点のパルダリウム 共通
【照明】小型 LED ライト　11 時間／日
【底床】プラチナソイル（JUN）【管理】1 日 2 回霧吹き

黄虎石を中央に大きく。それだけで「レイアウト感」が生まれる

DATA

【水槽】20 × 20 × 30cm
【植物】①ヘデラ　②ホソバオキナゴケ他

DATA

【水槽】15.8 × 13 × 17cm
【植物】①アスパラガス
②ホソバオキナゴケ

細かい葉を持つアスパラガスが涼しげ

パルダリウム虎の巻

レイアウト制作／ロイヤルホームセンター千葉北店ワンズモール内ビオナ
撮影／石渡俊晴

動物などのフィギュアを入れるパルダリウムも楽しまれている。このレイアウトでは、中国北東部のジャングルに棲息するトラが水場まで子を運ぶシーンを再現。中国を印象付ける植物として用いられている笹は、水槽内で育てるにはちょっとしたコツが必要だ。ここでは用土に高い保水性を持たせるため、ケト土に植物用の造形材（造形君）をミックスして使用することで、きれいに育成することに成功した。

DATA

【水槽】25 × 25 × 24.5cm
【照明】10W　4～5時間／日
【管理】水槽手前の砂が乾いたら、盛土でつくった丘の上から注水（手前の砂がひたひたになるくらい）
【植物】①ドラセナ　②笹　③タマゴケ　④カモジゴケ　⑤ホソバオキナゴケ　⑥フィカス・プミラ・'ミニマ'　⑦ソレイロリア（アイリッシュモス）

カニの住処

レイアウト制作／ロイヤルホームセンター千葉北店ワンズモール内ビオナ
撮影／石渡俊晴

パルダリウムで小型の淡水棲カニを飼育。カニと熱帯植物をうまく共存させるポイントは高湿にしすぎないこと。ここではホソバオキナゴケやセキショウなど、比較的乾燥した環境でも育つ植物を用いた。またカニにレイアウトが壊されることがないよう、植物の周辺をコケで密に覆い、植物の根をしっかり張らせている。カニはこのレイアウトを気に入ったようで、岩にしがみついたりコケの壁を這い上がったりと、立体的な行動を披露してくれた。

DATA

【水槽】20.5 × 20.5 × 20.3cm
【照明】8W　5 時間／日
【管理】乾燥してきたら注水
【飼育種】ディープオーキッドバンパイアクラブ
【植物】①フィカス・プミラ・‘ミニマ’　②セキショウ　③クリプタンサス・‘グリーン’　④ホソバオキナゴケ　⑤タイワンモミジ

幽玄壮大……でも小さい

レイアウト制作／和泉一司（aquarium shop suisai）　撮影／石渡俊晴

手前には大きな植物、奥には小さめの植物を配置するなどして20センチ角の大きさながら見応えのある景観に。水草レイアウトを得意とする制作者ならではの作例。セットから約3カ月。

ここで飼育するのはマダライモリ。立体活動を好み、中央の流木を這い登ることも。販売ケースも兼ねているので匹数は増減する

DATA

【水槽】20 × 20 × 20cm（ネオグラスエア／ DOOA）
【照明】LED ライト（CLEAR LED リーフグロー／ GEX）10 時間／日
【底床】アクアソイル アマゾニア パウダー（ADA）
【管理】たまにゴミ取り（水を満たして排出）、フタをして保湿、時折足し水
【温度】25℃
【飼育種】マダライモリ（1 ～ 3）
【植物】①ツユクサ sp.‘KEISAK’　②シペルス　③ブセファランドラの一種　④ラゲナンドラの一種　⑤ウォーターローンとグロッソスティグマ（混栽）　⑥フレイムモス　⑦ウィーピングモス

水草の水上葉を利用して

レイアウト制作／アクアフォレスト新宿店　撮影／石渡俊晴

主役と据えた植物は赤い水草のアルテルナンテラ・レインキーで、制作者の店内にあったレイアウト水槽から水上葉を切り出したもの。手軽でかっこいい水草の再利用だ。セットから約1ヵ月。

DATA

【水槽】直径20 ×高さ20cm（グラスアクアリウム ティアー／ GEX）
【照明】LEDライト（こもれび／水作）　10時間／日
【底床】ラプラタサンド（ADA）、植栽部はソイル
【管理】霧吹きを適宜
【温度】25 ～ 26℃
【植物】①アルテルナンテラ・レインキー　②タマシダ　③オーストラリアンドワーフヒドロコティレ、他ヘデラ、スギゴケ、ハイゴケ

カニバリウムのご提案！

レイアウト制作／市ヶ谷フィッシュセンター
撮影／石渡俊晴

食虫植物（Carnivorous plant）はその奇異な姿から人気の植物だ。鉢で育成すれば園芸の範疇だが、それをガラス容器に入れたらどうだろう？　……すなわち、“リウム”のお仲間となる。制作者によると、実際この育成方法（密閉気味にしてフタに隙間を開ける）で複数種のウツボカズラを調子良く育成できているという。あとはこれで飼える動物が見つかると面白さを増すのだが……（程よい大きさだと食べられてしまうかも）。セットから約10ヵ月。

DATA

【水槽】直径22 ×高さ30cm
【照明】スポット型のLEDライト　10時間／日
【底床】下からミリオンエース、軽石、ミズゴケ
【管理】セット初期は霧吹きを多め、その後は底床が乾いたら足し水
【温度】25 ～ 26℃
【植物】ウツボカズラ、ハエトリグサ、ハイゴケ

小さな本格パルダリウム

写真提供／ADA

魚などの動物を飼育しない植物主体のパルダリウムは小さな水槽でも作りやすい。ここで紹介する2つのパルダリウムはともに幅と奥行きは20センチであるが、背の高いものと低いもの、草本中心とモス類中心と、だいぶ趣きが異なる。それぞれの詳細は写真に付するが、まずは手始めにというのであれば、このような小さな器を選ぶのがよいだろう。様々な生活空間に移動できるのも利点だ。

DATA

【水槽】20×20×20cm（ネオグラスエア／DOOA）
【底床】ジャングルソイル、ジャングルベース（ともにDOOA）【温度】26℃【管理】霧吹きを週に1度（湿度は75%。フタのずらし方で温度と湿度を調整して蒸れないように）
【植物】①ニューラージパールグラス ②ウォーターローン ③ピグミーマッシュルーム ④ラゲナンドラ・ケラレンシス ⑤クリプトコリネ・ルーケンス ⑥ベトナムゴマノハグサ ⑦ハイグロフィラ・ピンナティフィダ ⑧エピデンドラム・ポーパックス ⑨セラトスティリス・フィリピネンシス ⑩クリスマスモス

DATA

【水槽】20×20×35cm（ネオグラスエア／DOOA）
【底床】ジャングルソイル、ジャングルベース（ともにDOOA）【温度】26℃【管理】霧吹きを週に1度（湿度は75%。フタのずらし方で温度と湿度を調整して蒸れないように）
【植物】①ラゲナンドラ・ケラレンシス ②ラゲナンドラ・ナイリィ ③ベゴニア・クアドリアラータ ④ベゴニア・ルゾネンシス ⑤ベゴニア sp. ⑥プレウロタリス・テレス ⑦デンドロビウム・リケナストラム・プレンティセイ ⑧タチゴケ

雲山石を中心に据えたレイアウト。この石には凸凹があり、ベゴニアやモス、ラン類がしっかりと着生している。無機質な石が植物で彩られ生命感をまとう。お互いの個性を引き立てあっているような印象的な作例だ（レイアウト制作／本間裕介（ADA））

コケが生え、動物が置き忘れたドングリが芽吹き……自然下の倒木に展開するドラマを想像しながら制作されたレイアウト。じっと流木を眺めているとそんな月日が思い浮かぶようだ（レイアウト制作／岩堀康太（ADA））

タネから育てたパルダリウム

レイアウト制作／滝谷 滋（AQUA free） 撮影／石渡俊晴

水草のタネをまいて育成するキット（ほとりえ）を使用した水上レイアウト。手軽なキットではあるが、細部には制作者のこだわりも。木化石の間を垂れるように育つ水草はあえて一部をカットして不揃いとし、下方に伸長する様子を強調している。こうした工夫により、幅13cmとは思えないほどのスケール感も生まれている。セットから17日。

DATA

【水槽】13×8×15cm（ほとりえM／水作）
【照明】LEDライト（ライトアップ150／水作）10時間／日
【底床】ベースソイル、ベースサンド（ほとりえ／水作）
【管理】足し水を適宜、フタをして保湿（一部開けて換気にも配慮）
【温度】25～26℃
【植物】水草のタネ（ほとりえ／水作）

色鮮やかな水上葉の美

レイアウト制作／小野寺啓介（color） 撮影／石渡俊晴

水草の水上葉を楽しむためのレイアウト。ガラスポットのフタには隙間があるので、完全に密閉されてはいない。そのため、ある程度通気するような環境を好む種を植えている。ホシクサの仲間、スターレンジも美しく成長中。

DATA

【水槽】直径9.5×高さ14.6cm（ガラスポットMARU95／DOOA）
【底床】ジャングルソイル、ジャングルベース（DOOA）
【管理】霧吹きを適宜（水草の葉が濡れる程度）
【植物】①ニューラージパールグラス ②アルテルナンテラ・レインキー・'ミニ' ③アヌビアス・ナナ・'プチ' ④スターレンジ

霧吹きをせずに管理する

レイアウト制作／アクア・テイラーズ　撮影／石渡俊晴

このレイアウトを制作したショップは日本のパルダリウムの草分け的存在。コケほか湿度を好む植物の管理においては、長年のあいだ霧吹きによる管理を推奨してきたが、霧吹きといえど、その回数と水の量が十分でない場合、水気が足りず乾燥してしまう。そして乾燥していること自体がわかりにくく、多くの方にとって霧吹きによる管理が難しいことに気がついたという。大切なのは土台に含まれる水分であるという観点に立ち、霧吹きではなく水やりだけでパルダリウムを管理する方法を研究した。

　結果としてコケの土台に水分を保持する素材（造形君など）を使用し、フタをぴっちりと閉めることで3ヵ月に1回程度の水やりでパルダリウムを維持できる方法に行き着いた。こうした管理でうまくいけば半年も水を足さずに済むというから、ほとんどノーメンテといえる。

　途中、少し植物が乾き気味……と感じたときには、安易に水やりをせず、ぴったりと閉めたフタを少しずらし、半日ほどおいておく。そうすることで土中の水分の蒸発が促され、植物はみずみずしく復活するという。この域になるとかなりの観察眼も必要になりそうだが、そもそも手軽であるし試してみる価値はある。

　パルダリウムが多くの人に知られるようになって7年ほどであろうか。そのあいだ様々な人が試行錯誤することにより、少しずつ育成方法も進化してきた。ますます多くの人が楽しめる趣味になるに違いない。

霧吹きをせずに管理されたレイアウト。水槽はぴったりとフタが閉められるものを使用（グラステリアフィット）。水がはねるとガラス面を拭く手間が増えるため、水やりの際は背面に沿うようにそっと水を注ぎ入れている

レイアウト素材としてウッドストーンを使用している。石であるが木のようでもある見た目がユニーク。ペンチなどで割ることもできる

DATA

【水槽】10 × 10 × 20cm （グラステリアフィット100 ／ GEX）
【照明】LED ライト（育つライト／アクア・テイラーズ）　8 ～ 12 時間／日
【底床】育つソイル（アクア・テイラーズ）
【素材】ウッドストーン（アクア・テイラーズ）
【造形材】極床 造形君（ピクタ）
【温度】25℃
【管理】水やりを 3 ヵ月に 1 回
【植物】アラハシラガゴケ

艶っぽい Wetland

レイアウト制作／アクアフォレスト新宿店　撮影／石渡俊晴

制作者が湿地帯を思い浮かべて制作したというこのレイアウト。どことなく艶っぽいというか色っぽいというか。それを醸し出しているのは、奇異な形をした 2 種の食虫植物かもしれない。セットから約 3 ヵ月。

DATA

【水槽】直径 16 ×高さ 30cm（モッサリウム ML-1 ／アクア・テイラーズ）
【照明】水槽付属の LED ライト　10 時間／日
【底床】プラチナソイル（JUN）
【管理】週に 1 回霧吹き、底床が乾いたら足し水、その他、ガラス面のカルシウム落とし
【温度】20 ～ 30℃
【植物】①ハエトリグサ　②サラセニア　③ネフロレピス・'ブルーベル'　④ニューラージパールグラス、他ヒメイタビ、ドワーフマッシュルーム

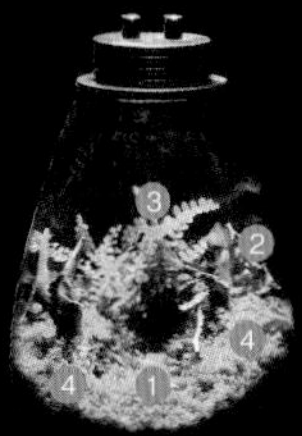

パルダリウムの山岳レイアウト

レイアウト制作／滝谷 滋（AQUA free） 撮影／石渡俊晴

水草を楽しんでいるとトリミングした株の処理に困ることがある。せっかく育てたのに捨てるしかないのか……と。

このレイアウトはそんなトリミングの際に思い立って作られたもの。水草レイアウトで育ったニューラージパールグラスとウォーターローンを石組みした水槽に置いていった。もちろん写真を見ればわかるように、石組自体もレイアウトとして形になっている。明るい色の砂、険しい表情の石、そして鮮やかな緑の水草で構成されているこれは、水草レイアウトでいうところのいわゆる「山岳系」だ。

ニューラージとウォーターローンは育成難種ではないが、それでも水中で育てるには二酸化炭素は必須だ。しかし、水上ではとても丈夫で、水を薄く張り、隙間なくフタをして湿度を保てば旺盛に増殖していく。

もともと水草を植えているのだから、ここに水を張ればそのまま水草レイアウトとなる。実はそれも織り込み済みで、魚の遊泳スペースを多くとれるよう石をあまり高く積み上げていない。水陸自在に楽しむ。これもパルダリウムの一つの形だろう。

水草を植えているので、水を張ったらそのまま水草レイアウトとなる。アクアリストならではの楽しみ方といえる

険しい表情の龍王石がレイアウトを印象付ける。実はこの水槽ではウォーターローンが花を咲かせているのだが、「山岳」のスケール感をそこなうため花芽をカットしている

DATA

【水槽】60 × 30 × 23cm
【照明】LED ライト（アクアスカイ G ／ ADA） 10 時間／日
【底床】水草が多い後ろの方はアマゾニア - ライト（ADA）、前面はラプラタサンド（ADA）
【温度】25℃
【管理】植物活力剤適宜、霧吹きを毎日
【植物】ウォーターローン＆ニューラージパールグラス（混栽）

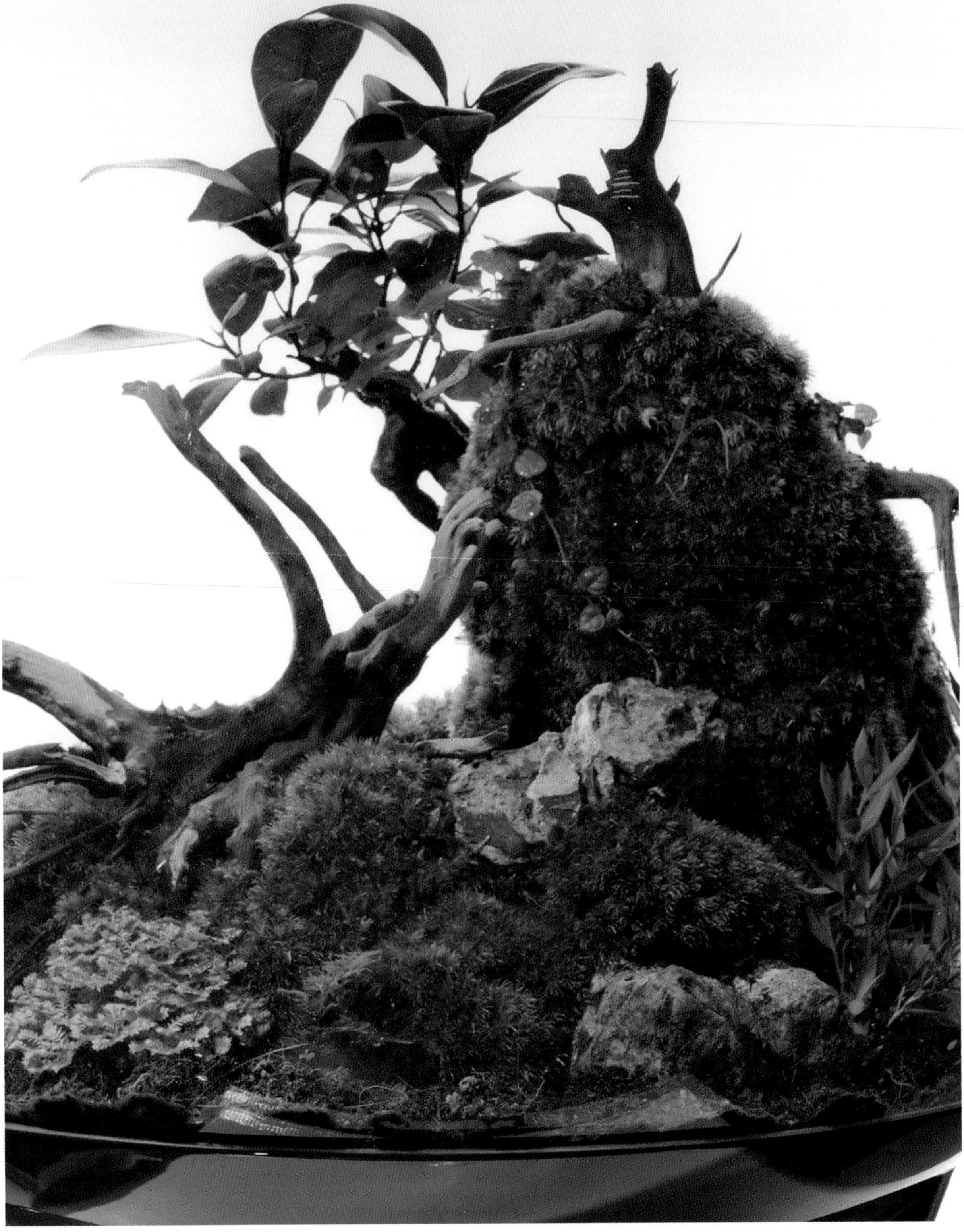

球形ケースにこんもりとしたコケの丘を

レイアウト制作／高橋義和（ロイヤルホームセンター千葉北店ワンズモール内ビオナ）　撮影／石渡俊晴

　球形の大きな専用ケースに作られたパルダリウム。球は目を引く形であるが、360度すべてが観賞面のため、水槽とは違ったレイアウトの作法もある。まずは後ろも前もないため、レイアウトの見所は必然的に中心に集まる。また、空間を寂しく見せないため、その構造は背が高いものになる、といった具合だ。

　写真のレイアウトはそれらを考慮して作られたもの。中央に高く寄せた流木は様々な面から見ても様になる形に組まれ、コケも美しく生えそろっており、パルダリウム好きにはたまらない景色を作っている。

裏も表もなく美しく作る。四角い水槽のレイアウトとはまた違った条件を楽しみたい

DATA

【水槽】直径 51.2 ×高さ 57.8cm（biOrb AIR ／ OASE）
【照明】LED ライト（水槽にセット）　12 時間／日
【底床】ソイル
【温度】26℃
【管理】自動ミスト（水槽にセット）
【植物】①ポゴナテルム・‘モニカ’　②ガジュマル　③ホソバオキナゴケ　④クッションモス
その他、ユキノシタ、コケシダ、シンニンギア・プシラ、ヒメイタビ（屋久島産）

このケースは湿度が設定以下になると自動でミスティングされる機能がある

360度観賞できるコケのアレンジ

レイアウト制作／小野寺啓介（color）　撮影／石渡俊晴

用いたケースはコケの育成のための様々な工夫が施してあり、たとえば水槽フタの一部を開け閉めすることで、湿度の調整ができる

円柱のケースに収まったコケ中心のレイアウト。イメージは立ち木のように見える流木（オールドウッド）を中心に膨らませていった。溶岩石の丘にすくっと立つ木、その周辺に展開するコケほか植物たち……といった景色だ。

　水槽の形を活かして、ぐるりと回って見ても、上から見ても違和感のないように仕立てているのもポイント。化粧砂の見える方が正面となるが、制作の際には360度からチェックして、見た目に気になるところに手を入れていった。

　ベースに敷いている底床にコケ専用のものを用いていることもあり、コケ以外の植物もそれを基準に選定した。コケ専用の底床は肥料分がわずかで、旺盛な成長をする植物には向いていない。

　かわいらしく仕立ててあるが、随所に細かい配慮がなされている。経過から5ヵ月ほど経つが、植物は生き生きと成長している。

DATA

【水槽】直径21×高さ33cm（Mossarium CL-1／アクア・テイラーズ）
【照明】LEDライト（水槽に付属のもの）10時間／日
【底床】化粧砂、コケ専用ソイル、コケ専用ベース
【温度】25℃
【管理】霧吹きを毎日
【植物】①ヒノキゴケ　②ホソバオキナゴケ　③ヒツジゴケ　④ネフロレピス・'ライムシャワー'　⑤プテリス・ムルチフィダ

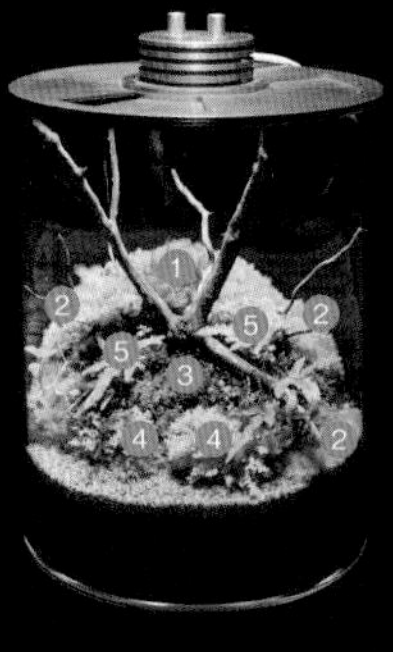

溶岩石で作られた丘を緑が覆う。どこか幻想的な風景が形作られた

横からだけではなく上方からも観賞ができるように植物や素材を配置した

ふわふわのホソバオキナゴケ。コケほか植物は生え際がていねいに処理されていて、360度どこから見ても違和感がない

彩り豊かな欧風パルダリウム

レイアウト制作／アクア・テイラーズ　撮影／石渡俊晴

ヨーロッパ、特にオランダはパルダリウムの本場といえ、壁一面もあるような大きなケースでパルダリウムを楽しむ愛好家もいる。スタイルの特徴はいわゆるネイチャー系というよりも、ひな壇的に植物を配するものが多い。つまり、背面が見えるような間をとらず、ジャングルのように密度濃くグリーンを見せる。

　このレイアウトは、そんな欧風の香りのするパルダリウムだ。幅60㌢とさほど巨大ではないが、小さめの植物を配することで相対的にケースを大きく見せている。植物の色みも豊富で、アクアリウムの世界というより、視覚的には園芸の世界に近い華やかさがある。

　いかにも本格的であるが、実は植物は背面の造形材にピンで固定しているだけと手軽なもの。植物の種類もマニアックなものはなく、一般的な園芸店であれば手に入るものばかりだ。

　制作はゆったり、およその完成までに1ヵ月ほどかけており、ケースを設置したのち、バランスを見ながら少しずつ植物を足していった。難しい植物はないが、環境との相性もあり、うまく成長しないものも中には現れてくる。そんなときはピンを外してまた別の植物を補充している。

　手軽にここまでのパルダリウムを作ることができるという一つの好例といっていいレイアウト。興味がわいたら、ぜひ参考に制作してほしい。

濃密な植物の世界が展開する。身近な園芸植物ばかりだが、ガラスのケースに収まることで、その見え方も異なったものになる

DATA

【水槽】60 × 45 × 90cm
【照明】LED ライト　8 時間／日
【底床】黒軽石（アクア・テイラーズ）、赤玉ソイル（ノーマル粒）
【造形材】Epiweb（アクア・テイラーズ）、極床 造型君（ピクタ）、ウレタンフォーム
【温度】25℃
【管理】適宜霧吹き（1 日 2 回程度）
【植物】①ハイゴケ　②フィットニア　③アジアンタム　④フィカス・プミラ・'ミニマ'　⑤セントポーリア　⑥ヒポエステス・'レッド'　⑦オトメマメヅタ　⑧フィットニア・'レッド'　⑨ヒポエステス・'ピンク'　⑩ヒポエステス・'ホワイト'　⑪ネフロレピス　⑫フィットニア・'ピンク'　⑬斑入りプテリス　⑭ツデーシダ　⑮アンスリウム　⑯カラテア　⑰アラハシラガゴケ　⑱プテリス　⑲フィカス・プミラ

様々な形、色、大きさの植物が密集する。水は張っておらず、植物以外の生物は入れていないが、似合うとしたらカラフルなカエルやイモリあたりか

荒ぶる渓谷の風景を
水槽内に再現する

レイアウト制作／丸山卓也（グリーン アクアリウム マルヤマ） 撮影／石渡俊晴

特に右側の山で顕著だが、コルクバークについた地衣類をあえて見せていることで、このレイアウトのコンセプトをわかりやすく伝えている

２つの山を盛り土で作ろうと思えば大変な量の素材が必要になるが、コルクバークの裏側はこんな感じで空洞になっている

鮮やかな高山植物の花のようなフィットニア

２つの山をつなぐ倒木がレイアウトに奥行き感を与えている。細かい枝に見えるものは採集した木の根

DATA

【水槽】60 × 30 × 45cm（ネオグラス パルダ 60 ／ DOOA）
【照明】LED ライト（MULTI COLOR LED ／ ZENSUI）※他の水槽と共用　９時間／日
【底床】トロピカルリバーサンド（DOOA）、アクアグラベル（ADA）、赤玉土
【造形材】極床 造形君（ピクタ）
【温度】25℃
【管理】適宜霧吹き
【植物】①アラハシラガゴケ　②タマゴケ　③シノブゴケ　④ツヤゴケ　⑤フィットニア・‘ラバーズ’　⑥フィットニア・‘レッドフレーム’　⑦フィットニア・‘ピンクのギザ葉’　⑧フィットニア・‘ジャングルフレーム’　⑨フィカス・プミラ・‘ミニマ’

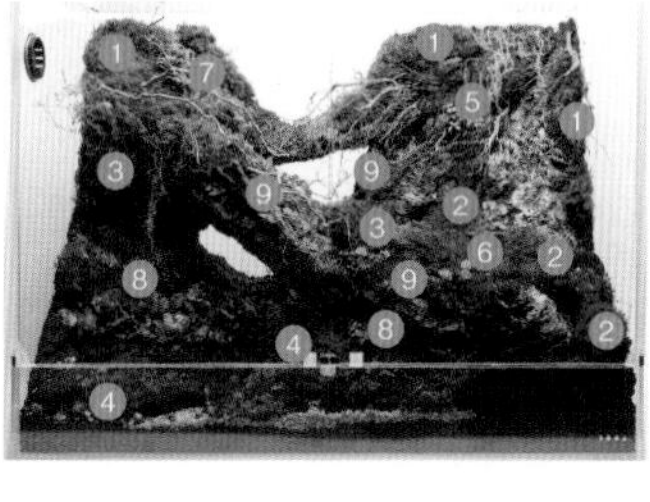

水草レイアウトでは山並みなど遠くの風景を水槽に再現することが普通に行なわれる。ランドスケープとも呼ばれるこのスタイルは一つのジャンルと言っていいほど定着しているが、そのパルダリウム版と言えるのがこちらのレイアウトだ。

切り立つ崖が眼前に迫るような迫力は高さ45センチのケースのなせる業か。風を受けて這うように成長した樹木……のように見える細かい枝は、制作者自ら山に入り調達したものだ。コルクバークの表面についた地衣類もレイアウトに荒々しい印象を与えるのに一役買っている。

イモリなどの動物は今のところ入れていないが、それはスケール感を損なわないため。たとえば、ここに10センチのイモリが歩いていたら、（崖のスケール感に合わせると）恐竜や怪獣の類とみなされ、それではいささか興が削がれてしまう。

最後にもう一つパルダリウムならではのお話を。実はこのレイアウト、撮影日の前日に作られたものなのだ。特に成長の遅いコケを主体としたパルダリウムでは、作ってすぐがほぼ完成というケースも多い。その場合、水草のように成長に合わせて形を整える必要がないことはメリットと言えるが、立体的に見せるには相応の工夫も必要となる。そんなこともわかりやすく伝えてくれる。

ミストやファンのオン・オフほかパルダリウムのための機能がついたシステムを用いたレイアウト。ミストを使えるため水草で流通する植物を陸上に豊富に使い、レイアウトを彩った。特に背面のピーコックモスは水中化しているものを使ったこともあり、ミストの時間を1時間当たり15分と気持ち多めにとっている。

レイアウトについては奥行き感を出すために大小の流木を立体的に配している。いわゆる凹型の構図であるが、背景にはモスが茂るのでより鬱蒼とした印象である。制作者によると手元にある素材をうまく組み合わせることを意識したというが、結果として奥深いジャングルのような景色を作り出せている。

管理は週に一度、溜まった水を抜いたり、成長しすぎた葉をトリミングしたりする程度。特に水槽右下に見えるラゲナンドラの成長が速いという。とはいえ、水中で育成する水草と比べ、陸上の植物は成長が遅めであることが多い。手軽な管理もパルダリウムの魅力の一つである。

DATA

【水槽】60 × 30 × 45cm（システムパルダ 60 ／ DOOA）
【照明】LED ライト（パルダライト 60 ／ DOOA） 10 時間／日
【底床】ジャングルソイル、ジャングルベース（ともに DOOA）
【背面】侘び草マット（ADA）
【温度】25℃
【管理】1 時間に 15 分のミスト、1 時間に 6 分のファン稼働（ミスト開始の 5 分後から）
【植物】①ニューラージパールグラス ②ウォーターローン ③コブラグラス ④ヒメイタビ（屋久島産） ⑤アヌビアス・ナナ・'プチ' ⑥ラゲナンドラ・ナイリィ ⑦ハイグロフィラ・ピンナティフィダ ⑧ラゲナンドラ・ケラレンシス ⑨ベゴニア・ポリロエンシス ⑩ラゲナンドラ・ミーボルディ・'グリーン' ⑪ベゴニア・'ピンクサプライズ' ⑫ボルビティス・ヒュデロッティ ⑬ジャワファン ⑭メディオカルカ・バーステージー ⑮セロジネ・フィンブリアータ ⑯セラトスティリス・フィリピネンシス ⑰ピーコックモス

ミストは植物の育成だけではなく、パルダリウムの演出にもなっている

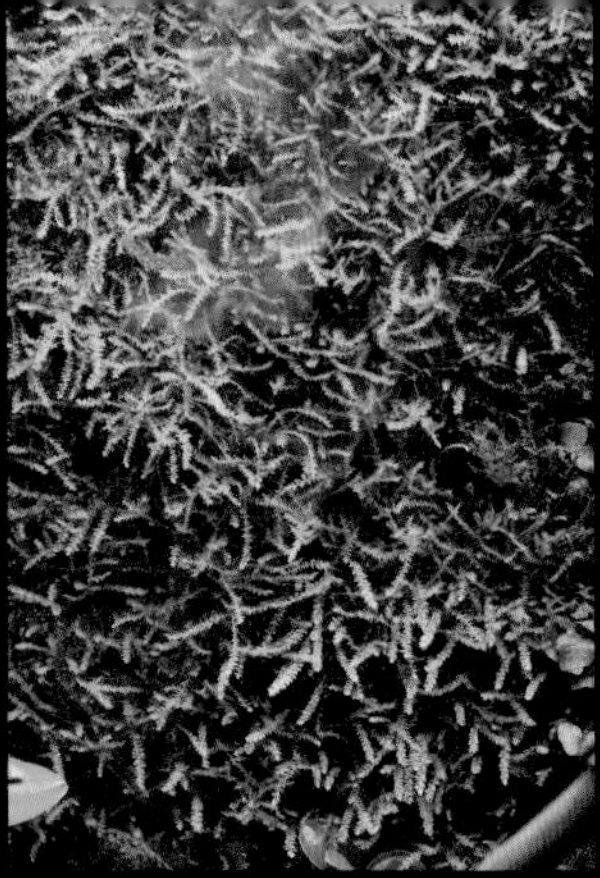

（写真右）大小の流木を使いスケール感を演出。流木の継ぎ目を隠すためもあり、一部にモスを活着させているが、流木の輪郭を損なうほどではなく、その造形が程よく主張している
（写真左）背面で茂るのは水陸両用のピーコックモス。水草としても流通するモス類の中では、陸上でも美しく茂る

チンパンジーの棲む森

レイアウト制作／高橋義和（ロイヤルホームセンター千葉北店ワンズモール内ピオナ）　撮影／石渡俊晴

ジャングルの奥深くにひっそりと暮らすチンパンジー。その生活を水槽に再現しようと作られたレイアウト。各所にフィギュアが置かれているが、それが前面に出てくるわけではなく、うまく周囲となじんでいる。小さなフィギュアがあることで、水槽が巨大に見えるという効果もある。最近ではレイアウトにフィギュアを使う人も増えているようだが、未体験の人は一度手に取って見るといいだろう。ゆかいでありながら、奥深い世界が待っているはずだ。

DATA

【水槽】60 × 30 × 36cm
【照明】蛍光灯　10 時間／日
【底床】ソイル
【造形材】極床 植えれる君
【温度】26℃
【管理】陸上の植物には水中ポンプからの揚水で散水、水換えなし（足し水のみ）
【飼育種】ゴールデンアカヒレ（7）
【植物】①ガジュマル　②タイワンモミジ　③ピレア・グラウカ・‘グレイシー’　④イミテーションプランツ

まるでドキュメンタリー写真！

オカピの浸かり方も……リアル

設置から２年ほど経っており、まさにジャングルといった雰囲気を作っている。フィギュアはパポ社のもの

水際のコケにずぶりと沈み込むブラキオサウルスの太い脚！
臨場感があり迫力満点

ジュラシック・パルダリウム！

レイアウト制作／高橋義和（ロイヤルホームセンター千葉北店ワンズモール内ビオナ） 撮影／石渡俊晴

映画「ジュラシックパーク」にインスパイアされたレイアウト。面白いのが、その制作がフィギュアありきであること。大きなブラキオサウルスのフィギュアを始点に、造形や植物の配置などを決めていった。精巧なフィギュアの力もあって、このパルダリウムを見ていると、タイムマシーンに乗って太古の森を訪れたかのような錯覚を覚える。パルダリウムと古代の世界、案外、相性がよいのかもしれない。

水槽の中ほどに設けられた小さな池。これは装飾だけではなく、水位計の役割もある。この池の水が減ってきたら、水をまくのだ

DATA

【水槽】90 × 45 × 45cm
【照明】スポット型 LED ライト　10 時間／日
【底床】ソイル
【造形材】極床 植えれる君（ピクタ）
【温度】26℃
【管理】およそ 1 週間に 1 回、植物全体に水がいきわたるように上部から水をまく
【植物】①フィカス・プミラ・‘コアラ’　②ガジュマル　③ドラセナ　④アジアンタム　⑤ポトス　⑥フィカス・プミラ・‘ミニマ’（大葉）　⑦ホソバオキナゴケ他

ミストに包まれ幻想的なレイアウト。
各所に個性的な植物を配しており、コレクション的な要素もある

専用のシステムを用いたセットか
ら1ヵ月ほどのパルダリウム。「思
のままに組んでみた」とは制作者の
メントであるが、そこには個性が
見る。パルダリウムの骨格として枝
木または棒状の流木を組みそこにモ
スを着生させるケースが多いが、こ
ちらは大きな流木をどんと2つ置い
ている。このスラウェシ産の流木は
所々にくぼみがあり、そこに植物を
植えると面白いのでは……というの
がそもそもの発想だ。また、各所に赤い植物を用いているが、これは差し色として。目を引くポイントになるし、補色であるのでグリーン自体も引き立って見える。

制作から間もないこともあり、下草やモス類はこれからが見どころとなるが、シダ類やベゴニアは大きく展開し始めている。どんなレイアウトに成長させるのか。セット後の楽しみは大きい。

DATA

【水槽】60 × 30 × 45cm（システムパルダ 60 ／ DOOA）
【照明】LED ライト（パルダライト 60 ／ DOOA） 8 時間／日
【底床】軽石、水苔、富士砂、リベラソイル（デルフィス）
【温度】約 25℃
【管理】水槽に付属のミストシステムを 1 時間に 10 分稼働、そのほかに霧吹きを毎日
【植物】①ベゴニア・セラティペタラ　②ピーコックモス　③ヒメイタビ　④アルディシア・‘タートルバック’　⑤プテリス・ムルチフィダ　⑥クジャクシダ　⑦スキンダプサス sp.　⑧フィットニア・‘フォレストフレイム’　⑨ウォーターローン　⑩フレイムモス　⑪オオカサゴケ　⑫フィットニア・‘ピンク’　⑬フィットニア・‘ラバーストラップ’

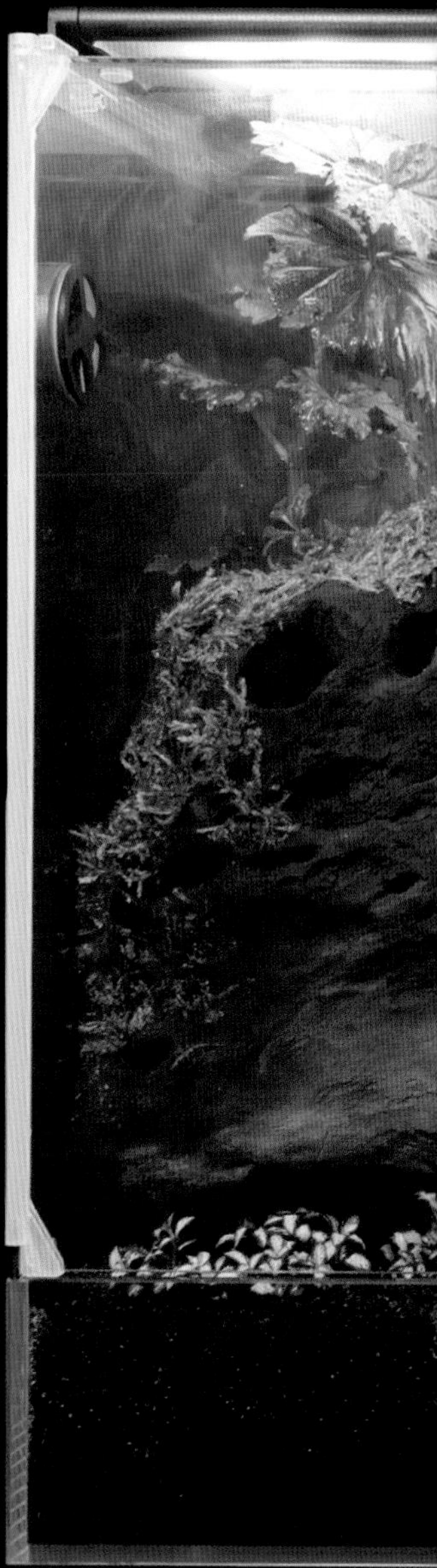

生き物も飼育者も快適 ツノガエルが棲むパルダリウム

レイアウト制作／丸山卓也（グリーンアクアリウム マルヤマ）　撮影／石渡俊晴

レイアウト制作といえば、かっこいい流木や石を使ってクールに仕上げたい気持ちがあるかもしれない。それはそれでよいのだが、飼育する生き物を考えたときに無理が生じることもある。

このレイアウトはツノガエルありきで作られたもの。平面的な活動が中心であまり動かないツノガエルではあるが、それでもレイアウト植物を移動させられればヤキモキもする。であるから、はじめから底床にはあまり植物を植えていない。また、普段は小さな穴などに身をひそめるカエルだから、レイアウト下部には専用の部屋も設けてある。

アレもコレもと欲張るよりも、優先するものを決め、それを中心に組み立てることで生き物にも管理する者にも快適な空間となる。このレイアウトはその好例といえるだろう。

愛きょう抜群のベルツノガエル。餌は毎回ピンセットから与えている。こうすることで砂利の誤飲なども防げる

背面には植物をびっしり。ベルツノガエルはほとんど立体的な活動をしないから背面で装飾できる

DATA

【水槽】25cm キューブ（クリスタルキューブ／コトブキ工芸）
【照明】LED ライト（リーフグロー／ GEX） 9 時間／日
【底床】アマゾニア - ライト（ADA）、アクアグラベル（ADA）
【造形材】極床 造形君（ピクタ）
【温度】26℃
【管理】霧吹きを毎日
【飼育種】ベルツノガエル（1）
【植物】①スナゴケ　②ネオレゲリア・'ファイヤーボール'
③タバリアとプテリス　④ヒノキゴケ　⑤アラハシラガゴケ
⑥ホウオウゴケ

制作から約１ヵ月。カエルもレイアウトの状態も良好だ

青い宝石が棲む小さなジャングル

レイアウト制作／高橋義和（ロイヤルホームセンター千葉北店ワンズモール内ビオナ）　撮影／石渡俊晴

パルダリウムの定番、ヤドクガエルの飼育レイアウトをご紹介。水槽バック全面に敷き詰めたシノブゴケは仮根を伸ばしながらしっかり固着し、上部に配したフィカスはしだれるように育ち、彼らが暮らす雲霧林（コケ林）のような自然な景観をつくりだしている。また、ホソバオキナゴケの絨毯の上には溶岩石などを設置し、そこに流木を立てかけることで、ヤドクガエルたちが遊んだり、隠れて休んだりできる場所を設けた。

コケがメインのレイアウトなので、トリミングなどは最小限で済み、70パーセントほどの湿度を保つことで、ヤドク、植物とともに長期に渡って楽しむことができるだろう。

コバルトヤドクガエル（別名アズレウス）。高い人気を誇るヤドク界のスーパースター。体長2.5㎝

現地をイメージしたレイアウト。ヤドクガエルも快適に過ごしているようだ

DATA

【水槽】45 × 31.8 × 35.5cm
【照明】15W　5 時間／日
【管理】水槽底に 1cm ほど水が溜まるように、1 週間に約 200㎖の足し水を行なう
【飼育種】コバルトヤドクガエル（2）
【植物】①フィカス・プミラ　②シノブゴケ　③タマシダ　④ホソバオキナゴケ

片手で持てるほどの小さな器におよそ30匹のダンゴムシが静かに暮らしている

新たな提案！ダンゴムシリウム

レイアウト制作／寒川水族館　撮影／橋本直之

近頃ダンゴムシが人気で一部のアクアリウムショップでは複数種を見ることもできる。ポルカドットスティングレイのような水玉模様を持つ美麗種もいて、アクアリストほか生き物好きの飼育欲を刺激する存在だ。

ダンゴムシ飼育の基本は湿度を保った容器に腐葉土や枯れ葉を入れ時折スプレーを……という感じであるが、レイアウト派にとってそれでは少し味気ない。観賞用に仕立てたレイアウトで飼うことはできないものか……と試行錯誤のすえ作られたのがこちらだ。

種ごとの詳細な飼育情報が少ない中、積極的に生きた

スポット模様のモンテネグロダンゴムシ。赤いスカートも洒落ている

自然そのものでもあり、おとぎ話のようでもあり。
不思議と心和む風景

DATA

【水槽】直径20×高さ20cm（グラスアクアリウム ティアー／ GEX）
【照明】なし（日当たりの良い室内に置いている）
【底床】モデリングソイル（JUN）
【温度】25～26℃
【管理】霧吹きを適宜、フタをして保湿
【飼育種】パクチョンネッタイコシビロダンゴムシ、モンテネグロダンゴムシ（クラウンダンゴムシ）、マジックポーション（オカダンゴムシ）、レッドスカート　計30匹ほど
【植物】①シダの仲間　②チョウチンゴケとシノブゴケ　③ホソバオキナゴケ　④カタヒバ　⑤タマゴケ　⑥ヒメイタビ　⑦フィットニア　⑧ヒノキゴケ、その他、フィカス sp.

植物を食べないであろうダンゴムシを選び入れてみた。また、植えた植物もダンゴムシの食害に遭いにくいであろう種を植えている。そのかいあってか、レイアウト設置後1ヵ月ほどが経過しているが大きな食害は見られない。

そもそも食害に遭ってもよいように近隣で採れる植物を中心としているのもポイントではある。加えてダンゴムシが腹を空かせないように意識的に餌（レプトミン）を与えるようにもしている。

日中はほとんど姿を見せないダンゴムシも暗くなるとのそのそと這い出して活動を始める。人畜無害でおとなしく、のっそりとして愛らしい。疲れないペットと暮らしたい！などと思う方にはぜひ興味を持っていただきたいダンゴムシリウムなのである。

シリケンイモリが暮らす小さなパルダリウム

レイアウト制作／かねだい東戸塚店　撮影／橋本直之

水槽に寄って見ればファンタジーのような世界が広がる。動物がいるパルダリウムはいいね

DATA

【水槽】40 × 20 × 35cm
【照明】LED ライト
（フラットLED 400／コトブキ工芸） 9時間／日
【底床】黒軽石（下）、赤玉ソイル（上）
【造形材】モデリングソイル（背面）
【温度】25℃ 【管理】霧吹きを1日に2回
【飼育種】シリケンイモリ（2）
【植物】①ペリオニア ②セラギネラ ③フィカスの仲間 ④ハイゴケ ⑤ホソバオキナゴケ ⑥コツボゴケ、その他自然に生えてきたシダなど

いまSNSで人気のイモリ。「イモリウム」で検索すれば、美しいパルダリウムをいくつも見ることができるはず。この水槽も愛くるしいシリケンイモリを手元で愛でるためにセットされたものだ。

水槽は幅40センチと小さめだが、かえって2匹のイモリの存在感を大きいものにしている。水槽の前に立てば餌をねだるイモリが巣穴から出てきたりと、コミュニケーションが取れることを実感できる。

このレイアウト、当初は水槽の手前右側（大きめの流木が見えるあたり）を池としていたが、現在はコケを敷いて陸地としている。繁殖行動を観察したいときには水を張ったアクアテラリウムに引っ越しするのもよいだろう。

以下は制作者からのアドバイス。「セッティングの際には背面ガラスにシリコーンで流木を接着していますが、入り組みすぎると後に手を入れづらくなるので適度に隙間をあけるのもコツです」

派手な金箔をまとったオキナワシリケンイモリにあわせて鮮やかな色合いを持った植物でレイアウトした

DATA

【水槽】36 × 20 × 20cm（ショップオリジナル）
【照明】LED ライト（アクアスカイ RGB 60 ／ ADA）
　９時間／日　※他の水槽と共用
【底床】赤玉土、軽石（ポンプの周囲）
【ろ過】アクアテラメーカー（GEX）を底床に埋めて底面ろ過
【造形材】極床 植えれる君（ピクタ）
【温度】26℃　【管理】足し水のみ
【飼育種】オキナワシリケンイモリ（3）
【植物】①シノブゴケ　②ホソバオキナゴケ　③コツボゴケ　④フィットニア　⑤クリプタンサス‘ピンクスターライト’　⑥ミクロソルム・ディベルシフォリウム　⑦タマシダ‘ダッフィー’

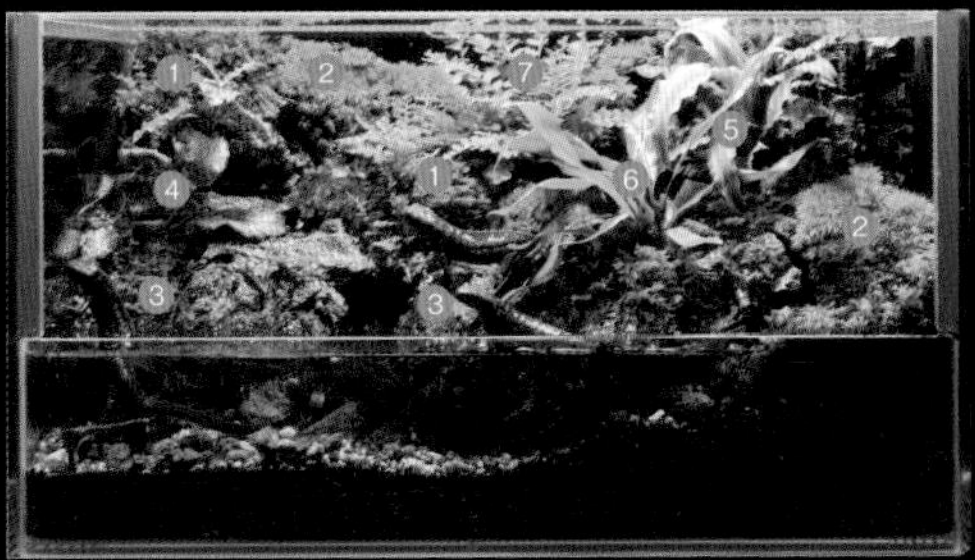

イモリのためのパルダリウム二態

レイアウト制作／丸山卓也（グリーンアクアリウム マルヤマ）　撮影／石渡俊晴

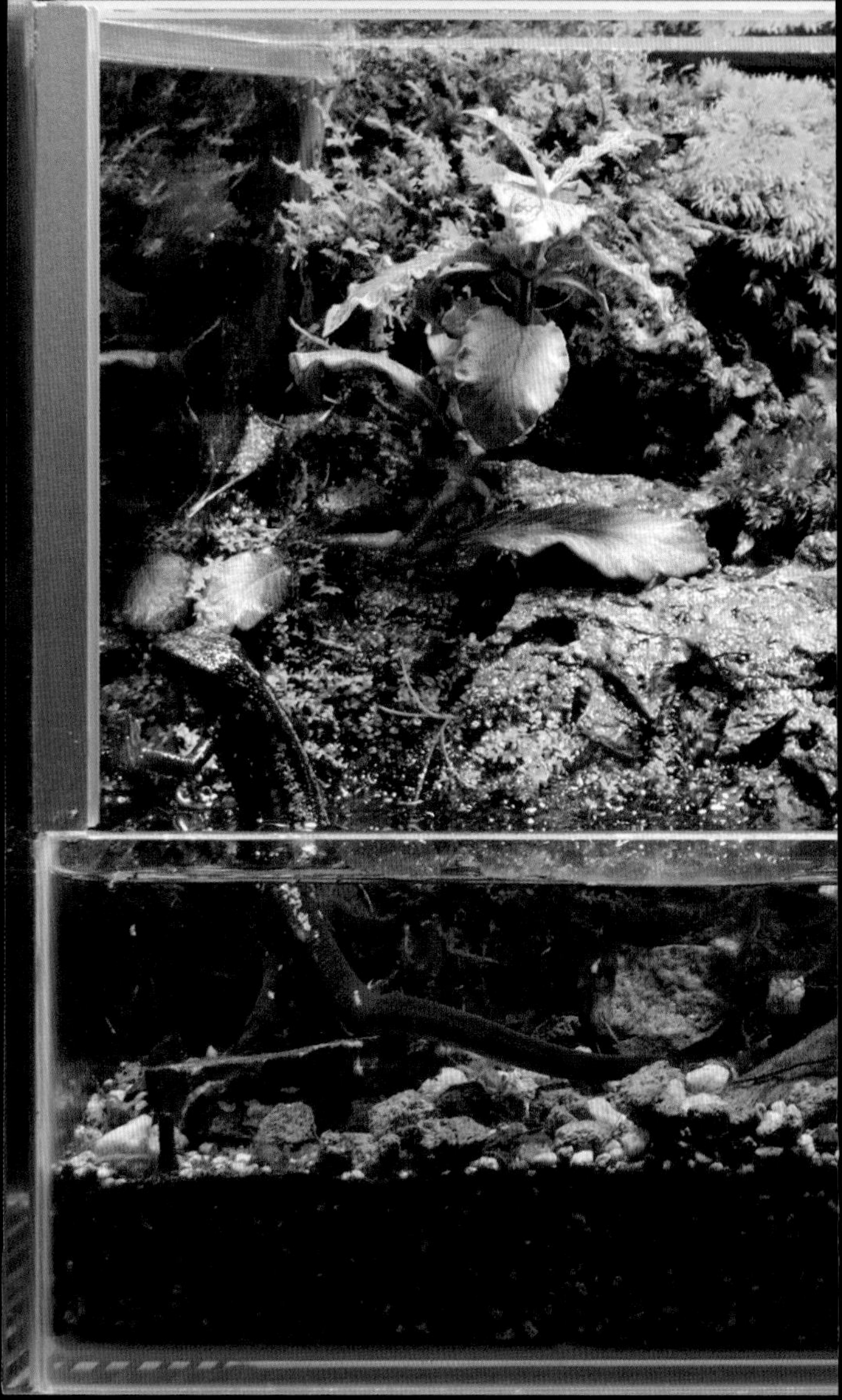

オキナワシリケンイモリ。わりと活発で立体的なレイアウトに遊ぶ様子が観察できる

イモリのためのパルダリウムを2つご紹介。

この見開きの作品は循環ポンプを用いたもの。正面からの写真ではポンプが見えないが、それは底床に収まっているため。目詰まりを防ぐためにポンプの周囲を軽石で覆ったのちに、基礎となる赤玉土を盛り、コルクバークや植物で表面の装飾をしている。植物による浄化のほか、水が循環することで生物ろ過も働き、好適な環境を長く維持しやすい。

次の見開きのパルダリウムは陸生傾向のあるツエイモリに合わせて底床を湿らす程度の水量とし、循環ポンプを入れていない。とはいえ、こちらもしっかりと植物を育てることで、同様に環境の維持を図っている。

ともにイモリの飼育を考えられているため、隠れ家となるシェルターを設けたり、細かい隙間を塞いだりの配慮は同様だ（隙間にはまったイモリが死ぬことがある）。

管理重視のイモリ飼育ではプラケを選びがちだが、それでは面白みがない……。そんな風に思うあなたで

散らした落ち葉の雰囲気がいいクロカタスツエイモリのためのレイアウト。冷涼な環境を好むので夏はエアコンなどで温度管理している

水中ポンプを底床に埋めて水を循環（前の見開きの水槽）。配水はエアチューブで分岐され水槽の各所に運ばれる

コルクバークを伏せるなどしてシェルターをつくる。特にシャイな種に関しては、人が内部を見やすいよう設置することが大切。健康状態の確認や給餌が行ないやすくなる（前の見開きの水槽）

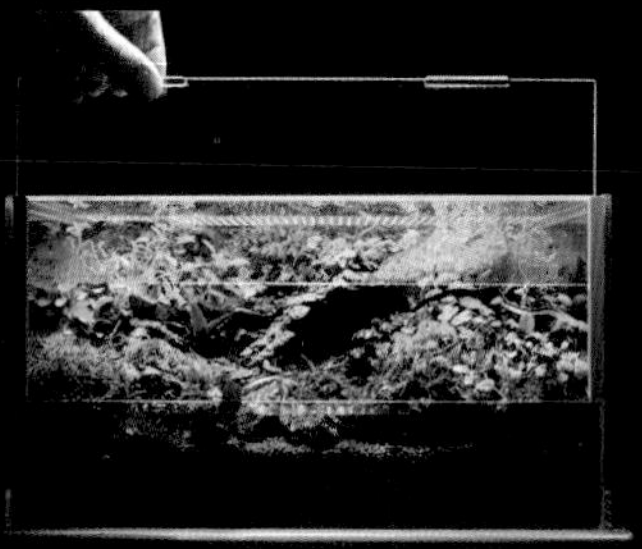

２つの水槽はショップのオリジナルで前面トビラを持ち上げて開閉する。違いは前面ガラスの高さ（前の見開きは水を張れるよう高い位置まで前面ガラスがある）

水玉模様の美麗種クロカタスツエイモリ。ややシャイな種でシェルターの中にいることが多い。ちなみにこのイモリは制作者のペットで非売品

DATA

【水槽】36 × 20 × 20cm（ショップオリジナル）
【照明】LED ライト（アクアスカイ RGB 60 ／ ADA）
　9 時間／日　※他の水槽と共用
【底床】赤玉土、軽石（ポンプの周囲）
【造形材】極床 植えれる君（ピクタ）
【温度】22 ～ 23℃　【管理】適宜霧吹き
【飼育種】クロカタスツエイモリ（2）
【植物】①ホソバオキナゴケ　②コケモモイタビなど　③シダの一種
④クリプタンサス・ビッタータス・'レッド'　⑤フィカス・プミラ・'ミ

chapter 02

アクアテラリウム
アレンジ

大きく水場を設けたアクアテラリウムのレイアウト集。
熱帯魚などの水性生物も飼えるので、
より動きを感じられるアレンジが楽しめる。

紹介しているレイアウトについて
・フタや前扉を外して撮影しているものもある
・水槽（ケース）のサイズは幅×奥行×高cm

aqua-terrarium arrange

まずは小さな器で始めてみよう

レイアウト制作／編集部　撮影／橋本直之　機材提供／ＧＥＸ

アクアの世界に飛び込んで間もない方であれば、パルダリウムまたはアクアテラリウムという分野に興味を持ったとしても、尻込みしてしまうかもしれない。特に緑がびっしりの作品などを見たら、とても手を出せない……と思うのが普通だろう。

とはいえ、さほど難しく考えることもない。ひたひたの水に水草または水に強い植物を置けば、たいてい育ってくれるものだ。このとき水草であれば気中で育ったもの（水上葉）を選び、セット当初にはフタをすれば乾燥による枯れを防ぐことができる。

そのような簡単なレイアウトでも、生活の片隅に置けば潤いとなる。植物だけで寂しいのなら、イモリなどの飼いやすい動物を入れるのもよい。管理は自然に覚えていくものだし、毎日の水やりがいらない分、普通の鉢植えよりも手間はないかもしれない。まずは始めてみよう。

DATA

左
【水槽】直径 22.5 ×高さ 18.5cm
（グラスアクアリウム スフィア）
【照明】LED ライト（クリア LED ピテラ）
10 時間／日
グラスベースメープルに設置
【底床】ろ過する赤玉土（ここまですべて GEX）
【温度】室温 【管理】週に 1 度 1/2 換水
【飼育種】アカハライモリ（1）
【飼育種】①ウォーターマッシュルーム ②ハネゴケ sp.

右
【水槽】直径 18 ×高さ 20cm
（グラスアクアリウム シリンダー）
【照明】LED ライト（クリア LED リーフグロー）10 時間／日
【底床】ろ過する赤玉土（ここまですべて GEX）
【温度】室温 【管理】週に 1 度 1/3 換水
【飼育種】ヒレ長楊貴妃（1 ペア）
【植物】③ウィローモス ④ナヤス ⑤オオサンショウモ

丈夫なイモリはおすすめの生体だが脱走の名人。紹介した水槽も普段は透明なフタをしている

左／丸い水槽にイモリを 1 匹。植えた水草（ウォーターマッシュルーム）は成長が速く、イモリのために時々ハサミを入れている
右／円柱状の水槽にメダカを 1 ペア。レイアウト素材として岩を使っているが、メダカがはさまらないようにガラスとの隙間を土で埋めている

水換えのついでにガラス面を拭くようにしている。きれいに保つことはモチベーションの維持の意味でも大切（写真はマグフィットフロート ROUND ／ GEX）

右側の水槽には人気のメダカをペアで泳がせた。容量が 4ℓ ほどあるので、ここで採卵することも可能。入れた水草はすべてメダカの産卵床にもなる

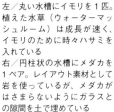

魚も植物も楽しめる簡単アクアテラ

レイアウト制作／編集部　撮影／橋本直之　機材協力／スペクトラム ブランズ ジャパン

本書ではたくさんの作例を紹介しているが、一見すると複雑なものもあり、二の足を踏んでしまう方もいるかもしれない。それでは、こんなアクアテラリウムはいかがだろう。右側の植物のスペースは石と流木を寄せただけ。その上に小さな観葉植物を鉢ごと置いたものだ。

　このようなレイアウトから始めて、では鉢を外して植物を植えるにはどうすればいい？　背面も植物で覆うには？……と考えていくことでステップアップもしやすいというもの。そして、案外これくらい簡単なレイアウトでも、部屋に置けば装飾的な効果が高いのにも気がつくはずだ。

フィルターの作る滝の下を元気に泳ぐプラティたち

DATA

【水槽】52 × 27 × 30cm
【照明】LED ライト　10 時間／日
【底床】硅砂
【ろ過】内部式フィルター（テトラ ミニテラリウムフィルター TF45）
【温度】25℃
【管理】週に 1 回 1/2 換水
【飼育種】プラティ＆ブラックモーリー（15）
【植物】①ポトス　②カンパヌラ・‘ブルーワンダー’　③ヘデラ・ヘリックス・‘ミニエスター’　④ドラセナ・‘レインボー’

プラティと観葉植物がカラフルな光景を作っている

小さなカメの小さなアクアテラリウム

レイアウト制作／編集部　撮影／橋本直之

かわいらしいカメを飼うために設置した水槽で、フィルターに石を立てかけるように置いて陸地としている。ニオイガメの仲間は水生傾向が強いものの、陸地を設けていればたまに登ったりもする。そういう行動を見ているのは楽しいし、陸上に植物を置けば華やかな装飾となるのだから、ベアタンクでの飼育よりも満足感があるというものだ。なお、カメは小さくても水を汚しやすいから、時折の掃除は必要。そういう時にも、解体、組み立てがしやすい簡単な構造のアクアテラリウムであればおっくうではない。

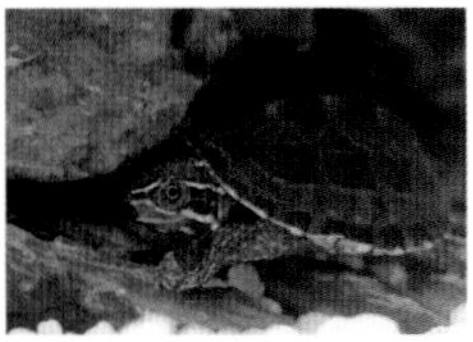

ミシシッピニオイガメ。小さいうちは特に水生傾向が強い

DATA

【水槽】20 × 20 × 24cm（GEX）
【照明】LED ライト　10 時間／日
【底床】メダカの砂利 パールホワイト（GEX）
【ろ過】内部式フィルター（サイレントフロースリムブラック／ GEX）
【温度】25℃
【管理】週に 1 回 1/2 換水
【飼育種】ミシシッピニオイガメ（1）

水槽の縁にカメのツメがかかると逃げ出すので、水位をそれなりに下げている

使用したのは水槽やフィルターなどがセットとなった「グラステリア アクアテラ 200 キューブH セット」（GEX）

陸上の植物は「楽々水草P キューブ」（神畑養魚）。数種類の水草の水上葉がミックスされている

陸地は石にのせた楽々水草P キューブにウィローモスをかぶせただけ

水中の小さな洞窟を覗いてみよう

レイアウト制作／滝谷 滋（AQUA free） 撮影／石渡俊晴

複雑な石組みは小さな石を接着剤でくっつけたもの

15センチキューブ水槽でファンタジックな風景を構築した。洞窟部分は細かく砕いた黄虎石を液状接着剤（神畑養魚）で組み合わせて造形している。陸地が細い石柱一本で支えられているかのような表現が面白い。水量だけを見ればアクアリウムとも言えるようなつくりだが、水面から飛び出した石には陸上植物が繁茂してアクアテラリウムの要素もたしかに感じられる。パルダリウムやアクアテラリウムには厳密なルールはないから、自身の感性を水槽に落とし込んで自由に楽しみたい。

DATA

【水槽】15cm キューブ　【照明】そだつライト (GENTOS)
【底床】ラプラタサンド（ADA）【管理】週に 1 回 1/2 換水
【飼育種】アカヒレ、極火蝦、ミナミヌマエビ
【植物】ニューラージパールグラス、ウィローモス

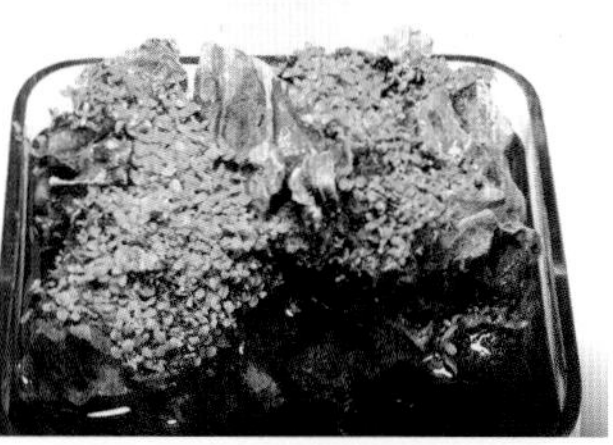

ウィローモスを敷いた上にニューラージパールグラスが着生。モスの下にはテラテープが貼ってあり、陸上にも水分が供給される

足元にベタがいるような……

レイアウト制作／丸山卓也（グリーンアクアリウムマルヤマ）　撮影／石渡俊晴

ごろりと横たわったコルクバーク。
実際のサイズ感を意識して制作されたレイアウト

あえて整えないことで自然感を演出している

フィールドをイメージしているとはいえ、観賞を目的としているので、飼いやすいプラカット（キャンディー）を泳がせてみた

レイアウトには色々なアプローチがあるが、これは原寸大の自然を切り取ったイメージ。朽ち木を演ずるコルクバークをひょいと持ち上げればそこにベタがいる……そんなコンセプトで作られた。

そのために装飾はできるだけ自然に見えるようなテクニックが盛り込まれている。コルクバークは切るのではなく手で折って断面を揃えていない。コケもきれいに植栽するのではなく一部で砂利を露出させていたり、くだいた落ち葉を撒いて少し隠していたりする。コルクバークから出た成分により水は茶色く染まり、あたかもベタの生息地のようである。

制作からさほど月日が経っていないが、いかにも長い間そこにあるような風景となっているのは、これらの工夫によるものなのだ。

DATA

【水槽】36 × 20 × 20cm（ショップオリジナル）
【照明】アクアスカイ RGB 60（ADA ） 9 時間／日
※他の水槽と共用
【底床】アクアグラベル（ADA)、田砂（エイエフ ジャパン）
【循環ポンプ】アクアテラメーカー（GEX）
【温度】26℃ 【管理】週に 1 回 1/2 換水
【飼育種】プラカット（1）
【植物】①アラハシラガゴケ ②ツヤゴケ ③タマシダ・'ダッフィー' ④カレックス・エラータ・'オーレア'

制作の際には２本の大きな流木（ホーンウッド）を組んだ際にできたくぼみにミズゴケを敷いて、各種植物を植え込んでいる

DATA

【水槽】30×30×40cm（システムテラ30）
【照明】LEDライト（ソルスタンドG） 8時間／日
【底床】トロピカルリバーソイル、パワーサンドスペシャルS
【ろ過】水槽に付属のろ過装置
【その他器具】ミストフロー 【温度】24℃
【管理】週に1回1/3換水、1日2回霧吹き、適宜足し水、侘び草ミスト（スプレー式の栄養素）（器具他すべてDOOAもしくはADA）
【飼育種】ピグミーグーラミィ（10）、サイアミーズフライングフォックス、オトシンクルス、ヤマトヌマエビ
【植物】①アスプレニウム・アンティクーム ②エピプレムナムsp. ③ジャワファン ④コリシスsp. ⑤マラクシス・ローウィ ⑥ソネリラsp. ⑦ホマロメナsp. ⑧ベゴニア・ルゾネンシス ⑨ボルビティス・ヘテロクリータ・'カスピダータ' ⑩アリダルムsp. ⑪セラトキラス・ビグランデュローサス ⑫南米ウィローモス ⑬ピプトスパサ・リドレイ

熱帯雨林に息づく植物たち

レイアウト制作／岩堀康太（アクアデザインアマノ） 撮影／石渡俊晴

水中には水生ゴケ、水上はシダやラン、サトイモなどの多様な植物を配したレイアウト。密度の濃いグリーンは、まるで熱帯雨林の水辺のようだ。

写真に見える霧は専用の器具（ミストフロー）で作られており、これが植物に湿度を与えるだけではなく、雲霧林のような演出ともなっている。

水槽背面上部には水が流れており（カスケードシステム）、そこにモスが活着した流木が触れることで水を引き込み、他の陸上の植物にも配水している。設置から約3ヵ月。びっしりと生えそろったモスなど、愛好家であればグッとくる光景が展開されている。

水槽の上部から霧が落ちて水面付近でとどまっている。まるで湿度の高いジャングルのよう

苔むした古井戸

レイアウト制作／滝谷 滋（AQUA free）　撮影／石渡俊晴

テラベースという陶製の塔を使ったレイアウト。テラベースはフタの閉まる水槽などに納め高い湿度を保ちながらの管理が普通だが、こちらは開放型となっている。こちらでも湿度を好むコケや水草も使用しているが、乾燥防止策として夜間にビニール袋を被せているほか、時間を見つけてはテラベースに水を注ぎ入れしばらくオーバーフローさせている（これには植物についた汚れを落とす意味もある）。

そうしたマメな管理方法のためか、着生したクリスマスモスは短くみっしりと生えそろっている。テラベースの内側までコケが生えた様子は長い時間の経過を連想させ、まるで古井戸のような趣きがある。植物の特性を探りながら様々にアレンジする。それもパルダリウム、アクアテラリウムの面白さ。そんなことがこのレイアウトから感じることができる。

テラベースを使ったレイアウトの制作は 100 ページから掲載している

ひたひたの水域にはアヌビアスやウィローモスなどの水草を配置

DATA

【水槽】20 × 20 × 18cm（ネオグラスエア／DOOA）
【照明】LED ライト　10 時間／日
【底床】ラプラタサンド（ADA）
【温度】約 25℃（室温）
【管理】気がついたらテラベースに注水（しばらく溢れさせる）、霧吹きはしない
【飼育種】アカヒレ（5）
【植物】①クリスマスモス ②プテリス ③ディネマ・ポリブルボン ④オーストラリアンドワーフヒドロコティレ ⑤アヌビアス・ナナ・'プチ' ⑥ウィローモス ⑦アマゾンフロッグビット ⑧アラグアイアレッドシャープリーフハイグロ

滝の流れるキューブ型パルダリウム

レイアウト制作／リミックス春日井店　撮影／橋本直之

水が多いアクアテラリウム寄りのパルダリウム。見どころはなんといっても右奥にある滝。流れ落ちる水が人の目を引き付け、水辺に遊ぶメダカもどこか楽しげに見える。

滝の他、もう一つのポンプではレイアウト各所に分水器で水を配給している。また、パルダリウムにしては水が多いので、湿度でガラスが曇りがちだ。そのため、ケースの上部に小さなファンを置き、水槽から空気を吸い出すように循環させている。水している。設置から約3ヵ月。びっしりと生えそろったモスなど、愛好家であればグッとくる光景が展開されている。

陸地部分は造形材の上に溶岩石を接着して作っている。ここではメダカを泳がせているが、日本産のカエルやイモリも似合いそうだ

DATA

【水槽】45 × 45 × 45cm
【照明】LED ライト　11 時間／日
【底床】礫（中粒）
【造形材】Epiweb（アクア・テイラーズ）
【ろ過】小型内部式フィルター× 2
【温度】23℃
【管理】陸上の植物にはアクアテラメーカー（GEX）で分水して散水、2 週に 1 回 2/3 換水、適宜足し水と霧吹き
【飼育種】紅帝（10）
【植物】①コケモモイタビ　②ツヤゴケ　③混じりのシダ　④ヒノキゴケ　⑤タマシダ　⑥黒松（プリザーブドフラワー）　⑦ホソバイノモトソウ　⑧トキワシノブ　⑨ウィーピングモス、その他クジャクゴケ

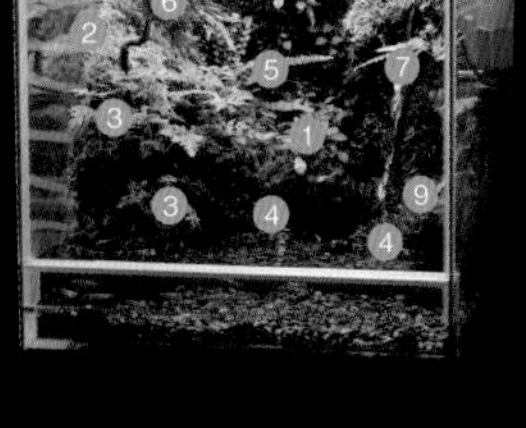

背面の水草は専用のマット（侘び草マット）に活着させてあるもの

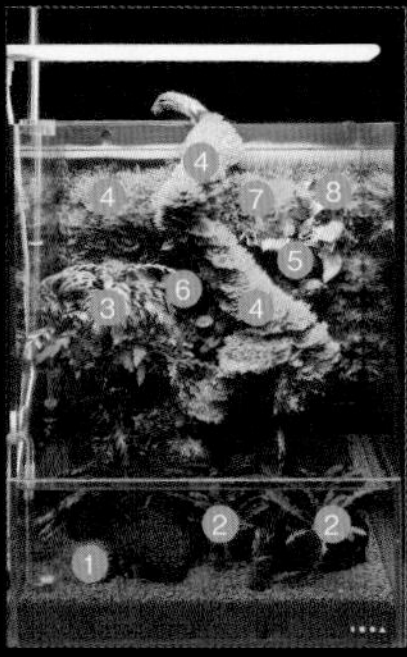

DATA

【水槽】30 × 30 × 40cm（システムテラ 30 ／ DOOA）
【照明】LED ライト（ソルスタンド G ／ DOOA） 8 時間 / 日
【底床】トロピカルリバーソイル（DOOA）、 雲山石 XXS（ADA）、溶岩石
【ろ過】水槽とセット 【CO_2】1 ～ 2 秒に 1 泡
【温度】26 ～ 27℃
【管理】換水なし（毎日足し水）、ミストフロー （DOOA）にて 24 時間霧を発生
【飼育種】“ラスボラ”・ヘンゲリー（5）
【植物】①ショートヘアグラス ②ブセファランドラ sp.‘クダガン’ ③ハイグロフィラ・ピンナティフィダ ④ピーコックモス ⑤ラゲナンドラ・ミーボルディ・‘レッド’ ⑥アヌビアス・ナナ・‘プチ’ ⑦スパイキーモス ⑧クリスマスモス

目にも鮮やかなピーコックモス

レイアウト制作／ 翁《おきな》昇（AQUA World パンタナル） 撮影／石渡俊晴

しっとりと茂るコケに憧れる方は多いと思う。コケにもいろいろあるが、アクアリウムショップで流通するものの中では、ピーコックモスの草姿は見事である。そのピーコックモスをメインに制作されたのが、こちらのアクアテラリウムだ。

流木にのせられたピーコックモスは、およそ半年の歳月を経て美しく育った。幾重にも重なったその明るいグリーンは、水槽中央で抜群の存在感を放つ。このピーコックモスやその他背面の水草は、カスケード（霧と水が流れる水槽上部のトイ）より水分が供給されている。とくにピーコックモスについてはカスケードに一部が浸かっており、そこから毛細管現象（と重力）で流木全体に水が行き渡るというかっこうだ。

幅30センチと決して大きくない水槽だが、一つ強いポイントを作ることで見応えが増す。特にレイアウトがうまく決まらない！　とお悩みの方は参考になることと思う。

幾重にも重なったピーコックモスが強く目を引くレイアウトだ

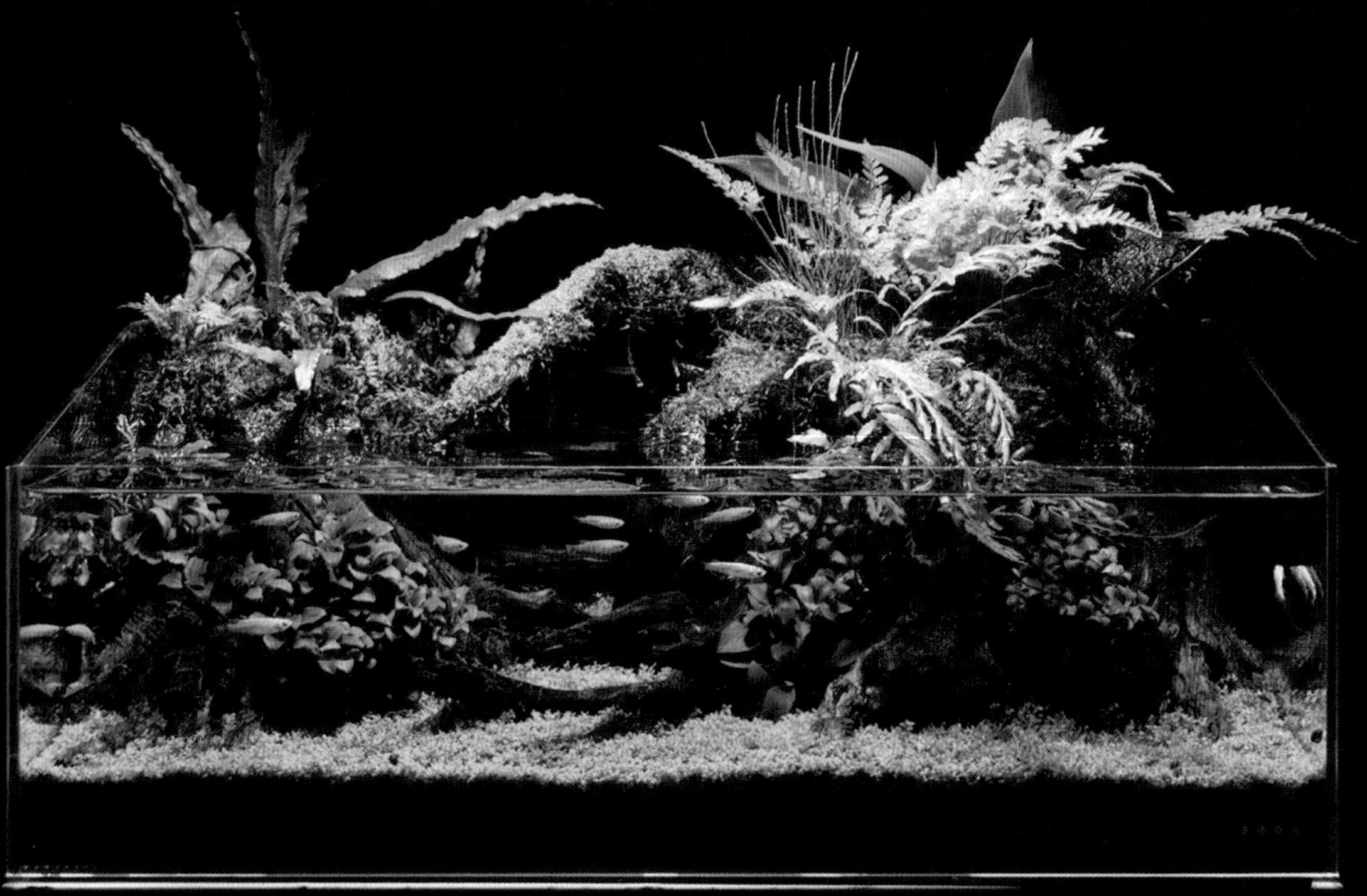

水槽内の左右が高い凹型構図のレイアウト

明るい水中を心がけて作られたレイアウト

レイアウト制作／上野知明（アクアテイク・E）　撮影／石渡俊晴

水面が低い位置にあるため、上と横、どちらから見てもよく目立つ改良メダカを泳がせた

アクアテラリウムは水面より高い位置に植物を茂らせるために、どうしても水中が暗くなりがちだ。しかし、アクアリストであれば水中も楽しみたい。そんなコンセプトで作られたのがこちらのレイアウトだ。

暗くなりがちな水中部分には明るい緑色の下草ニューラージパールを敷き詰めた。丈夫な水草ではあるが、絨毯状に展開させるために二酸化炭素の添加もしている。

一方の水上部分もリシアやトキワシノブといった明るい葉色の植物を使い、全体的に明るく華やかなレイアウトとなるように心がけた。設置から10ヵ月ほど経った現在は、水陸ともに種々のグリーンで彩られている。

構図としては流木を凹型に組んでおり、これはネイチャーアクアリウムの作法に則ったもの。このまま水没させても水草レイアウトとして十分通用する出来栄えだ。

暗い色の流木やソイルに明るい緑をのせたアクアテラリウム。中央に水槽の奥まで続くひらけた空間を作ったことで、開放感も生まれた

DATA

【水槽】60 × 30 × 18/23cm（ネオグラステラ／ DOOA）
【照明】36W 蛍光灯× 4 灯　9 時間 / 日
【底床】アマゾニアⅡ（ADA）
【ろ過】底面式ろ過、外部式フィルター（スーパージェットフィルター ES-150 ／ ADA）
【CO_2】1 秒に 1 泡　【温度】25℃
【管理】底面式ろ過からの揚水は分水器（アクアテラメーカー／ GEX）を用いて陸上部に配水、水換えなし（足し水のみ）、霧吹きを 2 日に 1 回程度
【飼育種】楊貴妃メダカ（10）、幹之スーパー（10）
【植物】①ニューラージパールグラス　②アヌビアス・ナナ・‘ミニ’　③ミクロソルム・プテロプス　④リシア　⑤ミニトクサ　⑥ヤマサキカズラ　⑦トキワシノブ　⑧ボルビティス・ヒュデロッティ、その他ブセファランドラ sp.‘グリーンウェイビー’、ボルビティス・‘ベビーリーフ’、ウィローモスなど

石組みを中心としたアクアテラ的パルダリウム

レイアウト制作／星名健史（寒川水族館）　撮影／橋本直之

山間の道路沿いでも見られる岩を伝う湧き清水。それを再現しようとしたパルダリウムがこちら。

水槽の大きさは60×45×45センチとやや大きめだ。そのためメインとなる石（山谷石／ＡＤＡ）は20キロ前後と多めに使用している。かなり立体的に石を組んでいるが、接着剤は使っていない。パズルのように収まりの良い位置を探りながら石を置いていった。それでも不安定なところにはウールマットなどをかませて安定を保っている。

植栽のポイントはモス類をのせる部分に吸水性の高いテラテープ（ＤＯＯＡ）を巻き、乾燥を防いでいること。また、普段はフタを閉めて高湿度を保っている。想定通りにいかなかった点には水位が挙げられる。フィルターのストレーナーの高さの関係で、写真よりも水位を下げられなかったのだ。「本当はもう少し水位を下げてパルダリウムに寄せるはずだった」とは制作者の弁。

当初、エアチューブからの排水は滝のように勢いのある部位もあったが、モス類が茂るにつれてそれも緩和され、狙い通りの岩清水に。水位は予定外だったが、かえって全体に瑞々しい印象を増した。

ポタポタと落ちる水滴が涼しげ。水槽のあちらこちらで見られる光景

DATA

【水槽】60 × 45 × 45cm
【照明】LED ライト　10 時間／日
【底床】可視部はラプラタサンド（ADA）、アクアソイル - アマゾニア（ADA）
【ろ過】外部式フィルター　※ポンプからの排水をエアチューブで分岐して陸上の植物に　【温度】25℃
【管理】1 週間に一度 1/2 換水、霧吹きを 1 日 1 回
【飼育種】オトシンクルス、ヤマトヌマエビ
【植物】①ミクロソルム sp.　②スキンダプサス sp. “ムナ島”　③ペリオニア・レペンス　④ボルビティス sp.　⑤ウォーターマッシュルーム　⑥クリスマスモス　⑦南米ウィローモス　⑧ブセファランドラ　⑨ミクロソルム・“トライデント”

わかりやすくて見栄えの良い石組みレイアウト

レイアウト制作／アクアフォレスト新宿店　撮影／石渡俊晴

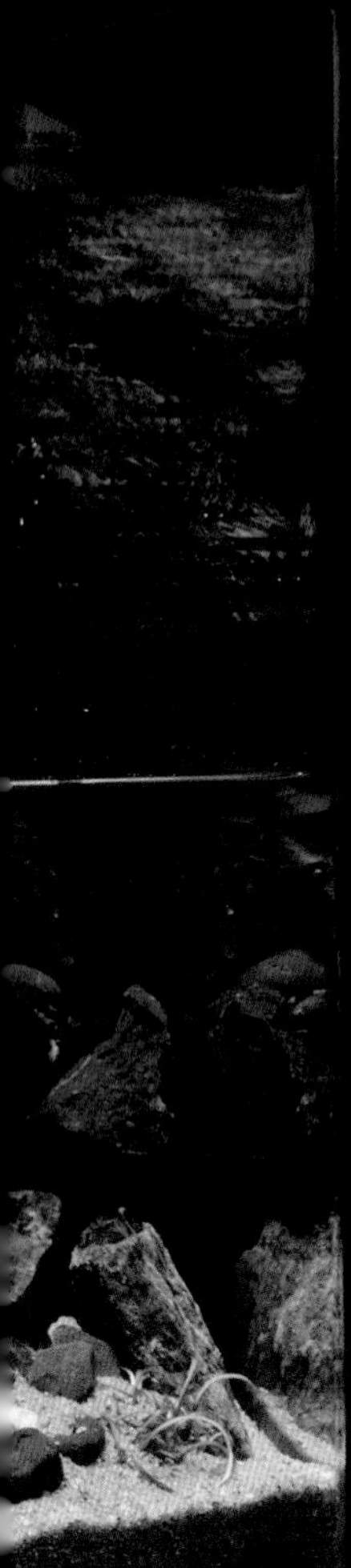

ショップ主催のワークショップで見本として作ったアクアテラリウム。これから始めたい方の前での実演であったため、わかりやすく、かつ本格的に……というコンセプトがある。

たくさんの石（山谷石）が積み上げられているように見えるが、石だけで高さを出すのは難しいから、石の内側にある土台には加工しやすい発泡の造形材を用いている。

テイストとしてはしっとりとした和の雰囲気を狙っており、落ち着いたインテリアにもなじみそう。滝の脇に佇むカエル君も、どこか楽しげなアクアテラリウムだ。

DATA

【水槽】45 × 30 × 32cm
【照明】LED ライト　11 時間 / 日
【底床】コロラドサンド（ADA）、礫（エイエフジャパン）
【造形材】極床 作れる君（ピクタ）
【ろ過】底面式フィルター（アクアテラメーカー／ GEX）
【温度】26℃
【管理】陸上の植物にはアクアテラメーカーで散水、週に 1 回 1/2 換水、適宜霧吹き
【飼育種】ネオンドワーフレインボー（10）
【植物】①ジャワファン　②トキワシノブ　③パールグラス　④ホソバオキナゴケ　⑤南米ウィローモス　⑥ハエトリグサ　⑦アヌビアス・ナナ・‘ミニ’　⑧ブセファランドラ sp.‘クアラクアヤンⅠ’　⑨クリプトコリネ・パルバ　⑩リュウノヒゲ

立って見るとまずこの滝が目に入る。ろ過とは別の水中ポンプ（リオプラス 200）による揚水を、石や造形材で作った水路に落とすシンプルな設計

水場を大きめに取っているから、魚ものびのびと泳いでいる

多様なコケを上手に育成するための配置を考えたアクアテラリウム

レイアウト制作・写真・文／富沢直人（岡山理科大学専門学校アクアリウム学科長）

乾燥を好む種類は基本的にアクアテラリウムには向かないため、ここでは中間タイプと湿り気を好むタイプのコケを使用。中間タイプのコケの中でも比較的乾燥を好むオオシラガゴケは一番上部へ、上部から中間部分は乾燥にも強いカモジゴケ、タマゴケ、ケヘチマゴケ、ムチゴケを配置。水に近い部分で、用土が濡れない場所には湿度を好むヒノキゴケやツルチョウチンゴケを置き、湿り気を好むホソバミズゼニゴケ、オオバチョウチンゴケは水際や、水中に沈めるようにレイアウト。マメヅタ、ウチワゴケ、ホラゴケなどシダの仲間も用いているが、コケっぽい種類を選んだことで、全体的にコケをメインとしたレイアウトに仕上がっている。

水やりは1日1回の霧吹き。湿度はガラス蓋の開閉口の調節で70㌫以上になるようにコントロールしている。

その種が好む湿度による分類、または育成については162ページに解説あり

DATA

【水槽】60 × 45 × 45cm
【照明】LED ライト（LED ライナー 600 シルバー／ニッソー）10 時間／日 【底床】川砂
【ろ過】内部式フィルター（水作スペースパワーフィットプラス M／水作）【温度】25℃
【管理】1 日 1 回霧吹き、週 1 回ジョウロによる水やり、水換えは適宜
【飼育種】シリケンイモリ（3）
【植物】①オオシラガゴケ ②ケヘチマゴケ ③タマゴケ ④カモジゴケ＆ハイゴケ ⑤ムチゴケ ⑥カモジゴケ ⑦ヒノキゴケ ⑧ウチワゴケ ⑨マメヅタ ⑩コツボゴケ ⑪ホラゴケ ⑫ホソバミズゼニゴケ ⑬ツルチョウチンゴケ ⑭オオバチョウチンゴケ

流木の先の方まで植物があること
で、より大きく見える

水上部にポイントを置いたアクアテラリウム

レイアウト制作／本間裕介（アクアデザインアマノ） 撮影／石渡俊晴

水上に大きく展開する流木を置いたアクアテラリウム。水上部が大きいことで、水槽サイズに比してより開放的に見える。その流木には、ネペンテス（ウツボカズラ）やラン、放射状のシダなどポイントとなる植物を配して、目を引くものとしている。

育成については、カスケード（水と霧を受けるトイのようなパーツ）に流木を当てコケなどの毛細管現象により水を引き込み、流木部の植物に水分を供給している。また、ミストにより広範囲に湿度が保たれ植物の生育を促しているが、このレイアウトに関しては流木をV字状に組むことでその内側にミストが集め、中のベゴニアなどにより多くの湿度を供給している。システム、レイアウト素材の構成、植物の配置をうまく組み合わせているわけだ。

今後、植物たちが茂れば、より自然感が増していくだろう。その経過を楽しみたいレイアウトだ。

供給されるミストで植物たちの状態は良好だ。今後葉が茂ればより気中の保湿力は増していく

DATA

【水槽】60 × 30 × 18 ／ 23cm（ネオグラステラ（H23）／ DOOA）
【背面】水草ミストウォール 60（DOOA）
【照明】LED ライト（ソーラー RGB ／ ADA） 9 時間／日
【ろ過】外部式フィルター（スーパージェットフィルター ES-150 Ver.2 ／ ADA）
【CO_2】1 秒に 3 泡
【底床】アマゾニアⅡ (ADA)、トロピカルリバーサンド（DOOA）
【温度】25℃（水温）
【管理】週に 1 度 1/3 水換え、ミストフローにて霧
【植物】①ブレクナム・'シルバーレディ' ②エピデンドラム・ポーパックス ③ネペンテス・ベントリコーサ ④セロジネ・フィンブリアータ ⑤アスプレニウム・アンティクーム・'ビクトリア'（写真では見えにくい） ⑥ベゴニア・ルゾネンシス ⑦ベゴニア sp.'カプアス・フル' ⑧バルボフィラム・アンブロシア ⑨ペリオニア・レペンス ⑩アネクトキルス・アルボリネアータス ⑪シダ（不明種） ⑫ベゴニア・ネグロセンシス（写真では見えにくい） ⑬ディネマ・ポリブルボン ⑭シシガシラ ⑮ラビシア sp. ⑯アグラオネマ・'ミニマ' ⑰ラゲナンドラ・ミーボルディ ⑱南米ウィローモス

生き生きと緑が輝くアクアテラリウム

レイアウト制作／滝谷 滋（AQUA free）　撮影／石渡俊晴

アクアテラリウム専用の水槽とシステムを用いて作成されたレイアウト。折々で手を加えながら、セットから3年ほどが経過した。

陸上の植物は侘び草（ADA）由来の水草が多く、特に有茎草は多様な種が展開している。他の水槽で増えた水草を持ち込んでもいるが、そのときは水上で展開しているものをカットして移植している。水中にある水草をいきなり気中に置くと、大抵ダメになってしまうのだ。

水中に二酸化酸素は添加していないものの、パールグラスはほどよく繁茂している。特にアクアテラリウムでは水上の植物が茂ると水中が暗くなりがちだが、パールグラスは弱光への順応性もあるようだ。

現在は明るい葉色のアマゾンチドメグサが優勢で爽やかな景観となっている。制作者によれば、様々なレイアウトをInstagramにアップしている中で、こちらは特に反応が良いとのこと。それも納得の出来栄えと言えるだろう。

ダイヤモンドレッドネオンテトラの群れとパールグラスが雰囲気良くマッチ

水上には様々な植物が繁茂。定期的に水をまいて葉についた汚れを落としている

DATA

【水槽】60 × 30 × 16 ／ 36cm（ネオグラステラ／ DOOA）
【背面】侘び草ウォール 60（DOOA）
【照明】LED ライト （アクアスカイ G ミラーユニット／ ADA） 10 時間／日
【底床】トロピカルリバーソイル（DOOA）
【ろ過】外部式フィルター （スーパージェットフィルター ES-150 ／ ADA）
【温度】約 25℃（室温）
【管理】週に 1 度 1/2 換水、適宜霧吹き
【飼育種】ダイヤモンドレッドネオンテトラ（20）、グローライトテトラ
【植物】①アヌビアス・ナナ ②パールグラス ③アマゾンチドメグサ ④シペルス ⑤アメリカンスプライト ⑥ヤマサキカズラ ⑦アグラオネマ・‘シルバークイーン’ その他、各種有茎草

陸上と水中の植物のバランスがほどよいレイアウト

chapter 03

パルダ&アクアテラを作ってみよう

多様なスタイルで楽しめるパルダリウムとアクアリウム。
自分なりのイメージを膨らませて、
お気に入りのアレンジを作ってみよう。

layout process

Layout Process 01

山奥の風景を連想させる小さなコケリウム

レイアウト制作／高橋義和、安江稚葉（ロイヤルホームセンター千葉北店ワンズモール内ビオナ）
撮影／石渡俊晴

セット直後の様子。すでに完成度が高い

「コケ女《じょ》」などという言葉が生まれるくらい、一般でも流行っているコケ。パルダリウム人気に一役買っているのは間違いない。ここではコケをメインにしたパルダリウムのセッティングをお届けする。

この作品のモチーフは山奥の風景。そのため平面的ではなく、中央に深いえぐれを作るなどして、奥行きや険しさを演出した。

コケリウムと水草レイアウトとの大きな差が植物の成長の速さだ。コケは成長が遅いため、水草のように成長を見込んでまばらに植え込んだ程度では、いつまで経っても見応えのある景色とはならない。であるから、セット時には水槽の大きさに比して多めのコケを用意する必要もあるのだが、考えようによってはコケリウムはセットしたその瞬間から完成に近い姿を楽しめるともいえる。

制作者のお二人いわく、このレイアウトは湿度を保つためにフタをして、週に一度「植えれる君」に水をかける程度のメンテナンスで、年単位での維持が可能とのこと。観葉植物を置くようなスペースで手軽に雄大な山奥の景色を楽しめる。コケリウムをはじめない手はないぞ！

setting start!

01 ここで使用した水槽は20 × 20 × 25cm

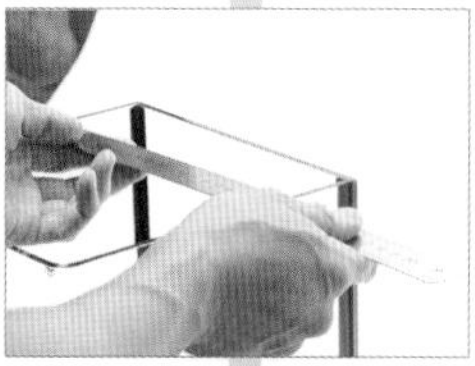

02 水槽の内寸を測る

03 内寸に合わせて背面に用いる植えれる君をカット

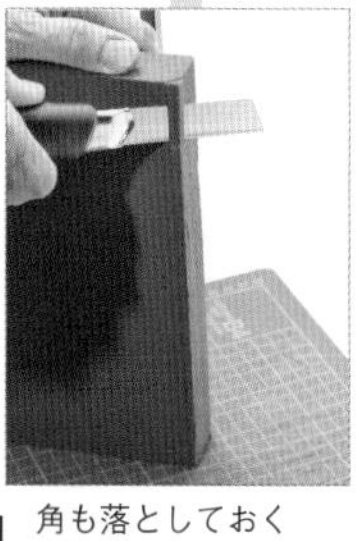

04 角も落としておく

用意した植物

①ホソバオキナゴケ
②アスパラガス・プルモサス
③ガジュマル
④アジアンタム・ミクロフィラム
⑤イオニムス・ミクロフィラス
⑥フィカス・'ホワイトサニー'
⑦クッションモス

用意した素材

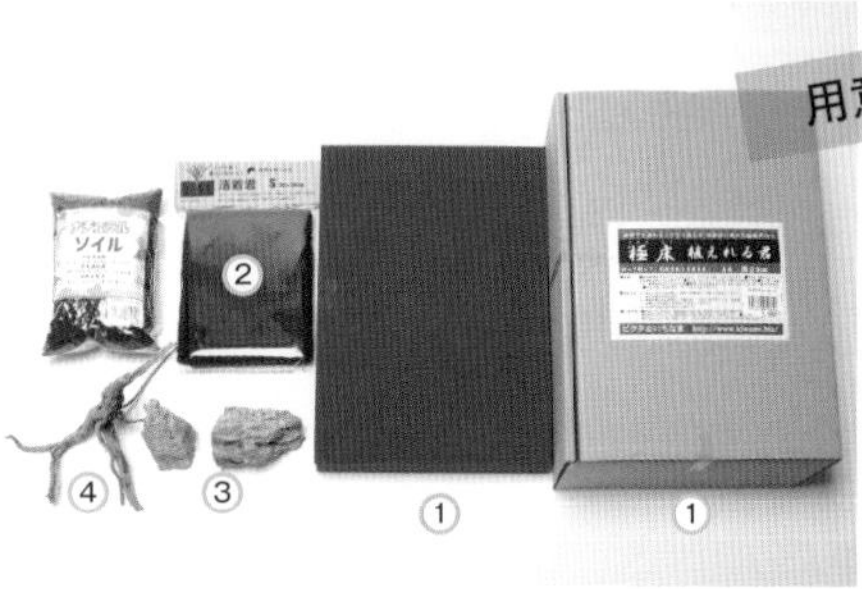

①極床 植えれる君（ピクタ）
②極床 活着君（ピクタ）
③石
④枝状の流木
（写真のソイルは使わなかった）

用意した器具類

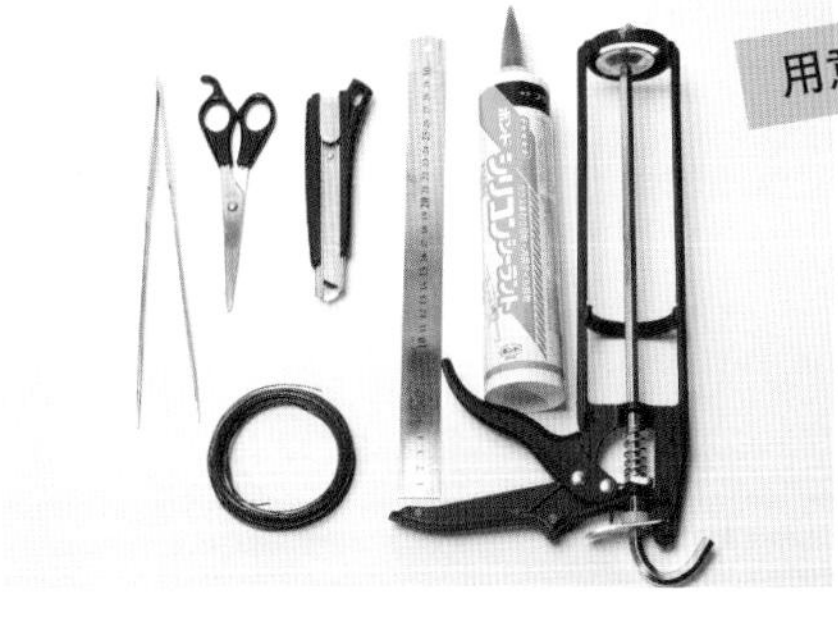

ピンセット、ハサミ、カッター、金属製の定規、シリコーン、針金（錆びにくいもの）、他に写真にはないがグルーガンも

05 シリコーンをつけて

06 水槽背面にぐっと貼り付ける

07 角を落としたのは水槽の接着剤の出っ張りに合わせるため。隙間があると後に剥がれやすくなるのだ

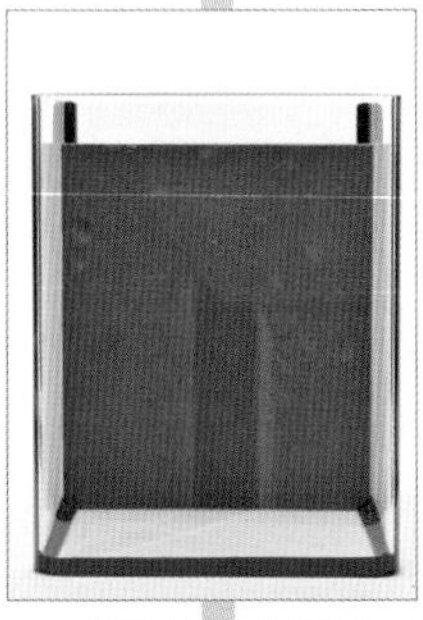

08 背面を貼り付けたところ。のちに植えれる君を剥がしたい時にはカッターの刃を差し入れてシリコーンをカットすればよい

09 次は背面の手前に位置する造形を作っていく。厚みのある植えれる君をカット

10 イメージした形に仕立てていく。面取りをすると自然感が増す

11 造形の骨格ができあがった。中央下部奥に深いえぐれを設けて、奥行き感を演出

12 流木の「良い表情」をしている面が手前に来ることを意識しながら、植えれる君に押し付ける

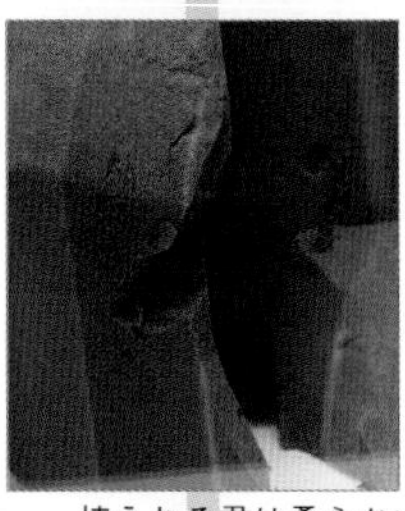

13 植えれる君は柔らかいフォームなので、流木に合わせたくぼみができる

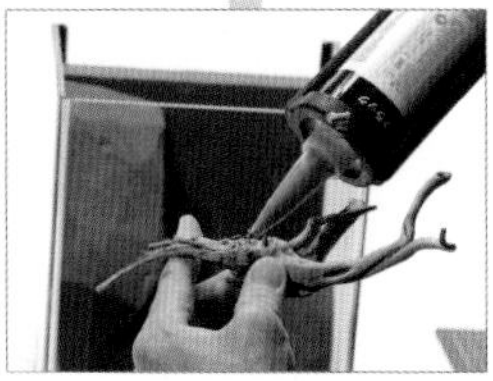

14 くぼみができたら一度取り出して、シリコーンで接着する。これは石も同様

15 パルダリウムは水を張って作業しないので、扱いやすいように水槽を縦横にできる（作業時には柔らかい布を敷くとよい）

16 近接する素材をグルーガンで固定。シリコーンが乾くまでに時間がかかるので、仮止めの意味で

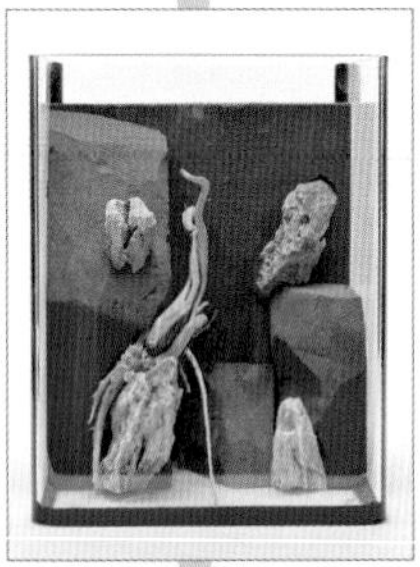

17 各素材を埋め込み接着したところ。かなり立体的だ

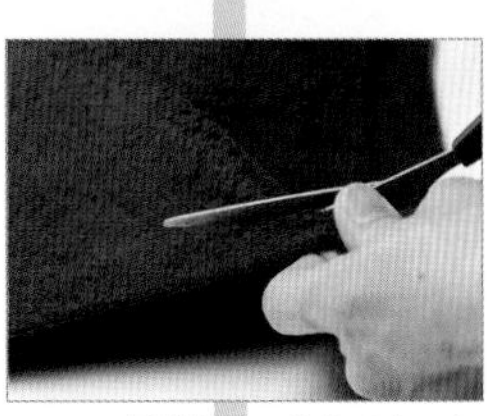

18 活着君をハサミでカット

19 活着君をカットした形

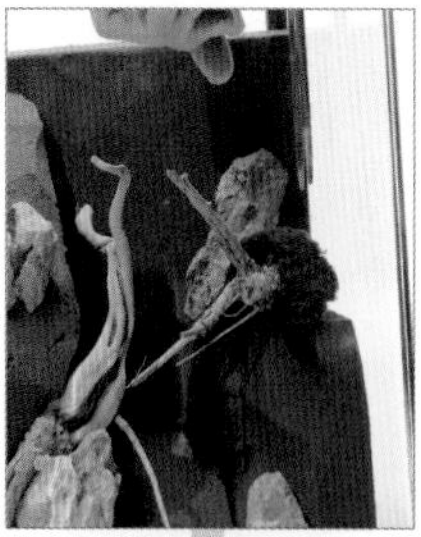

20 切った活着君を流木の上から垂らすように仮置きする

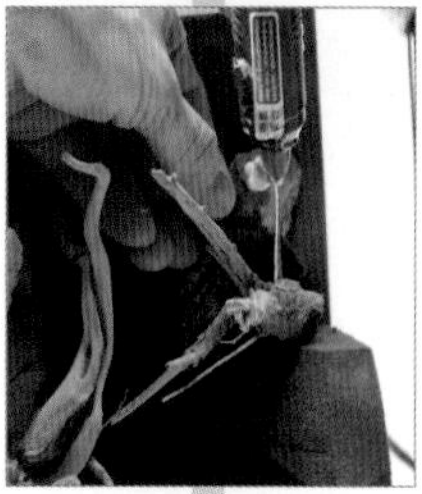

21 活着君と流木をグルーガンで接着

22 活着君は吸水力が高いため、下部が水に浸かっていれば高い位置まで水を引き上げる

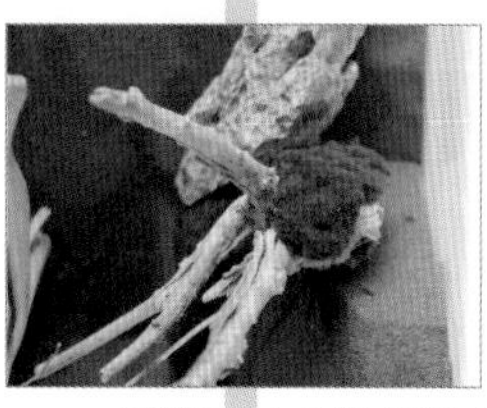

23 活着君が水を導けば流木の上など水が回りにくいところにも植物を置ける

24 コの字型にした針金を植えれる君に刺してコケを固定していく。用いたコケは活着しないので割と密な間隔で針金を入れる

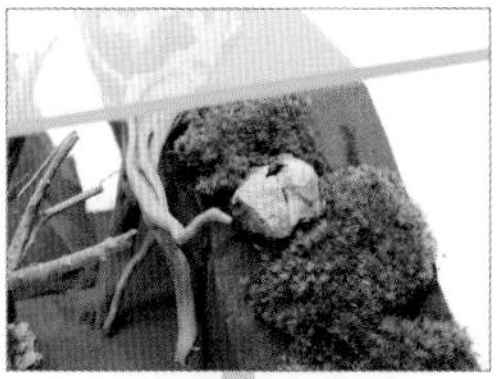

25 石の際は隙間ができないようにコケを置くと石の「表情」が引き立つ

26 一通りコケを固定したところ。コケははじめから密に植えるのがコツだ

27 植えれる君にピンセットで穴を開ける

28 できた穴に植物の根を差し込む。この要領で植物をどんどん配置していく

29 先ほど設置した活着君の上にも植物を置く

30 一通りの植物を配し終えた。明るい景色となるように白っぽい砂を敷いた

31 植物全体を霧吹きで濡らす

32 植えれる君の上から水をかける。植えれる君は保水力があるので、これでコケや植物の根に水が行き渡る

completion

作業時間は2時間程度。撮影でストップしながらだから、だいぶスピーディだ

Layout Process 02

レンガ塀のある苔むした庭先を再現

レイアウト制作／日向 慧（aquarium shop earth）　撮影／石渡俊晴

セットから約１カ月。植物もいい感じに成長している

水草レイアウトでは時間の経過が重視される。いくらきれいでも即席では持続性が疑われるし、そもそも時間の経過が「いい雰囲気」を作るための重要な要素だからだ。レイアウトは時間が経てばそれなりの雰囲気をまとうものだが、それを積極的に表現するテクニックもある。流木にモス類を活着させるのはその一つで、苔むした流木は時間の経過を自然に演出する。

前置きが長くなったがこのレイアウト。背面にはレンガが張り付いて、これだけでいい味わい。そのレンガもランダムに並べることで、いずれ崩れ落ち土に還るようなストーリーが感じられる。

制作者もその点は意識していて、メインに用いた流木は「生と死」のメタファーなのだそう。流木はすでに活動を終えた植物だから、これもいずれ土に還る。レンガと同様に時間を感じさせるストーリーをまとうわけだ。

小さな水槽に悠久の時間を感じる。作者の感性とテクニックが結晶した作例だ。

setting start!

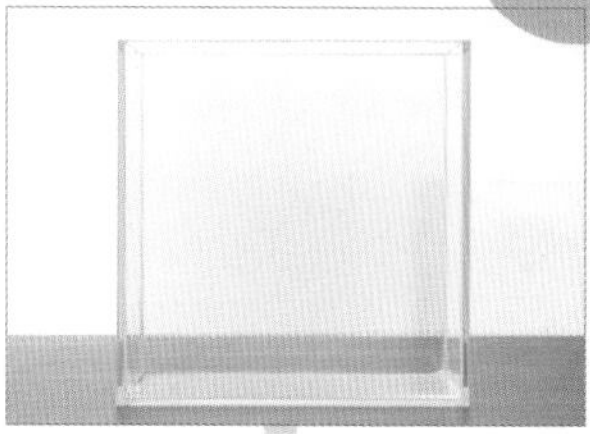

01 用意した水槽の大きさは20×10×20cm（グラステリア　フィット200／GEX）。フタがぴったりと閉められるため湿度を保つパルダリウムに向いている

02 造形君を水に溶いて絞る。耳たぶくらいの硬さが目安

03 水槽を横に倒して造形君を背面に貼っていく。接着性がありこれだけでほとんど剥がれ落ちることがない

用意した植物

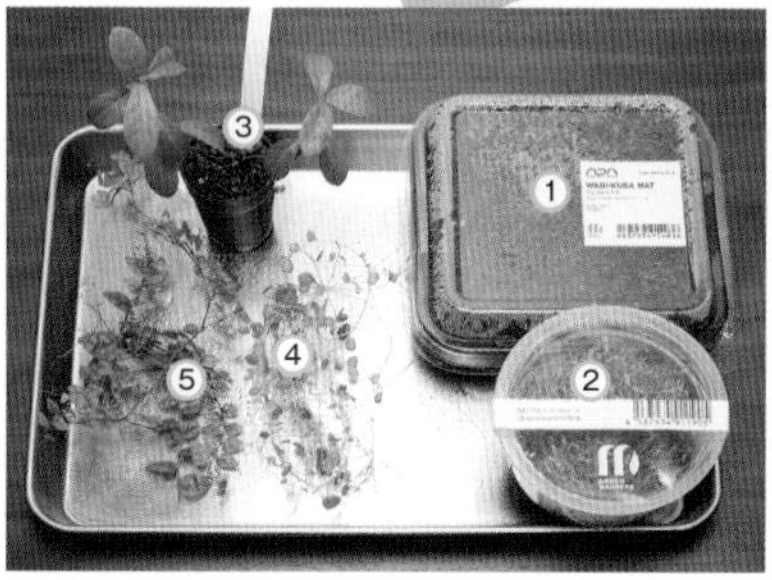

①クリスマスモス（侘び草マット／DOOA）
② BIOウォーターローン（BIOみずくさの森／ADA）
③コケモモイタビ　④ペペロミア・エマルギネラ
⑤ヒメイタビ

用意した素材

左から流木、小さなレンガ、ソイル

造形君（ピクタ）

04 用意した小さなレンガを造形君に押し込む。造形君が乾けばけっこう固定される

05 後はひたすらレンガを押し込んでいく。多少、ラインが乱れてもそれは味わいになる

06 レンガの押し込み作業完了。中央を空けてあるのは植物や流木を配するため。下を空けているのはソイルを敷くため

07 ソイルを敷いて表面をならす

08 ソイルにたっぷりと水を含ませる。これで植物が植えやすくなる

09 流木を入れる。こうした素材を入れることで植栽の手がかりになる。レイアウトの要になるので向きや位置を吟味！

10 存在感のあるコケモモイタビは流木に添えるように植える

11 ヒメイタビは流木に絡めるように。背面でも底面でも使えるパルダリウムのお役立ち植物だ

12 マットからはがしたクリスマスモスを水に浸す。クリスマスモスが大きかったら短くカットする

13 クリスマスモスを造形君に軽く押し当てていく。ともに水分があるのでピタリと張り付く

14 レンガの隙間にもクリスマスモスを。この時点でかなりいい雰囲気！

15 ペペロミアは短くカットして上方の造形君に植えこむ。這性なので垂れ下がるように成長するはず

16 ウォーターローンは塊を手で引きちぎって小分けにする

17 ウォーターローンを底床に等間隔で植えていく。横に展開するので緑の絨毯となはずだ

completion

セッティング完了！
フタをして湿度を保ちつつ育成を開始する。

Layout Process **03**

ガラスポットでつくる水草パルダリウム

制作／小野寺啓介（color） 撮影／石渡俊晴

水草パルダリウムの基本を押さえた、シンプルながら飽きのこない作品。じっくり管理していけば、水草が成長し、やがて厚みのあるグリーンが見られるだろう

ミリオフィラムの茂みの陰には排水パーツが。この穴に長めのエアチューブなどを通し、口で軽く吸えば水抜きができる(ホースで水換えするときの要領)

小型水槽のレイアウトをつくるとき、「使う水草の量」で悩んだことはないだろうか。はじめてチャレンジする方ならなおさら、どのくらいの量を揃えればよいのか見当がつけづらいのではないか。

そこで制作者が提案してくれたのが、使う素材や水草を絞り込んだシンプルな構成のレイアウトだ。水草はすべて組織培養カップで1カップずつ。いずれも水草専門店で手に入りやすい種類だから、準備段階で立ち止まってしまうことはないだろう。

もし、もっと個性を出したいと思ったら、この分量と構成をベースに、好きな植物を足していくといい。一度基本を押さえてしまえば、応用もしやすくなる。

毎日の世話は1日に1〜2回、霧吹きをするだけだ。フタをしていれば内部がすぐに乾燥してしまうことはないが、葉の表面を洗い流すことで植物の表面を清潔に保つという意味でも霧吹きは効果的。もちろんフタからの給水も保湿効果があるから、あわせて行なうとよい。

下部に水が溜まってきたら根腐れ予防のために、排水パーツを活用して水抜きをしよう。時々きれいな水をあえて多めに入れて、底床内の汚れを洗浄するとなおよい。

用意した植物

①ディネマ・ポリブルボン
②ミリオフィラム・マトグロッセンセ
③クリスマスモス
④スタウロギネ・レペンス
⑤ニューラージパールグラス
※各1カップ、いずれもADA

用意した素材

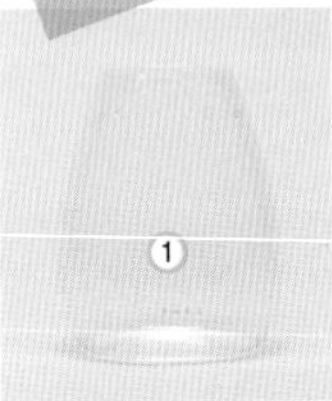

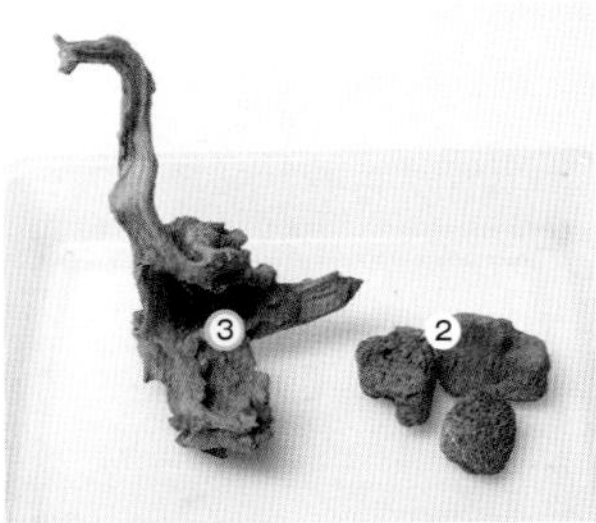

①ガラスポットSHIZUKU
②溶岩石
③ホーンウッド
その他、ジャングルソイル、ジャングルベース（各1袋）、システムパルダ排水パーツ、テラテープ、テラライン、ピンセット、筆、水差し

setting start!

01 システムパルダ排水パーツをSHIZUKUの底に立てる。後から位置を変更できないので、レイアウトのイメージは先にある程度固めておくとよい

02 ジャングルベースを1袋入れる。軽石を素材にしており、水はけをよくして植物の根腐れを予防する

03 ジャングルソイル1袋をジャングルベースの上にていねいに注ぐ。1袋を入れると4～5cmの厚みになる

04 筆や小さなハケなどを使ってソイルをならす。手前から奥に向かって少しだけ勾配をつけている

05 ソイルを敷き終わったところ。この厚みならシステムパルダ排水パーツが埋もれてしまうこともない

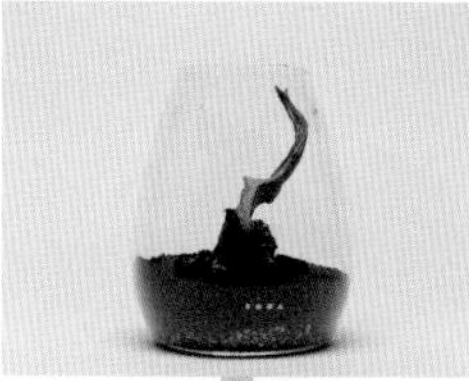

06 このレイアウトの主役、流木の位置決めをする。今回のように背の高い素材を配置したときは、SHIZUKU のフタがちゃんと閉まるか確認しよう

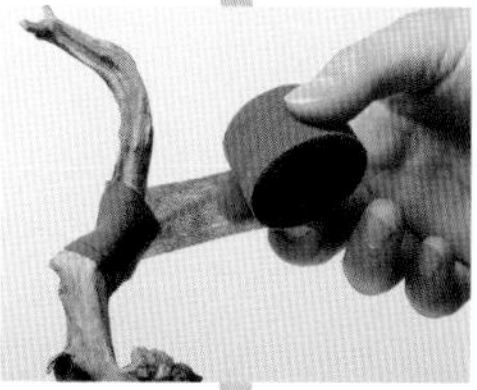

07 いったん流木を取り出し、テラテープ（ADA）を巻いていく。保水効果が高く、モスを巻く際のベースとなる

08 テラテープの上にディネマ・ポリブルボンを置き、周りにテラテープを隠すようにクリスマスモスを付ける。テラライン（ADA）で一緒に巻く

09
流木にディネマ・ポリブルボンとクリスマスモスを巻きつけた状態。このレイアウトの主役の準備が完了！

10 流木を、仮組みした時と同じ位置に置く。仮組み時に写真を撮っておくと、作業がスムーズだ

11 溶岩石を流木の根元に配置する。溶岩石は流木と見た目の相性がよいことから選択

12 水差し（霧吹きでもよい）でそっと水をかけ、ソイルを湿らせる。しっかり湿らせたほうが水草を植えやすい

13 培地をしっかり落としたニューラージパールグラスを、一つまみずつちぎりながら植えていく。一度に植える量は、写真くらいが目安

14 水草は根元を持ってしっかりと植えこむ。ピンセットをソイルから引き抜く時は、ソイルの中で軽く開きながら抜くのがコツ

15 組織培養のニューラージパールグラス（BIO みずくさの森）を1カップ使えば、植えたてでもかなりの密度感が出る

16 ミリオフィラムを向かって右側に植えていく。将来ある程度の背丈が出てくるので、排水パーツの周りに植えれば目隠しにもなる

17 スタウロギネ・レペンスを植える。背丈は伸びないが、こんもりとした茂みを作ってくれるだろう。⑯のミリオフィラムとの草姿の違いを楽しめる

ガラスポット SHIZUKU をウッドベースに乗せ、マグネットライト G を設置して完成！

フタから滴るしずくは、ラン（ディネマ・ポリブルボン）の葉の上をつたい落ちる。しずくの落下位置も意識してレイアウトするとよい。花が咲いたらまた違う表情を見せてくれそうだ

Layout Process **04**

小さなカニが棲む ミニパルダリウム

レイアウト制作／編集部　撮影／石渡俊晴　機材協力／水作

セットから約１ヵ月。底床はグリーンに覆われよい雰囲気。飼育しているのは、ディープレッドバンパイアクラブ。小さくてかわいらしい陸棲傾向の強いカニだ

パルダリウムに大きさの規定はなく、飼育または育成する生物に応じた水槽を用意すればよい。ここでは手軽に始められるキットを用いて小さなパルダリウムを作ってみた。

小さな水槽のパルダリウムはシンプルなほうがいい。いろいろ詰め込むと焦点がぼやけるし、作業が緻密になりすぎるきらいがある。たとえば、下草が茂り、お気に入りの石を一つ置く。ガラスの器に入っていれば、それだけで美しいオーナメントとなるのだし、そんな風に考えていれば気楽に制作できるというものだ。まずは実行の精神で。

setting start!

01 水槽にベースサンドを敷く。粒が大きく、通水性と通気性があるため底床の状態を良好に保ちやすい

02 用土の仕切りとなるネットを敷く

03 ほこりが立たないように時折霧吹きをするとよい

04 ネットの上に植物の根が張りやすい形状と柔らかさを持つベースソイルを敷く

05 準備したモデリングブロックをはめ込んでいく。それぞれのブロックは楊枝でつなげて固定している

06 ウィローモスを混ぜたモデリングクレイを軽く絞ってブロックに貼り付けていく

07 準備した流木 DECO をブロックに差し込む。この商品は中に芯が入っており自由に曲げられる

08 流木 DECO やモデリングクレイにウィローモスをのせたり、ウィローモスを巻いたラヴァストーンを適所に置く

09 底床に水草のタネをまく。このレイアウトでパックの 1/3 量ほど使った

completion

10 これにてセット終了。たっぷりと霧を吹き、照明をつけて育成を促し、カニを導入する。

用意した素材

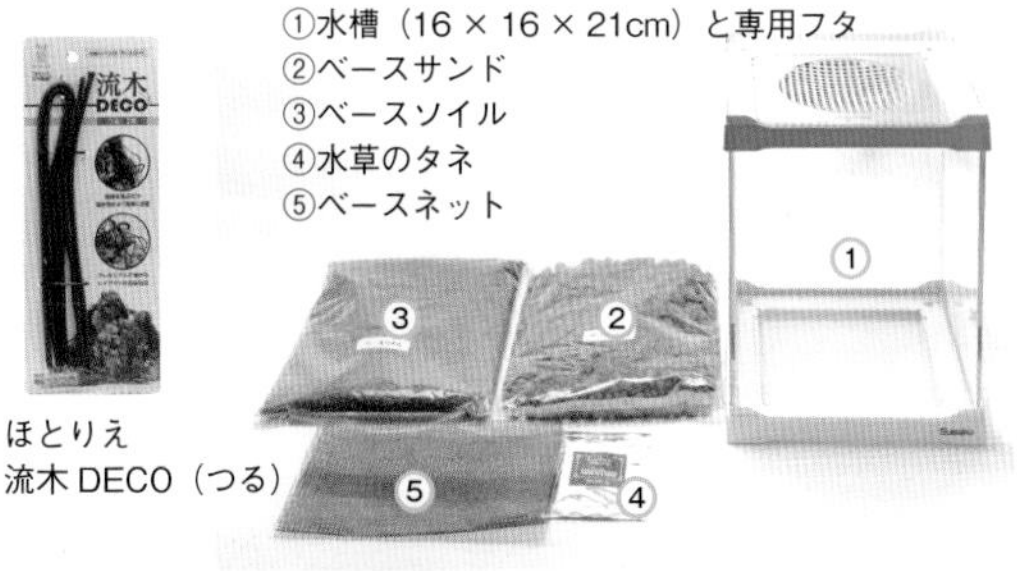

ほとりえ
グリーンカーペットキット CH ホワイト
①水槽（16 × 16 × 21cm）と専用フタ
②ベースサンド
③ベースソイル
④水草のタネ
⑤ベースネット

ほとりえ
流木 DECO（つる）

育成用の LED ライト（こもれび）

ほとりえ
モデリングブロック

ほとりえ
モデリングクレイ

ほとりえ
ラヴァストーンブラック

全て水作

レイアウトの準備

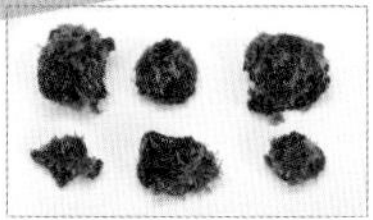

ラヴァストーンにウィローモスをのせる

モデリングブロック（吸水性のあるウレタンフォーム製）を水槽の大きさに合わせてカット。やすりで削ったり楊枝でつなげたりして思い描く造形に仕立てる

水に溶いたモデリングクレイにミキサーで細かくしたウィローモスを混ぜる。それを流木 DECO に筆で塗りつけていく

Layout Process **05**

原種ベゴニアをあしらったパルダリウム

レイアウト制作／星名健史（寒川水族館）　撮影／橋本直之

セット直後の様子。鮮やかなベゴニアの成長に期待

パルダリウムにおいて造形と植物、どちらに重きを置くかは作る人次第。ここでは近頃注目度の高いベゴニアを配した自然感あふれるレイアウトを作っていただいたが、これは造形と植物ともに楽しむ欲張りな作品と言えるだろう。

制作者は「レイアウトは派手なベゴニアを使いながらも自然な風景となるように心がけて制作した」という。自然物とはいえベゴニアのカラーリングは強烈であるから、そこだけ浮いてしまっても面白くない。周囲に緑を配するなどして、うまく溶け込ませるようにしつつも、主役であるベゴニアの存在感が引き立つような配置を心がけた。

また、「たくさんの水草レイアウトを作ってきた経験から、派手すぎるベゴニアは馴染まないと思っていた」ともいうが、実際に作ると美しくレイアウトがまとまることにも気づかされたという。

ちなみに制作者はベゴニアの育成を以前から手掛けており、今回のレイアウトはその経験を踏まえて組み立てられている。レイアウトの完成後はフタを閉め、1日1回程度の霧吹きで湿度を保ち、照明は1日10時間程度という管理でベゴニアほか植物はしっかりと成長するとのことだ。

setting start!

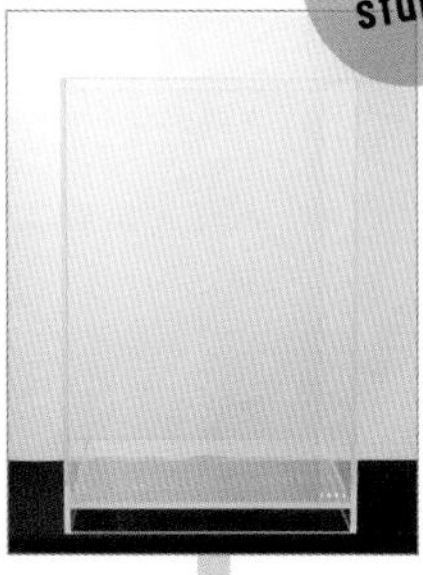

01 使用した水槽はネオグラスエア（DOOA）。幅と奥行きが30cm、高さは45cmと背の高いタイプ

02 底床となるジャングルソイルを注ぐ。パルダリウム向けに作られたソイルだ

03 ジャングルソイルは後ろの方を高く盛る。ここだけで2袋近く使っている

用意した植物

①ベゴニア sp. 'Julau'
②ベゴニア sp. 'Nanga Pinoh'
③ベゴニア sp. 'Batang Ai'
④メラストマ sp. 'Sibolga'
⑤ボルビティス sp. 'キャメロンハイランド'
⑥ブセファランドラ sp. 'クダガン'
⑦ブセファランドラ sp. 'クアラクヤンⅡ'
⑧マコデス・ペトラ（ジュエルオーキッド）
⑨フィカス sp. 'サバン島'
⑩セラギネラ sp.
⑪フィカス・プミラ・'ミニマ'

エダツヤゴケ（2パック）

用意した素材

モデリングソイル4ℓ（JUN）1袋

ジャングルソイル3ℓ（DOOA）2袋

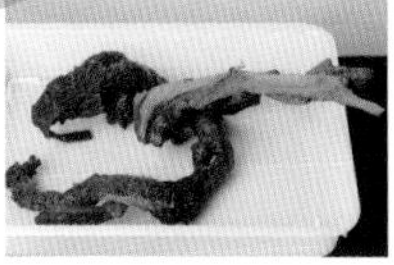

南米ウィローモスを貼り付けた流木（2本）

山水石（ADA） 約10kg

04 基礎となる山水石を埋め込むように置いていく。遠近感を出すために手前に大きめの石を

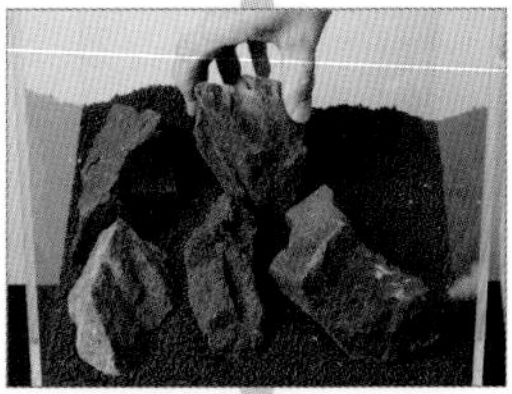

05 植物を植えるスペースや、石のかっこいい向きなどを考えながら、さらに石を積み上げていく

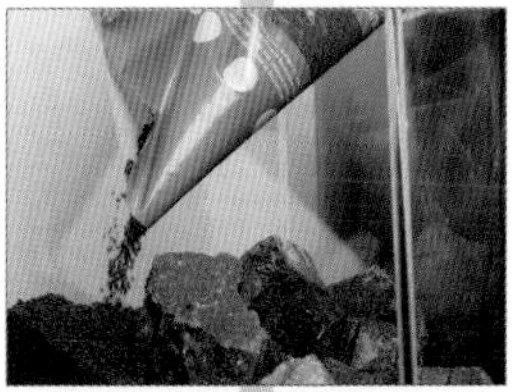

06 石を積み上げながら、ソイルを足していく。こうしてどんどん底床を高く盛り上げる

07 迫力を出すために石は前に倒れ込むように配置する。強い陰影が印象的

08 石組みの基礎ができたところ。ソイルを盛れるのはこれくらいの高さまで

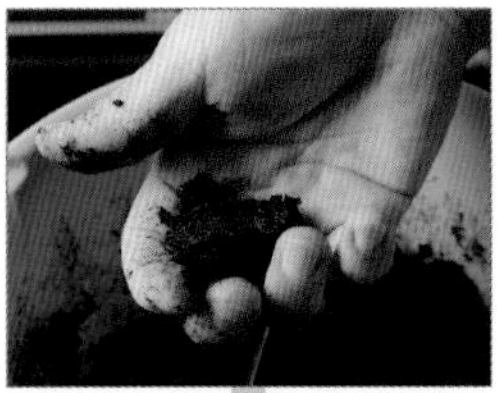

09 モデリングソイルに水を注ぎこねる。ぎゅっと握って水が滴らないくらい

10 粘土状となったモデリングソイルを石の間に詰めて次の石の土台とする

11 石と石の隙間にもモデリングソイルを詰めて安定感を高める

12 特に上方では石と石の噛み合わせも大切。かっちりと固定する配置を探しながらの作業となる

13 時折チェック。ガラス水槽に硬く重い石を高く積み上げるので入念だ

14 石組み完成！　45cm ある水槽の高さいっぱいまで積み上げた

15 いったん水槽をきれいに。植物を植えた後には手を入れにくくなるため

16 流木を仮に組んでイメージを掴む。取り出したら流木と干渉しない位置に植物を配していく

17 植物は大きめの葉ものから。根を包むミズゴケごとレイアウトに使う

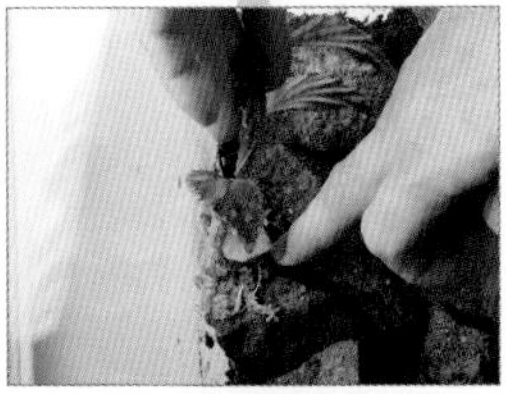

18 石の間に植物を配する。植物の根ではなくてミズゴケごと軽く押し込む感覚

completion

DATA

①ベゴニア sp. ‘Julau’
②ベゴニア sp. ‘Nanga Pinoh’
③ベゴニア sp. ‘Batang Ai’
④メラストマ sp. ‘Sibolga’
⑤ボルビティス sp. ‘キャメロンハイランド’
⑥ブセファランドラ sp. ‘クダガン’
⑦ブセファランドラ sp. ‘クアラクヤンⅡ’
⑧マコデス・ペトラ（ジュエルオーキッド）
⑨フィカス sp. ‘サバン島’
⑩セラギネラ sp.
⑪フィカス・プミラ・‘ミニマ’
その他、各所にエダヅヤゴケ、流木に南米ウィローモス

ピンク色のスポットを持つベゴニア sp. ‘Nanga Pinoh’

ピンクの模様が金属的な光を放つベゴニア sp. ‘Julau’。ともに自然が作ったとは思えない配色だ

19 適当な隙間がなければソイルを掘って空間を作る

20 そうしてできた隙間に植物（ミズゴケ）を配してもよい。要は臨機応変だ

21 シート状になったエダツヤゴケをソイルの露出部に置いていく

22 全体にコケを配する。明るい緑は目に爽やか

23 改めて流木を配する。背面から前方に迫り出すように置いて、空間に奥行きを作る

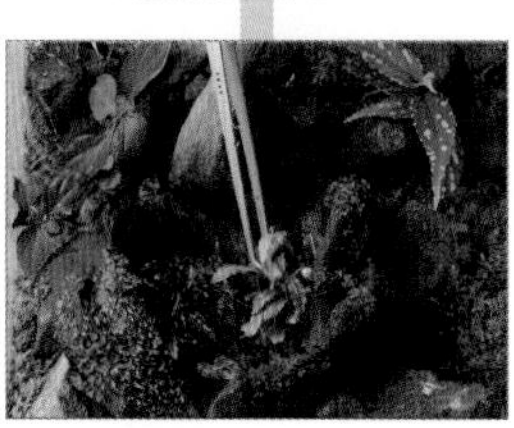
24 ブセファランドラなど小さな植物を植えていく。流木の際に置けば自然感が増す

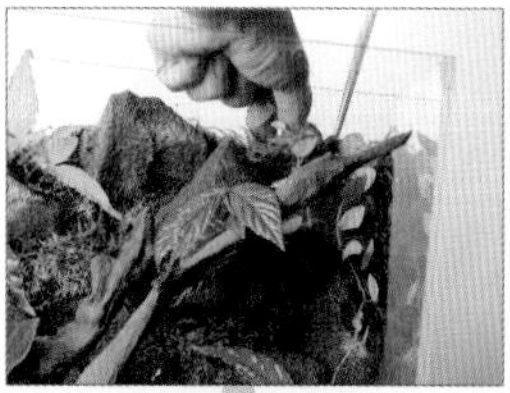
25 這性の植物を上部から垂らすように植えて植栽がフィニッシュ

26 水槽手前に小さな山水石を置く。自然感を高めるテクニックの一つ

27 最後にシャワーで施水。水を含んだエダツヤゴケが瑞々しい輝きを放ち出す

Layout Process 06

水草を多用したパルダリウム

レイアウト制作・文／アクアフォレスト新宿店　撮影／石渡俊晴

セットから２カ月後。多くの植物が順調に成長し、鬱蒼としたジャングルのような雰囲気になった。立体活動するイモリなどを飼育しても楽しそう

「水草を使った美しいパルダリウム」がこのレイアウトのテーマにあります。そのため、アクアリストにはお馴染みの水草がけっこう見られると思います。背面の侘び草マットには植物を活着させられるため立体的なレイアウトにすることができます。ここではジャワファン、アヌビアスなどを活着させました。

メインとなる流木はホーンウッドをいくつか組み合わせていますが、結束バンドによるつなぎ目には植物を配してそれを目立たなくしています。自然に生えている大木のような雰囲気となったと思いますし、ここから垂れ下がるように育ったモス類、ニューラージパールグラスは見る人が目を止めるポイントになりました。立ち上げ当初は水草が乾燥しやすくまめに霧吹きをしていました。特に流木まわりのモス類とニューラージパールグラスが乾燥し部分的に枯れてしまうこともありました（ミストフローが当たりにくい場所で目立った）。

面白い発見もありました。当初、侘び草マットのウィローモスはミストフロー（霧）だけの湿度管理ではきれいに育ちませんでした。そこで1ヵ月ほどしてからサーキュレーションファンを稼働することに。すると成長のスイッチが入ったのかウィローモスが美しく生えそろうよ

setting start!

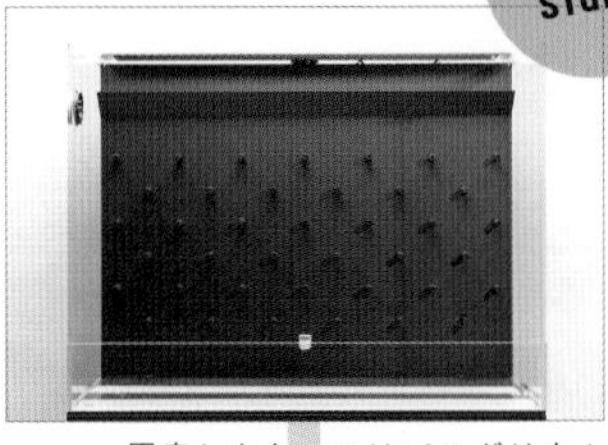

01 用意したケースはパルダリウム専用のシステムパルダ 60

02 根腐れを予防するため、底床の通水性を保つ粒状のジャングルベースを敷く

03 ジャングルベースの上にジャングルソイルを敷く。植物が根を張りやすい焼結土だ

用意した植物

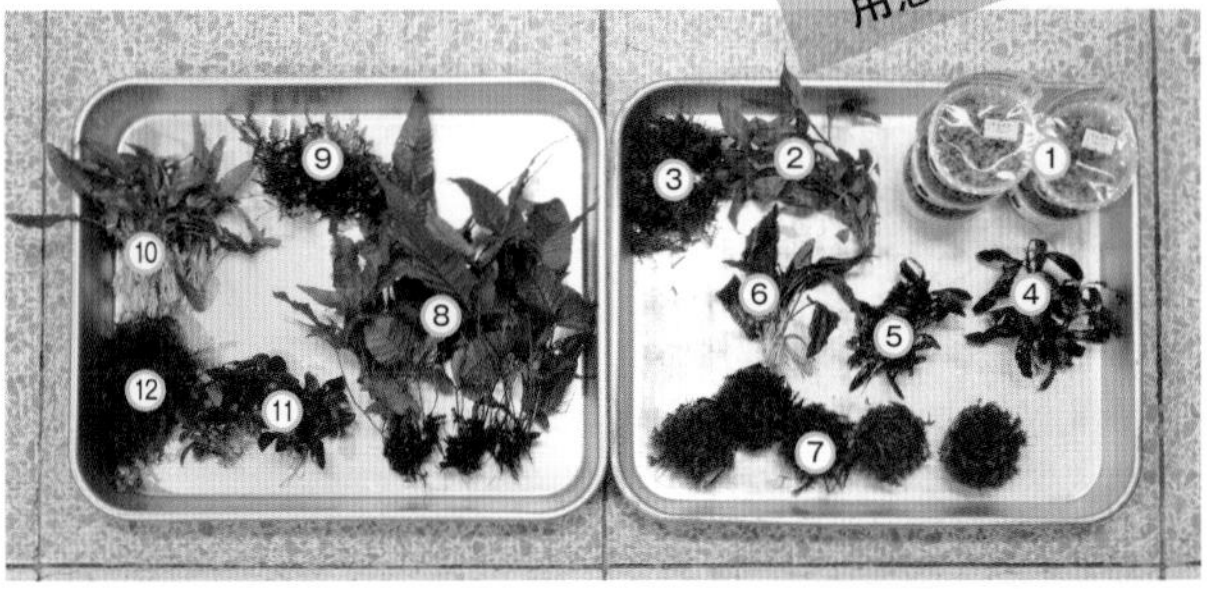

①ニューラージパールグラス
②アルテルナンテラ・レインキー・'ミニ'
③ハイゴケ
④ブセファランドラ sp. 'クダガン'
⑤ブセファランドラ sp. 'クアラクアヤン'
⑥クリプトコリネ・ウエンティ・'トロピカ'
⑦シッポゴケ
⑧ジャワファン
⑨ボルビティス・ヒュディロッティ
⑩クリプトコリネ・ウエンティ・'グリーン'
⑪アヌビアス・ナナ・'ミニ'
⑫南米ウィローモス

＊マーカー以外は水草で流通する植物

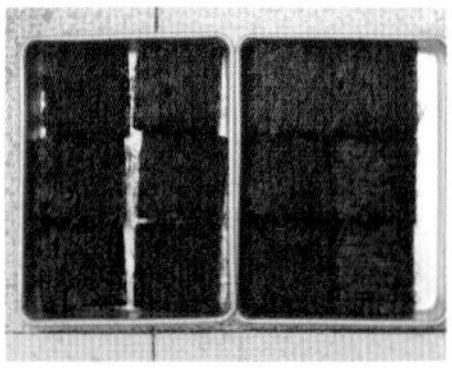

侘び草マット（システムパルダ／DOOAに付属）にウィローモスを巻き付けておいたもの

用意した素材

流木（ホーンウッド／ADA）

溶岩石

左／ジャングルソイル
右／ジャングルベース（ともにDOOA）

うになりました。新鮮な空気の重要性に気づかされた出来事です。

その他、気づいたことを記します。

・陸上のコケは育成しやすい。
・活着する水草のうち葉が軟らかいもの（ブセファランドラ・'クアラクアヤンI'やボルビティス）は乾燥に負けやすかった。
・熱帯雨林に自生しているような植物はよく育つ。
・とはいえ根腐れを起こしやすい植物は上方に配するなどの工夫は必要（霧を出す量にもよるが底床に水が溜まるため）。
・水草は組織培養で育てられたカップ入りのもの（半水上葉）を用いると失敗しづらい。

今回初めて使用したケースで試行錯誤の部分もありましたが、こうして完成した姿を披露することができました。皆さんもぜひパルダリウムにチャレンジしてみてください。

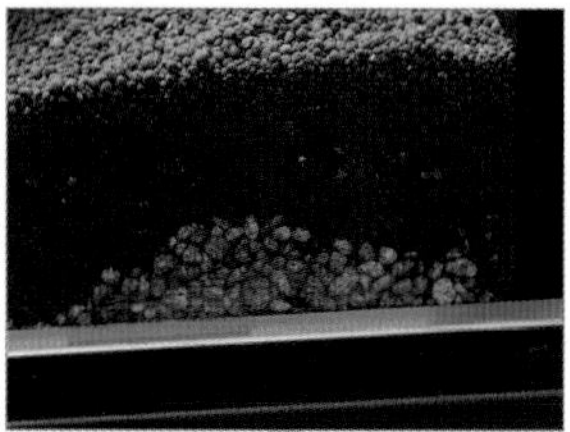

04 底床を水槽横から見たところ。観葉植物の植木鉢のような多層構造になる

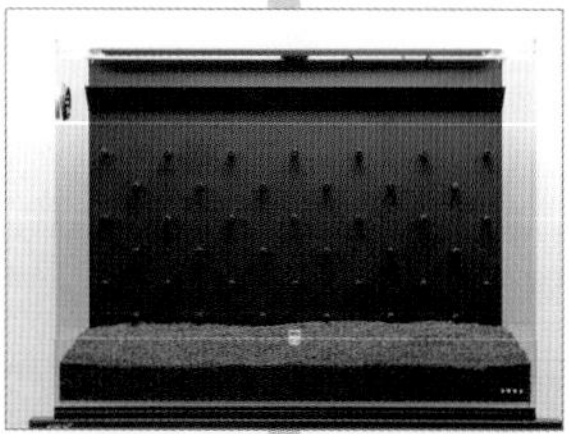

05 ジャングルベース1ℓを2袋、ジャングルソイル3ℓを2袋弱使用してこれくらいの厚み

06 用意しておいたウィローモス付き佗び草マットを背面のグリッドにはめ込んでいく

07 全部で18個はめ込んだ。隙間はモスの成長により埋まる予定

08 メインとなる流木は大きめのホーンウッドをいくつか組み合わせて結束した

09 のちに植物で覆われるので、この時点で流木の存在感は強すぎるくらいでよい。足元には石を添えて固定

10 シッポゴケを流木の右後ろに。基本的には水を好むものをレイアウト下方に配置していく

11 ボルビティスの根茎に瞬間接着剤をあてて流木に固定する

12 流木にボルビティスやハイゴケを配したところ。少しずつ植物で埋めていく

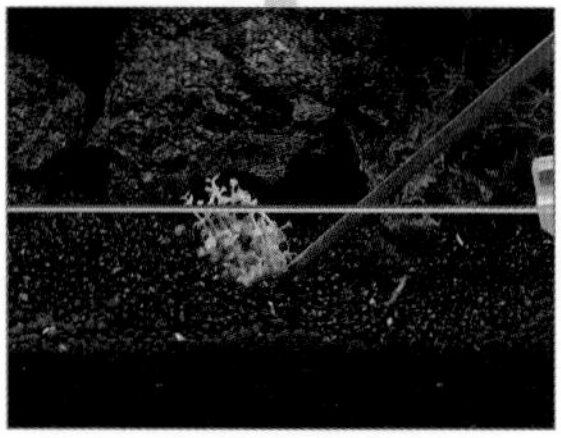

13 ニューラージパールグラスを植えていく。陸上での育成になるので組織培養の株を用いた

14 水中のように爆発的に増えないので、ニューラージパールグラスはやや密な間隔で植えた

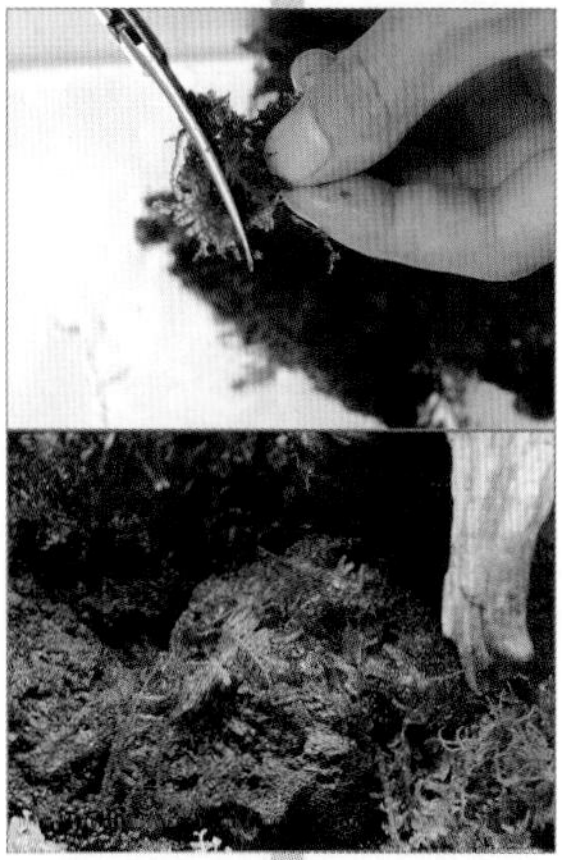

15 南米ウィローモスは細かくカットしてから配した。こうすると後に美しく生えそろう

16 ニューラージパールグラスを流木の上にも。乾燥しないようにモス類を根本や周囲に配する

17 ケースの中がだいぶ賑やかになってきた。流木は結束部が目立たないよう植物を配している

18 背面にも植物を配する。佗び草マットを一旦外してジャワファンをテグスで固定する

19 背面に植物を配することで立体的な印象に。ゴールまでもう少し

20 背面と底面のつなぎに水草を植えていく。人工的な線を消していく作業だ

21 ひとまずの完成。基本的にパルダリウムの植物の成長は緩やかなので、初めから多く配するのがコツ

ミストフローからの霧が当たるか否か、それも植物の生育に影響した

completion

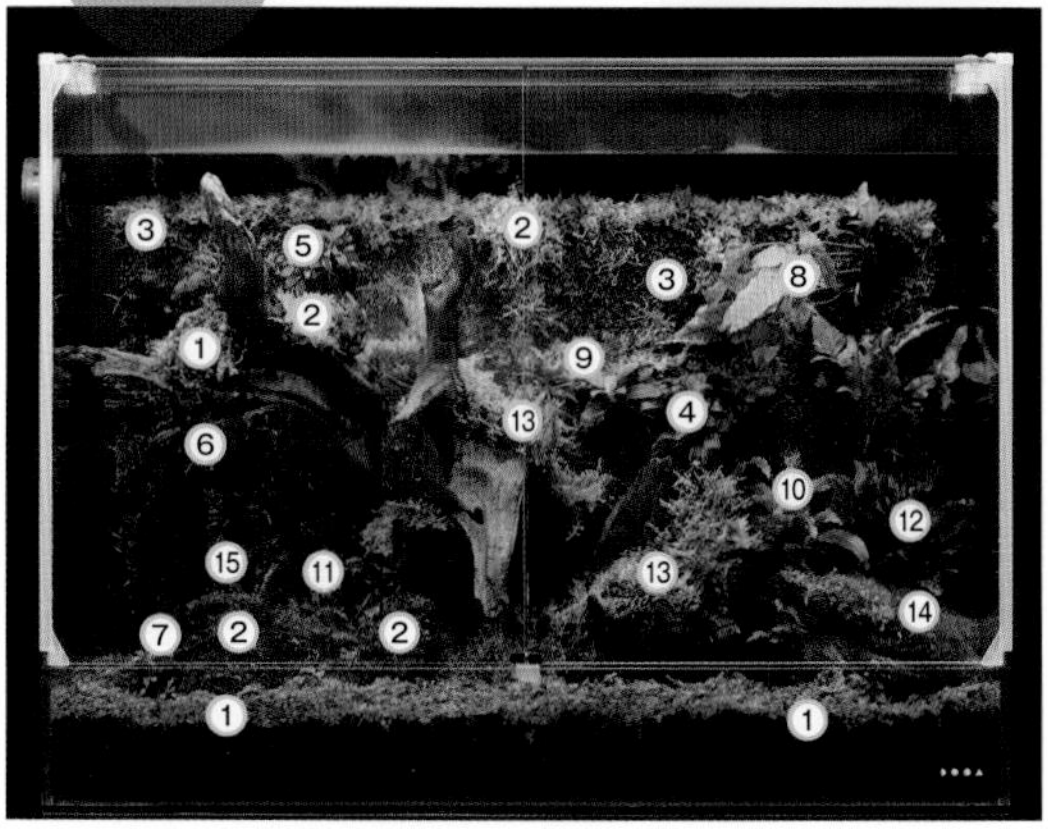

DATA

【ケース】60 × 30 × 45cm（システムパルダ 60 ／ DOOA）
【照明】LED ライト（パルダライト 60 ／ DOOA）10 時間／日
【底床】ソイル（ジャングルソイル／ DOOA）、他（ジャングルベース／ DOOA）【温度】23 ～ 25℃ 【湿度】90％前後（水槽システム付属のミストフロー、サーキュレータにより管理）【管理】週に 2 度、水槽システム付属の高吸水スポンジが吸い上げた水を排出（排出した分を追加）
【植物】①ニューラージパールグラス ②南米ウィローモス ③ウィローモス ④アヌビアス・ナナ・'ミニ' ⑤アヌビアス・'パンゴリーノ ⑥ブセファランドラ sp.'クダガン' ⑦ブセファランドラ sp.'グリーンウェービー斑入り' ⑧ジャワファン ⑨ボルビティス・ヒュディロッディ ⑩クリプトコリネ・ウェンティ・'グリーン' ⑪クリプトコリネ・ウェンティ・'トロピカ' ⑫アルテルナンテラ・レインキー・'ミニ' ⑬ハイゴケ ⑭シッポゴケ ⑮ラビシア sp.'ピンクワイルド'

＊マーカー以外は水草で流通する植物

Layout Process **07**

ボルネオの ジャングルをイメージして

レイアウト制作／編集部　協力／アクア・テイラーズ、ピクタ、Borneo-Aquatic

セット直後のケース。植物はまばらだが、時が経てば緑で覆われることだろう

パルダリウムのブームに伴い、アクアショップにおいても専用のケージや関連アイテムなどが入手しやすくなった。ここでは専用のアイテムを使用して、ボルネオ（カリマンタン）のジャングルをイメージしたレイアウトを作ってみることにした。

使用した主な植物

ブセファランドラ sp.‘ブラウニーゴールデン’

ブセファランドラ sp.‘シンタン’

ブセファランドラ sp.‘チェリー’

ホマロメナ・‘レッド’

アリダルムの１種

クリプトコリネ・‘シルバークィーン’

用意した主な素材や道具

極床 植えれる君
（ピクタ）

着生植物専用素材
Hygrolon
（ハイグロロン／
アクア・テイラーズ））

着生植物専用素材
Epiweb
（エピウェブ／
アクア・テイラーズ））

水中ポンプ
（Rio+ 800 ／神畑養魚）

底面式フィルター

Epiweb 専用プラピン
（アクア・テイラーズ）

強力両面テープ

グルーガン

極床 造形君（ピクタ）

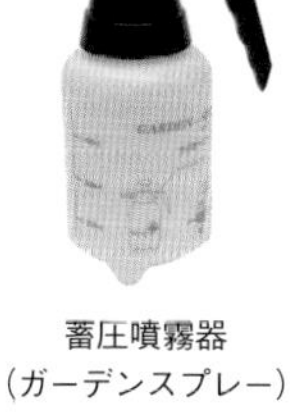

蓄圧噴霧器
（ガーデンスプレー）

園芸筒型スコップ

植物用アルミ線
（1.5mm 径）

ソイル

setting start!

01 水槽背面に貼るEpiwebパネルをカッターで切断。伸縮性があるので、ケージの内寸よりもプラス5mmほど大きめにカットするとぴったりはまる

02 レイアウトに“抜け”をつくるため、中央付近をくり抜き、同様にHygrolonもカット

03 グルーガンを使ってHygrolonをEpiwebに固定する

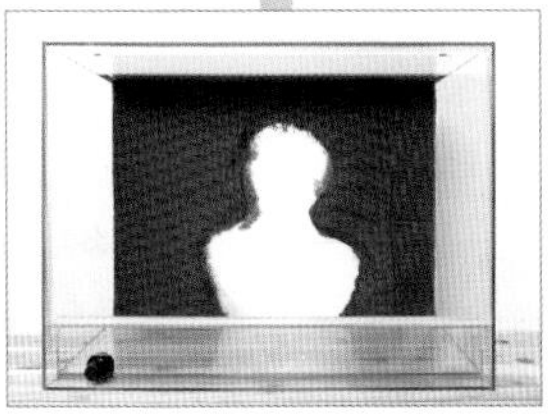

04 使用するケースは60×30×45（H）cm。切り出したパネルを強力両面テープを使って背面に固定する

05 底面式フィルターのパイピング

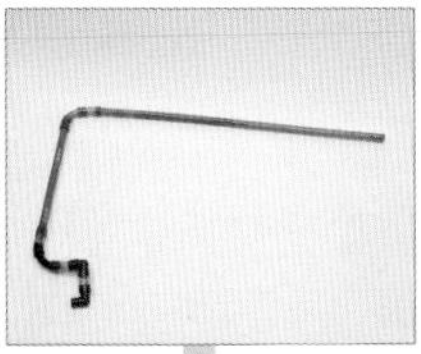

①後に、ケージ内で水を循環させることを考え、底面式フィルターと接続するパイプを繋ぐ（外部式フィルターのパイプなどを流用）

②パイプの水を出す位置を決め、ドリルで穴（5mm径）をあける

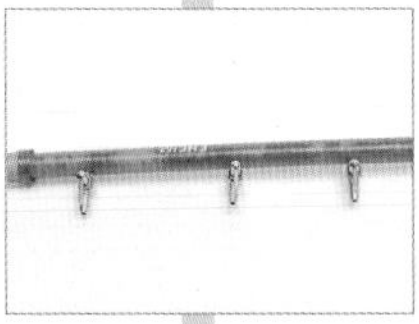

③さらに水の流量を調節できるよう、一方コックを繋ぐ

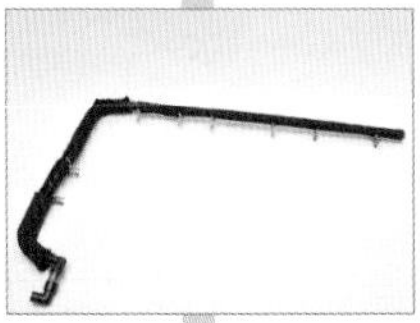

④ケージ内でパイプが目立たないよう、Hygrolonで覆った。この接着はグルーガンを使用

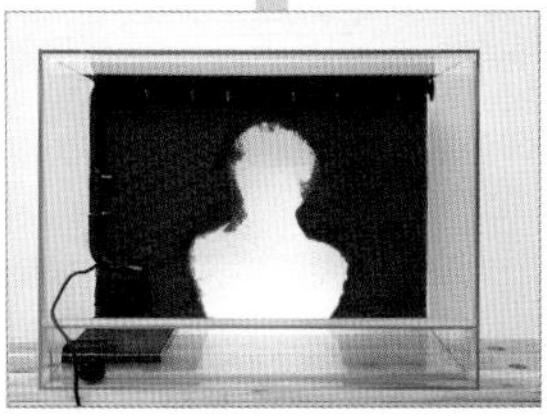

06 底面式フィルターとポンプを接続して設置

07 （上）サイドに固定するEpiwebパネルをカット
（中）Epiwebをカットした際の端材。これを有効活用する
（下）サイドのEpiwebパネルにグル　ガンを使って端材を固定。こうすると、立体的に植物を飾ることができる

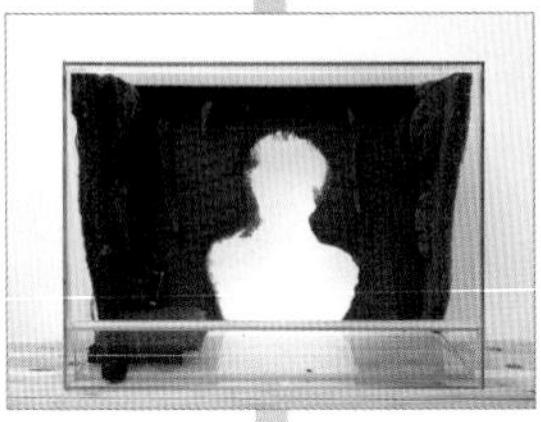

08 サイドのEpiwebパネルを固定。パイプの取水口にもEpiwebを巻き付け、目立たないように処理した

09 底面は水草レイアウトで行なう要領で底砂を敷き分ける。EpiwebやHygrolonをグルーガンでケージ底面に固定

10 両サイド奥にソイルを敷く

11 (上)Epiweb をペタペタ貼り付けて、オブジェをつくった。植物をまとめて付けたら面白い造形になるだろう
(下)右側は高い吸水性を持つ植えれる君を重ね、さらに水場に繫がるように Epiweb を配置した

12 造形君を使うため、水を入れて練る。水分量の目安は軽く握ったときに水が滴り落ちるくらい

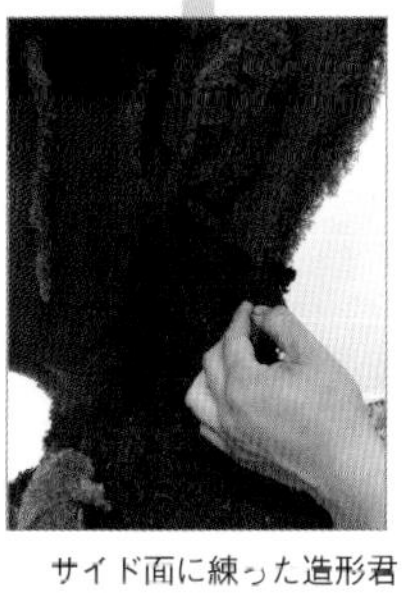

13 サイド面に練った造形君をつけていく。植物を付けたときに立体感が出やすいよう、ランダムに凹凸をつけることを意識した

14 Epiweb でつくったオブジェにも造形君を付け、植物着生用素材の配置が完成

15 続いて、植物の植栽。今回用意した植物はすべてボルネオのワイルド種。コケの塊にハサミを入れて細かくカットする

湿性環境

半湿性環境

乾燥環境

コケの種類を同定できなかったため、届いたときの状態を見て、生育条件をそれぞれ上記のように判断した

16 (右)湿性環境と思われるコケを水場の近くへ
(左)乾燥環境と思われるコケはサイトの上の方へ

17 Epiweb で造形した着生材には、木綿糸を巻いてコケを付けた。水草水槽ではおなじみのテクニックだ

18 ブセファランドラはプラピンを使って、着生材に固定。いろいろな植物を簡単に付けることができる。植物の種類や大きさによっては、植物用アルミ線をU字型に加工して使ってもよい

19 植物が乾燥しないよう、時折り蓄圧噴霧器でスプレーを施す

20 前面の中央には化粧砂として、珪砂を入れ、少量の水を注いだ

completion

Layout Process 08

テラベースでコケが広がる塔を作る

レイアウト制作とその撮影／編集部　器材協力／アクアデザインアマノ　協力／Yugo

N.H

設置から 14 カ月が経過したテラベース

パルダリウムの表現は無限大。ここではテラベース（ＤＯＯＡ）という陶製のアイテムと、それに固着（活着）する植物を組み合わせてコケの塔を作ってみることにした。

四角い器に用土などを盛って作るパルダリウムは、アクアリウムと同じような作法といっていいだろう。すなわち、前～後景ほかいくつかの緩やかな法則に則って、四角いフレーム（水槽）に一つの景色を作り出していく。

しかし、テラベースは円筒形をしており、そこに各種植物を固着させていくスタイル。制作して思ったのは、まったくこれまでのアクアリウムとは違う世界観であるということだ。

四角い器に各種機器、水草ほか生体を入れて完成させるアクアリウムは……なんというか制作をスタートした時にはゴールが見える。目の前にある直方体を「埋めていく」という感覚で迷いが少ない。いずれ終わるだろうという安心感みたいなものがある。

しかし、円筒形のテラベースはそれとは異なる。制作者（編集部）も初めての制作で慣れていないためもあったのだろうが、できあがりまでの時間が読めない。円筒の表面を自由に使っていいというのは、捉え方によっては案内がないように思え

用意した植物

侘び草マット
クリスマス・モス

侘び草マット
アヌビアス・コーヒーフォリア

侘び草マット
アヌビアス・ナナ ゴールデン

着生ラン２種

セロジネ・フィンブリアータ

メディオカルカ・デコラタム・'オレンジ'

カップ入り水草２種

BIO ウォーターローン

BIO オーストラリアン・ドワーフヒドロコティレ

用意した素材

テラベース

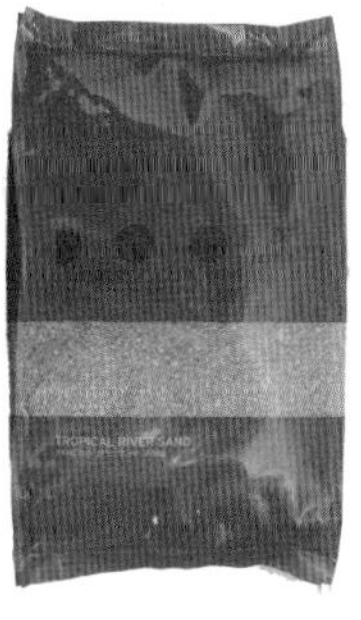

トロピカルリバーサンド

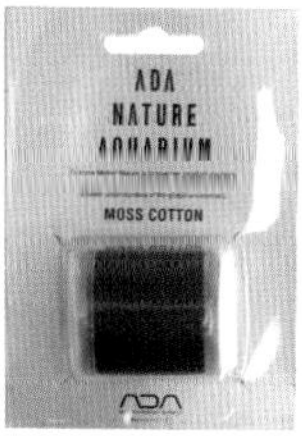

モスコットン

リシアライン

毎日の水やり不要の理由！

テラベースの内部を水で満たすと１時間ほどで表面に水が染み出してくる。これで植物に水が供給されるわけだ。だいたい４～５日でテラベースの水がなくなるから、その時はあらためて水を満たす（水槽に溜まった水は排出する）

る。

「これでいいのか……?」と自問自答を繰り返す。禅問答ではないが、非常に抽象的であると感じ、右脳がフルで動いているのを自覚した。

　結局、開始から1時間半ほどで、テラベースの表面に植物の固定を終えた。高さ25センチほどのテラベースにこの時間が長いか短いのか、よくわからない。作り終えた感想は、あまり悩まなくてもよかったかな……というもの。使用したコケほか水生植物、ランなどは、作者の技量を問わず魅力的な風景を作ってくれる。どんな風に配置しても、それら全てが正解となるはずだ。

　その後、設置から一週間を待たずにランの花が咲いた。アクアリウムとは違った楽しみをまた発見した。

setting start!

01 侘び草マットからクリスマスモスを剥がす。アヌビアス類も同様にマットから剥がしておく

02 マットから剥がしたクリスマスモスをテラベースに乗せモスコットンでぐるぐる巻いていく（巻き終わりは結ぶ）。モスコットンは木綿製なのでいずれ分解される

03 2種のカップ入り水草は根が張った培地を洗い流してから、適宜分割、株分け

04 水草をモスコットンで巻いていく。おそらくクリスマスモスに根を張ることで固着するだろうから、その近くに置いた

05 アヌビアスなど大きめで固着までに時間がかかりそうな植物はリシアラインで固定する（これも巻き終わりは結ぶ）。リシアラインは分解されない

06 鉢から取り出した着生ランをリシアラインで固定。根の保護と保湿を考えて根元にミズゴケを少し巻いておいた

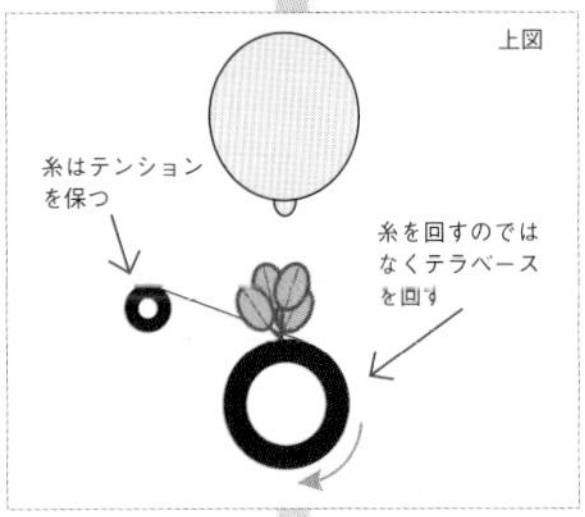
上図
糸はテンションを保つ
糸を回すのではなくテラベースを回す

07 植物を固定する作業はテラベースをロクロのように回すと楽になる。そうすることで常に正面から固定する部位を目視できるからだ。ただしテラベースはけっこう重量があり、表面がザラザラしているので、回す時には底面に布などをあてておこう（木製の机などは傷がつく）

08 意外と時間がかかるので時折スプレーで保湿する。特に水草は乾くとアウト！

セットから５日後

着生ランの花が咲いているのに気がついた。なんだか嬉しい

水槽に付属するフタの隙間幅で湿度を調整。水槽内側に水滴がつかない程度を目安にしている

染み出した水により植物は生き生きとしている。２～３ヵ月もすればコケ（クリスマスモス）がもさもさと茂り、雰囲気がより良くなるはずだ

２カ月後

N.H

コケ（クリスマスモス）の成長は緩やかで、この時点ではテラベースの表面を覆うほどではない。セット時には、もう少し薄く広く固定すればよかったのかもしれない

14カ月後

N.H

DATA

【水槽】20 × 20 × 35cm
（ネオグラスエア／DOOA）
【底床】トロピカルリーバサンド（DOOA）
【温度】15～25℃程度
【管理】週に１度水の交換、時々換気
【植物】①オーストラリアンドワーフヒドロコティレ　②アヌビアス・ナナ・‘ゴールデン’　③アヌビアス・コーヒーフォリア　④クリスマスモス　⑤セロギネ・フィンブリアータ

completion

N.H

アヌビアスやコケ類は旺盛に成長を続け、オーストラリアンドワーフヒドロコティレは現状維持、ランの一種（メディオカルカ・デコラタム・‘オレンジ’）が衰退といったところ。もう少し換気したほうがこのランには良かったのかもしれない

Layout Process 09

不思議な魅力をもつ きのこリウム

レイアウト制作・写真／樋口和智　イラスト／イザワイツハ

白ヒラタケのきのこリウム

おとぎ話のような世界観が楽しめる!

文／樋口和智

きのこが創り出す造形はとても神秘的で美しいものです。お家の中で、しかも手に取ることができる小さな空間で、そんなメルヘンチックな世界感を楽しむことができるのがきのこリウムの最大の魅力です。

また、きのこの成長はとても速く、日々刻々と変わる姿を観察するのもとても楽しいものです。きのこを育てるのは難しいと思われがちですが、ポイントさえ押えておけば誰でも簡単に育成することができます。みなさんも『きのこリウム』ぜひ挑戦してみてください!

(樋口さんのインスタ kinocorium)

ここでは手軽なきのこリウムの作り方を紹介しよう。手前を低く後ろを高く、など基本的なレイアウトの作法はアクアリウムと通じるから、園芸だけではなくアクアリウムに慣れ親しんでいる方にとっても馴染みやすいはずだ（提唱者の樋口さんもアクアリスト）。作例では白ヒラタケを用いているが、エノキタケ、ナメコ、ヌメリスギタケなども種菌や菌床が市販されており、きのこリウムに向く（毒キノコもあるので屋外での採集は厳禁）。

管理は湿潤系のパルダリウムと近い。強めの光を好むため明るい室内に置いて、場合によってはアクアリウム用のライトなども併用する（直射日光はＮＧ）。湿度を保つために適度に霧吹きをしてフタをするが、少しの隙間を設けて換気も意識しよう。前述のキノコの場合、発生は気温が下がる秋口～冬にかけてがメイン。気温の日較差も引き金になるから、１日中同じような温度の部屋であると発生しにくいこともある。そんな時は環境を見直してみよう。

setting start!

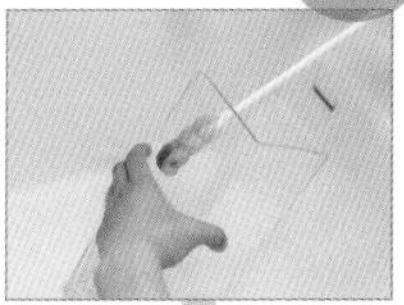

01 容器を洗う。台所用洗剤でよく洗ってよくすすぐ

02 ガラス瓶に種菌を詰める。種菌を2～3mmに細かく砕き、小さなガラス瓶の口いっぱいまで詰める。強く押し固めながら詰めるのがポイント

03 ガラス瓶をセット。種菌を詰めたガラス瓶をレイアウト容器に入れる

04 軽石を敷く。ガラス瓶の周りに軽石を敷いていく。水をあげすぎたときにここに溜めておくことができる

05 赤玉土を敷く。霧吹きで湿らせながら軽石の上に用土となる赤玉土を敷く。赤玉土は種菌を詰めたガラス瓶が隠れる程度（1cm上くらい）まで敷く

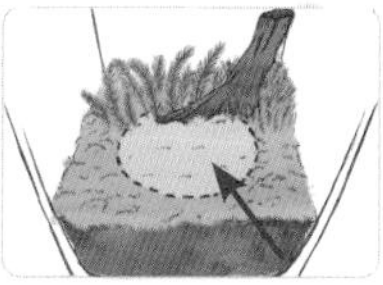

種菌の真上はコケを軽く置く程度にする（コケを土に埋め込まない）

06

ブレンドした用土を敷く。上面には赤玉土とけと土を1：1でブレンドした用土を敷く。けと土を混ぜると保湿性が高まり、コケの育成によい。用土の上にコケを配して、きのこが発生したらレイアウトの見頃！

用意したもの

小さめのガラス瓶（きのこの種菌を詰めるもの）

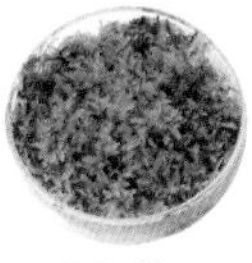

ハイゴケ

カモジゴケ

市販の白ヒラタケの種菌

レイアウト容器
10 × 10 × 28.6cm

軽石

けと土

赤玉土

その他流木などのレイアウト素材をお好みで

Kinokorium Example 01

【きのこリウムの作例】

多彩な姿が楽しめる きのこのジャングル

きのこリウムでは大きめな水槽を使ったダイナミックな作例。ホダ木が大きく力があるため、複数回のきのこの発生を期待できる。

DATA

【水槽】30 × 30 × 50cm
【照明】アクロ TRIANGLE LED GROW Glossy 300 1000lm　10 時間／日
【底床】軽石、赤玉土、けと土　【管理】1 日 1 回霧吹き　【気温】（きのこ発生時）15 ～ 18℃
【きのこ】白ヒラタケ、ヌメリスギタケ、ナメコ、エノキタケ
【植物】ホソバオキナゴケ、ヒノキゴケ、タマゴケ、ツヤゴケ、シダなど

Kinokorium Example 02
【きのこリウムの作例】

きのこの切り株

切り株の上面中央をくり抜いて菌床を詰めきのこを発生させたもの。きのこの可愛らしさを存分に引き立てる作例だ。きのこの見頃は1週間弱。シーズンオフはコケリウムとして楽しみたい。

DATA

【水槽】25 × 25 × 25cm
【照明】アクロ TRIANGLE LED GROW Glossy 300 1000lm　10時間／日
【底床】軽石、赤玉土、けと土 【管理】1日1回霧吹き
【気温】（きのこ発生時）15℃前後 【きのこ】ナメコ
【植物】ホソバオキナゴケ、カモジゴケ
※普段はガラスのフタを使用している（撮影のために一時的に外した）

Kinokorium Example 03
【きのこリウムの作例】

ドクロときのこ

成長の速いきのこを58時間のインターバル撮影。ドクロからきのこがニョキニョキと生えてくる様子を観察できた。神秘的というかなんというか……。これを編集した動画も必見！

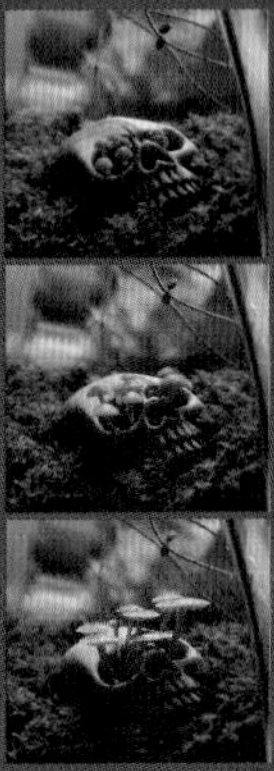

DATA

【水槽】18 × 14 × 20.5cm
【照明】市販のデスクライト　10時間／日
【底床】軽石、赤玉土、けと土 【管理】1日1回霧吹き
【気温】（きのこ発生時）15～18℃前後
【きのこ】エノキタケ
【植物】テイカカズラ、シノブゴケ
※普段はプラスチックのフタを使用している（撮影のために一時的に外した）

Layout Process 10

湧き水が染み出す
自然派パルダリウム

レイアウト制作／リミックス春日井店
撮影／橋本直之　機材協力／GEX　協力／尻剣屋

セット直後からよい雰囲気

背面にびっしりとコケを配したパルダリウムのセッティング。水中ポンプと分水器で、水もしたたるいい風景を目指す。パルダリウム専用の容器を用い、壁面スポンジや造形材などを使って、自然感のある本格的な作品を作りあげた。作り込む楽しさを教えてくれるパルダリウムといえるだろう。

パルダリウムならではのセッティング時のポイントを一つ紹介しよう。それは、初めから完成に近づけること。パルダリウムで使用するコケ類や植物の成長はあまり速くないから、「初めから8割方完成」を念頭にセッティングをするのが基本となる。旺盛な成長を見込んで、少なめの水草でスタートする水草レイアウトとは、ここが大きな違いだ。

つまり、スタート時から美しい景観を楽しめ、メンテナンスの手間が少ないのが、パルダリウムの特長ともいえる。陸上部分にはアクアリストの天敵である藻類が生えないのもありがたいところだ。

用意した植物

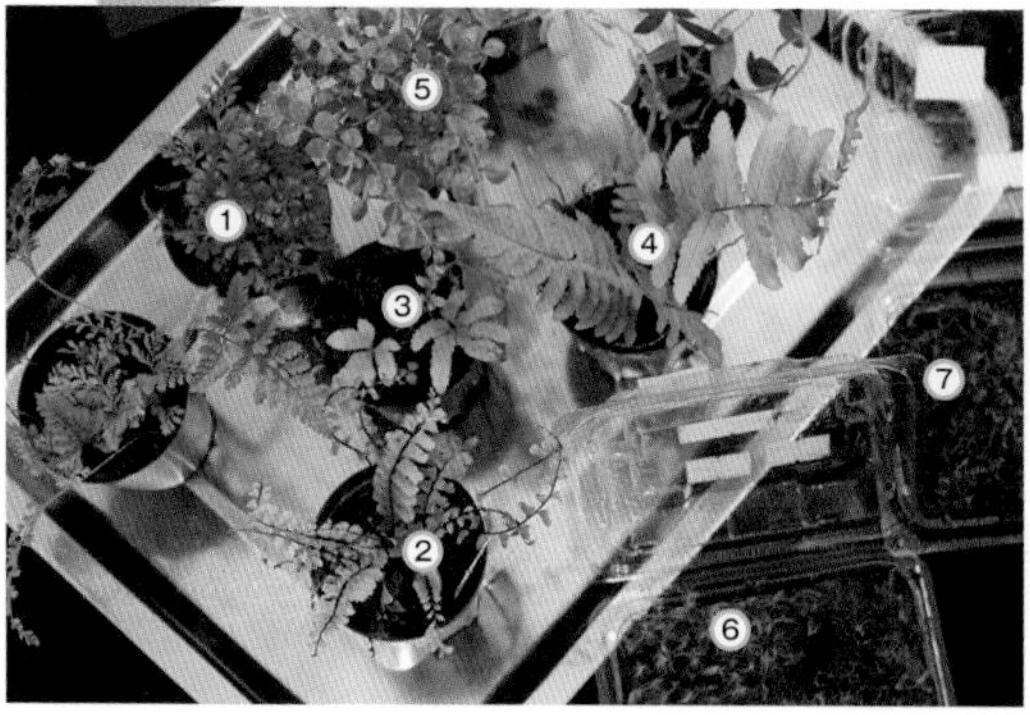

①トキワシノブ
②チャセンシダ
③ホソバイノモトソウ
④クマワラビ
⑤トネリコ
⑥タマゴケ
⑦ツヤゴケ
他にも何種類かの植物を使った

用意した機器

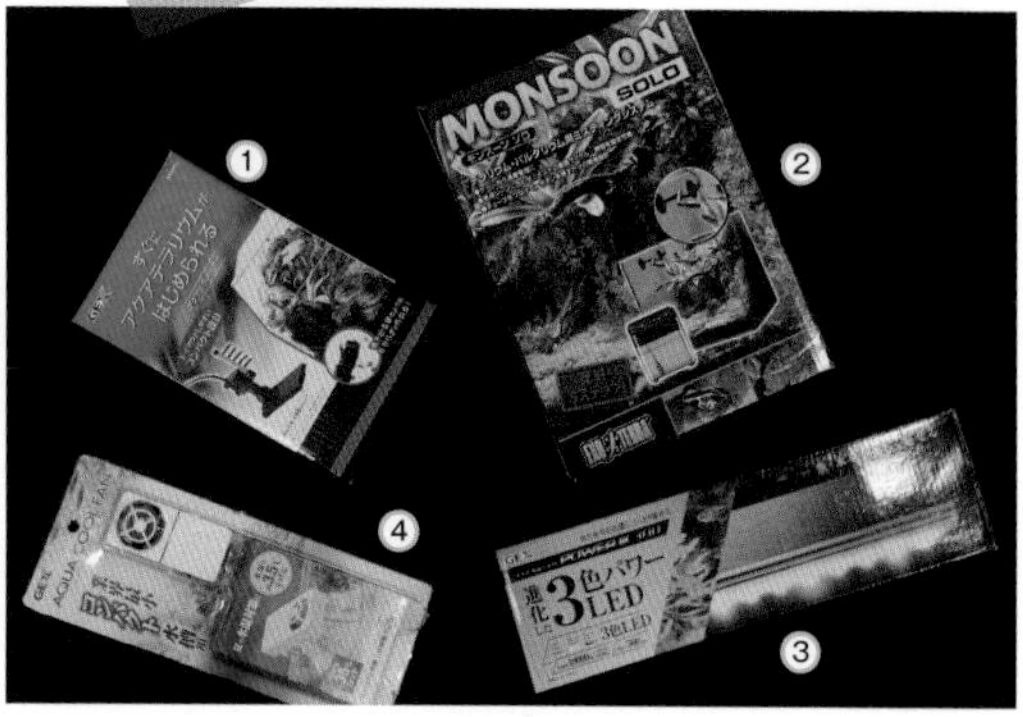

①アクアテラメーカー（分水機）
② MONSOON SOLO（ミスティングシステム）
③パワーLED300（照明）
④アクアクールファン（空気の循環用）

すべてGEX

用意した道具

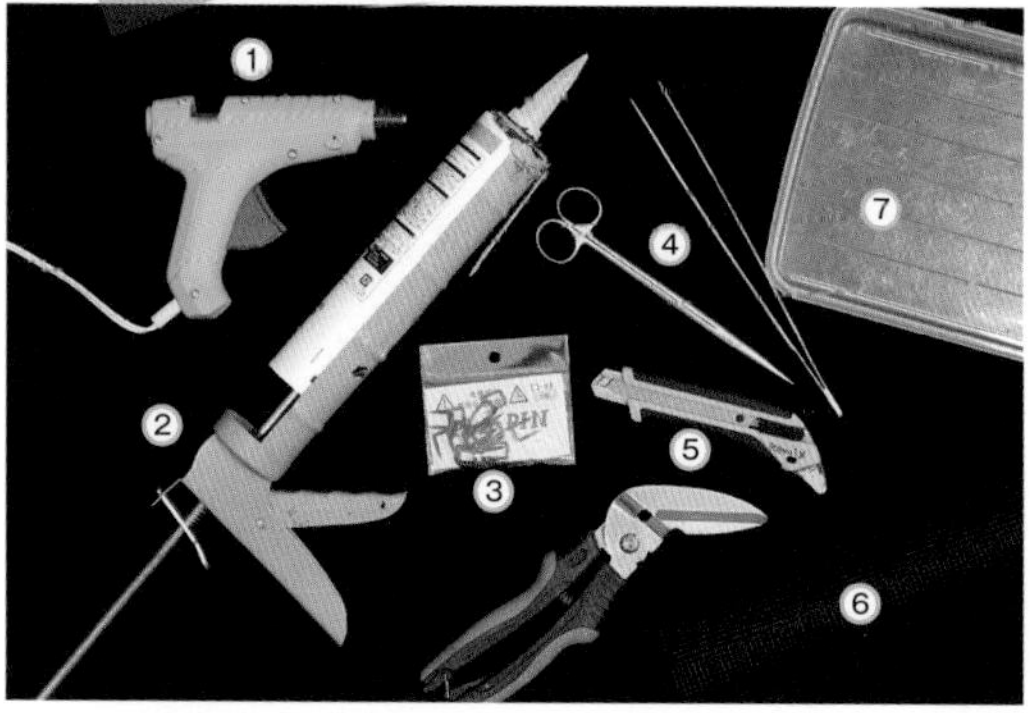

①グルーガン
②シリコーン
③植物を固定する樹脂製のピン
④植栽用のピンセットとハサミ
⑤作業用のハサミとカッター
⑥園芸ネット
⑦バット

用意した素材

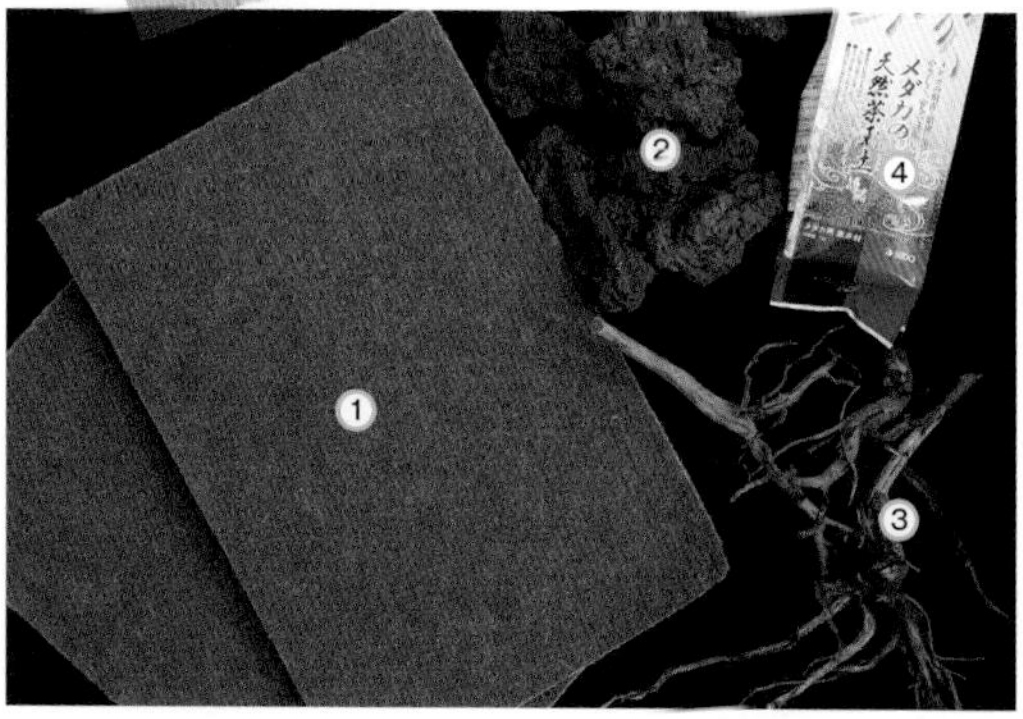

① Epiweb（エピウェブ／アクア・テイラーズ）
②溶岩石
③枝状流木
④メダカの天然茶玉土（ソイル／スドー）

setting start!

01 使用した水槽はパルダリウム専用の 30 × 30 × 45cm。前扉式でメッシュの通気口があり、手前には排水口もある

02 上面メッシュに水中ポンプのコードを通す穴をホールソーで開ける（コンセント用の穴が最初から設けてある水槽もある）

03 カットした園芸ネットを排水口にシリコーンで貼る。魚などの生体が水換えの際に流れ落ちないような配慮

04 水槽背面に使用するエピウェブにシリコーンを塗る。やや多め

05 エピウェブを水槽背面に接着する。接着力の強いシリコーンを使ったのはエピウェブはガラスのようなツルツルしたものに接着しづらいため

06 底面にアクアテラメーカーを置く

07 底面に使用するエピウェブにマジックでガイドを書いていく

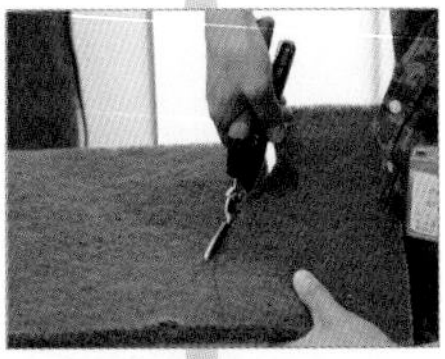

08 ガイドに沿ってハサミでカット。けっこう硬いので作業用バサミを使う

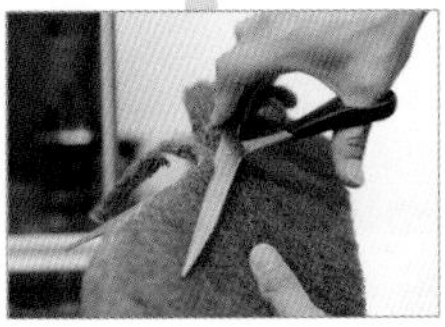

09 自然な陸地となるようにエピウェブの面取りをする

10 エピウェブにグルーガンを塗る

11 2枚のエピウェブで陸地を作るため、同じ形にカットした同素材を貼り合わせる。エピウェブ同士はグルーガンでしっかりとくっつく

12 エピウェブを水槽底面にシリコーンで貼り付ける。アクアテラメーカーを避けるように事前にエピウェブをカットしている

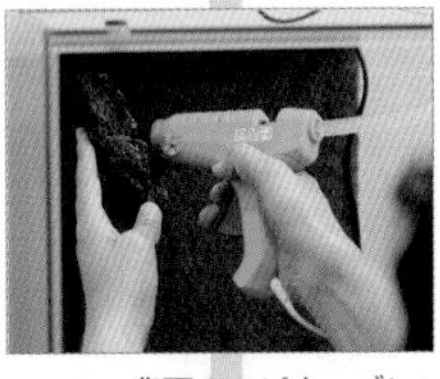

13 背面のエピウェブにレイアウト素材を貼り付けていく。溶岩石はグルーガンでしっかりとくっつく

14 流木はグルーガンと相性がよくないため、溶岩石ではさむようにがっちりと固定する

15 大体のレイアウト素材を貼り付けたところ。流木を根のように垂れ下げて美しく見せるのもテーマ

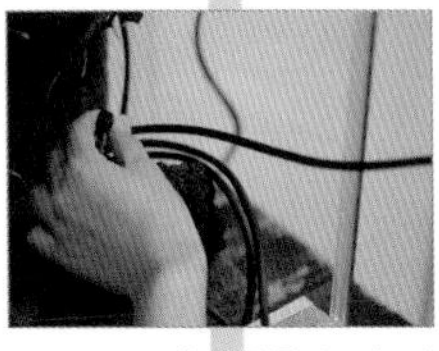

16 アクアテラメーカーに分水用のチューブをつなぐ

17 のちに置く植物への水の供給もイメージしながら、水槽隅の石の隙間など、目立たない場所にチューブを通していく

18 出水場所を決めたらグルーガンでチューブを固定（光って見えるのが接着剤）。チューブもグルーガンと相性が良くないので多めに使う。固定したらチューブをカット

19 水槽に水を張る

20 アクアテラメーカーのポンプの電源を入れて出水の様子を確認

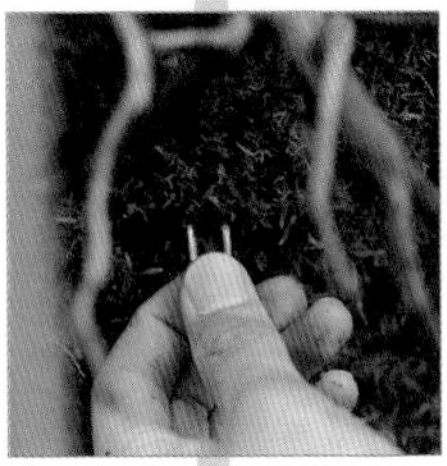

21 水槽背面にシート状になったツヤゴケをピンで固定していく。使用したピンは先端が特殊な形状で抜けにくい

22 ツヤゴケはウィローモスのように活着せずに、横に広がってものに絡みつくように固着するため、初めから背面全体に隙間なく配していく

23 ツヤゴケを貼り終えたら、ふわっとしてかわいらしいタマゴケをポイントに配する

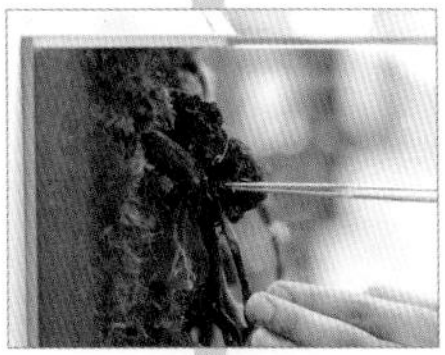

24 チューブの出水口付近には水に強く活着力の強いウィローモスを配する。出水の勢いを弱める目的もある

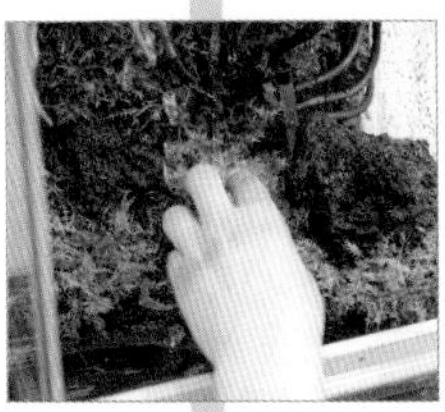

25 明るい色合いで水にも強く、丈夫なシノブゴケは底面のエピウェブの上に置いた

26 一通りのコケ類をレイアウトしたところ。これだけでもいい雰囲気！

27 水槽背面にシダ類を配する。石と石のあいだの窪みなどに差し入れる感じ。のちにエピウェブに根を張ってしっかり固着する

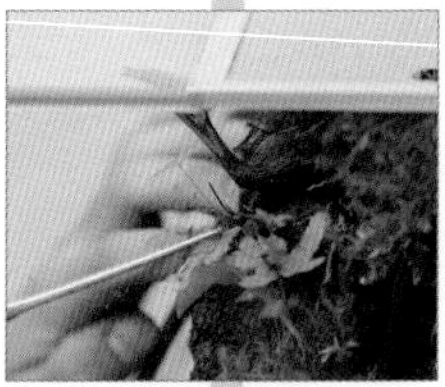

28 細かい植物はピンセットを使って植栽する。ここらへんは水草レイアウトと変わらない

29 倒れやすい植物や大きい隙間に植物を差し入れたい時は、根元をコケでくるんでから配置する

30 アクアテラメーカーの周りにも植物を置く。機器類がなるべく見えないように植物を配するのも自然らしさを演出するには大切

31 遊び心で黒松を。味わいのある形状だが、いわゆるプリザーブドフラワーで生きたものではない

32 エピウェブで作った陸地の手前にソイルを入れる。ソイルにしたのは染み出す肥料分の効果に期待してのこと

33 およそ植物を配し終えたら、細部のチェック。流木に伝う水の流れを整えるために、流木を曲げてクセをつけたりする

34 ケージ内の湿度が高くなりすぎるのを防ぐために、水槽上面のメッシュ部にファンを置く。植物に直接風が当たらないよう、空気を抜く方向で設置

35 ミスティングシステムを設置。水槽上面に初めから設けられている穴からノズル部を入れる。内蔵するタイマーで4時間に1回8秒の噴霧に設定した

completion

山奥にある湧き水が染み出す岩肌のような情緒たっぷりなレイアウトができあがった

このパルダリウムには赤みの強いアマミシリケンイモリのブリード個体に住んでもらうことにした。人馴れしやすく、美しいイモリだ

Layout Process 11

水槽に一工夫！
カエルが暮らす水辺の森

レイアウト制作／小林裕太（H2 豊洲店）　撮影／石渡俊晴

セットから約１カ月後

DATA

【水槽】30 × 30 × 30cm
【照明】LED ライト　11 時間／日
【管理】週に１回全換水、霧吹きを１日１～２回
【飼育種】アカメアマガエル（1）、アカヒレ（5）

ここで紹介しているのは手を入れずとも水の出し入れができるというシステムであるが、パルダリウムではそのメリットが大きい。パルダリウムは水を浅く張るためサイフォンを利用したホースの取り扱いがバタつきがちで（水を吸い上げにくい）、このとき繊細なレイアウトを壊してしまうことがある。手桶などでも水を汲み出せるが、側面と背面を植物で覆った水槽では、物を入れられるスペースが限られることも多い（特に小さな水槽では）。また、カエルなどを飼っている場合には、飼育槽のフタや扉を開ける際、脱走に注意しなくてはならない。

さて、レイアウトを見れば、オーソドックスなパルダリウムといえ、もののけの森的な雰囲気を醸し出している。ダッチアクアリウムも手がける制作者にとってこの出来栄えは造作のないことかもしれないが、制作の工程をつぶさに見ればビギナーにも真似のしやすいポイントが散りばめられている。現場で様子を見ていた編集子からすると、土台に石を埋め込んだあたりで「これは良いレイアウトになる！」と確信した次第である。

この例のような特別な仕掛けを設けなくても、パルダリウムには切ったり貼ったりと工作的な要素が多い。童心に帰り、ふんだんに手と頭

setting start!

01 用意したのは30cmキューブ水槽。これにはある仕掛けを施してある

02 背面近くにガラス板で仕切りを作ったのだ。完全に仕切ったのではなく、下部は開けてあるのがポイント（理由は後述）

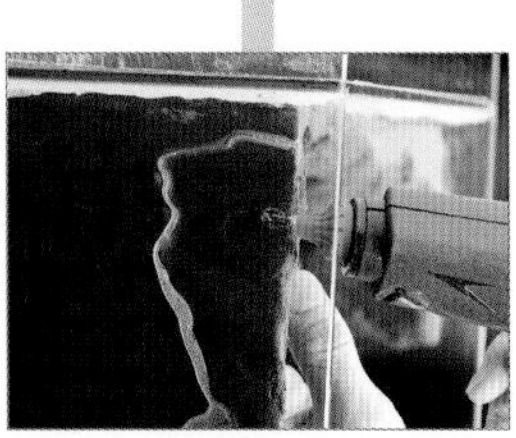

03 背面と側面にグルーガンで植えれる君を接着する

用意した植物

コケ・シダ
①アラハシラガゴケ　②シノブゴケ　③コツボゴケ　④ハイゴケ　⑤タマシダ・‘ダッフィー’　⑥トキワシノブ　⑦フィジーシノブ　⑧ハートファン（イヌアミシダ）

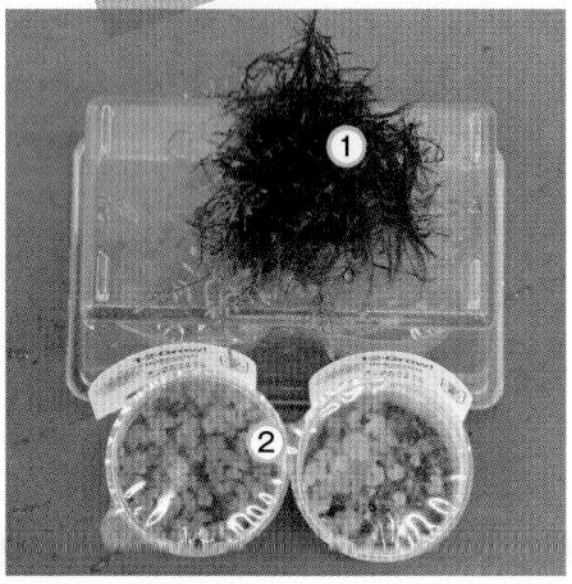

水草
①ウィローモス
②オーストラリアンドワーフヒドロコティレ

用意した素材

極床 植えれる君（ピクタ）
（オアシスのようなレイアウト素材。写真はカット済み）

青華石（神畑養魚）と流木

①極床 造形君（ピクタ）
②アドバンスソイル（ジャパンペットコミュニケーションズ）
③アクアグラベル（ADA）

を使った後には、どんな作風であれ大きな満足感を得られるはずだ。素材を買い込んで自宅にこもりレイアウト制作に没頭する。そんな休日も今時だろうと思う。

04 水槽の手前には小さくカットした植えれる君を接着

05 用意しておいた樹脂製のネットにホットグルーをベットリとつける

06 水槽の前後真ん中あたりを仕切るように樹脂製のネットを接着。ソイルを入れるポケットとする

07 ポケットにソイルを注ぐ。土入れはパルダリウム制作にあると便利な道具

08 ソイルを注ぎ終えたところ。ここから流木や石を配していく

09 ネットを隠すように石を置く。人工物はなるべく見えない方がよい

10 土台に押し付けるようにして石や流木を配する（特に接着しない）

11 大まかな土台ができたが、この時点では無機質

12 造形君を水にとく。しぼりながら使うので水の量はアバウトでよい

13 植えれる君やソイルを覆うように造形君を貼り付けていく

14 造形君を貼り終えたところ。この素材があることでコケが育ちやすくなる

15 表情に乏しいので石や流木を追加。だいぶ立体的なイメージに

16 コケを配していく。まずは水に強いコツボゴケを下の方に。一つまみずつ置いていくように

17 シート状のシノブゴケを垂直面に。ビニタイをコの字に成形したものを刺して固定。ハイゴケも同じように

18 時折スプレーをしてコケが乾かないように。水草同様、乾燥には弱い

19 アラハシラガゴケはピンセットで素材にやさしく挿し込んでいく

20 一通りのコケを配した。およそ下からコツボゴケ、シノブゴケ、アラハシラガゴケ、ハイゴケの順

21 石や流木のキワなどにポットから抜いたシダ類を挿し込む。ちなみに用意したハートファンは使わなかった

22 オーストラリアンドワーフヒドロコティレは水際あたりに。沈めると二酸化炭素が必要になるが、ひたひたの位置ではそれがなくても育つ

23 ウィローモスは瞬間接着剤で小石に固定。これを水に没する位置に配していく

24 植栽終了。無機質な水槽に命が宿ったかのような青々しさ

25 水を仕切りの後ろ側から注ぐ。給排水の際、レイアウトに手を入れなくても良いというのが、このシステムの優れた点だ

completion

セットからおよそ1ヵ月後の姿がこちら。コケも落ち着いてきて、数回水換えをしたこともあり、水も透明だ

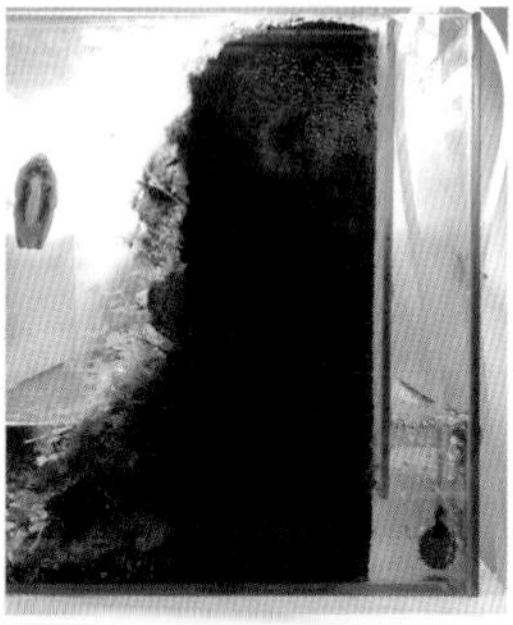

側面からの様子。これでこのシステムの概要がわかるだろう

色鮮やかなアカメアマガエルを迎え入れた。昼間はだいたい寝ているのでレイアウトを壊しづらい。餌は慣れればピンセットからも食べるし、慣れない個体は餌の時だけこのカエルを取り出して、別途用意した食事用の容器（生き餌をまいておく）に入れるなどする。保温が必要なので、冬場には背面スペースに水中ヒーターを入れて対応する

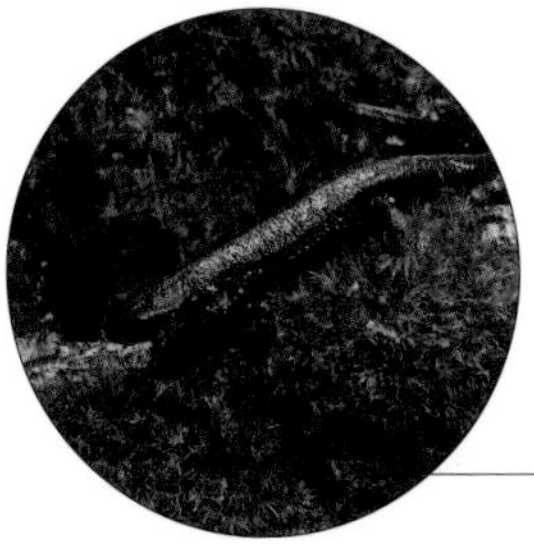

Layout Process **12**

小型イモリウムのセッティング！

レイアウト制作／丸山卓也（グリーンアクアリウムマルヤマ） 撮影／石渡俊晴

セット直後ながらこの自然感

このイモリウム制作のポイントは水中ポンプの扱いにある。底床に多くの盛り土をすること、また水位を低く設定することから、ほとんど盛り土にポンプが埋まってしまうのだ。しかし、盛り土に使うソイルなどの粉塵がポンプ内に入り込めばトラブルの元。そこで、水中ポンプの周りを別の素材でガードする。今回は生物ろ過を重視するためにろ材を用いたが、心配な方は鉢底ネットなどでポンプを囲ってもいい。

これまで制作者は同様のレイアウトを数多く作っており、中には1年近く維持しているものもあるが、ポンプのトラブルはないという。リセットについては植えれる君を水槽に接着しないため、比較的容易にバラすことができるそうだ。

撮影では前扉を外しているが、それを閉めれば密閉度が高くなることもあり、このセット方法で多くのコケはうまく育つという。イモリは種によって、または状態によって水への依存度が異なるが、あまり水が必要のない個体を飼う際には、ポンプを用いずに（水を循環させずに）霧吹きによってコケほか植物とイモリへの給水を行なう。また、アクアテラリキッドは、カビが生えてからではなく生える前に散布することでカビが防止できるという。

用意した植物

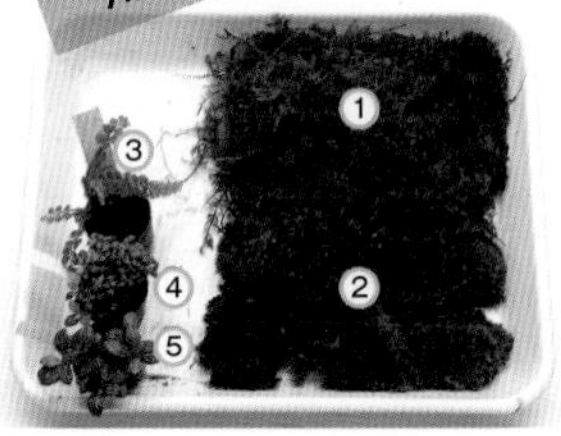

①シノブゴケ
②ホソバオキナゴケ
③タマンダ・'ダッフィー'
④フィットニア・'ジャングルフレーム'
⑤フィットニア・'レッドフレーム'

用意した素材

①コルクバーク（チューブ状）
②溶岩石
その他、ブキメラリーフ

①アクアテラリキッド（GEX）
②アクアテラメーカー（GEX）
③極床 植えれる君（ピクタ）
④パワーハウス ベーシック ソフトタイプ Mサイズ（太平洋セメントPHプロダクト）
⑤アルミ製の針金　その他、ソイル

setting start!

01 水槽にアクアテラメーカーのポンプをセット

02 ポンプのまわりにろ材（パワーハウス）を置く。これはポンプの目詰まりを防ぐ役割もある

03 パワーハウスのまわりをソイルで囲う。これを繰り返して盛り土していく

04 カットした植えれる君をセット。特に接着はせず水槽にはめ込むことなどで固定する

05 植えれる君を背面いっぱいに。不安定なところは小さくカットした植えれる君や溶岩石を土台とした

06 アクアテラメーカーからのチューブをU字型に加工した針金で植えれる君に固定

07 アクアテラメーカーからの分岐は５つあるが、ここでは３つ使うことにした（２つの分岐口は塞いだ）

08 さらにソイルを盛る。ほとんどポンプが隠れるくらい

09 用意したコルクにカビ防止剤（アクアテラリキッド）を散布する。外側も内側も満遍なく

10 コルクをどんと置く。安定するように下には小石をかませている。これだけでもいい雰囲気

11 背面の植えれる君にシノブゴケを配置。シート状のコケをＵ字状の針金で固定していく

12 シノブゴケを貼り終えたところ

13 コルクバークと背面のあいだ辺りにタマシダやフィットニアを配置。ポットから出した用土ごと置いていく

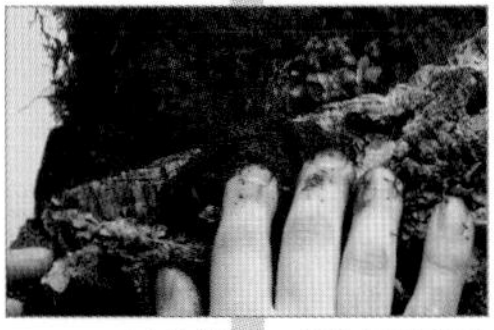

14 コルクバークの上に水でといた造形君をのせる

15 造形君の上にシート状のホソバオキナゴケを置く

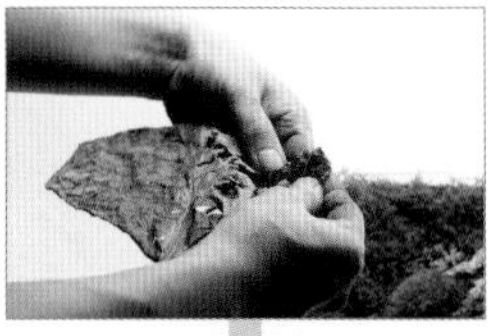

16 ベタやアロワナの飼育で使われる枯れ葉（ブキメラリーフ）を細かくちぎる

17 前面に枯れ葉をまく。自然感がグッと増した

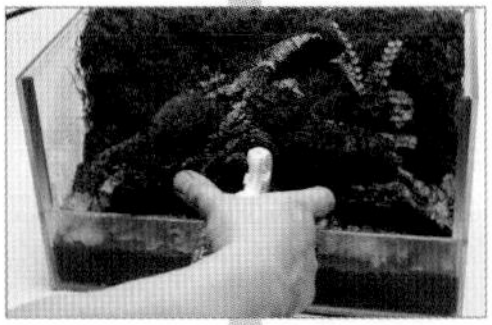

18 枯れ葉にもカビ防止剤を満遍なく散布する

19 水を入れる。今回は水たまりができない、ソイルが浸る程度の水位とする

completion

ポンプに電源を入れてスタート。コケに隠れて水槽正面から出水は確認できないが、背面の造形君全体に水が回っていることを確認した。ここにはオキナワシリケンイモリに住んでもらうことにした

Layout Process 13

石と流木を土台にしたアクアテラリウム

レイアウト制作／小林裕太（H2 豊洲店） 撮影／石渡俊晴

セット直後の様子

石と流木を土台にするのはオーソドックスなアクアテラリウムの作り方。そこに作者なりの工夫を色々と盛り込んだ作例だ。

ここで使用した流木や石は自然素材だから、思惑通りに組み立てられないこともある。そのため、ぶっつけ本番はあまり賢明ではない。流木や石を何度か水槽内で仮組みして、納得のいく形を事前に決めておこう。それをスマホなどで撮影し、一度解体。後に植物や機器を用意して、改めてのセッティングとする。ここら辺は、水草レイアウトにも通じる行程で、遠回りに感じるかもしれないが、結果として仕上がりが良くなり、時短となることが多い。

パルダリウムでは、背面にも造形材をあてて植物を配することが多いが、このアクアテラリウムは正面から見て中央が抜けた、いわゆる凹型の構図としている。水深が15センチほどあり、水面も大きくとってあるから、水草レイアウトでよく使われる凹型の構図もうまくはまっている。水草レイアウトの世界は愛好家が多く、先進的でユニークなテクニックが数多く発表されている。水草レイアウトの良い点を応用すれば、見栄えの良いアクアテラリウムも作りやすい。このレイアウトはその好例といえるだろう。

用意した植物

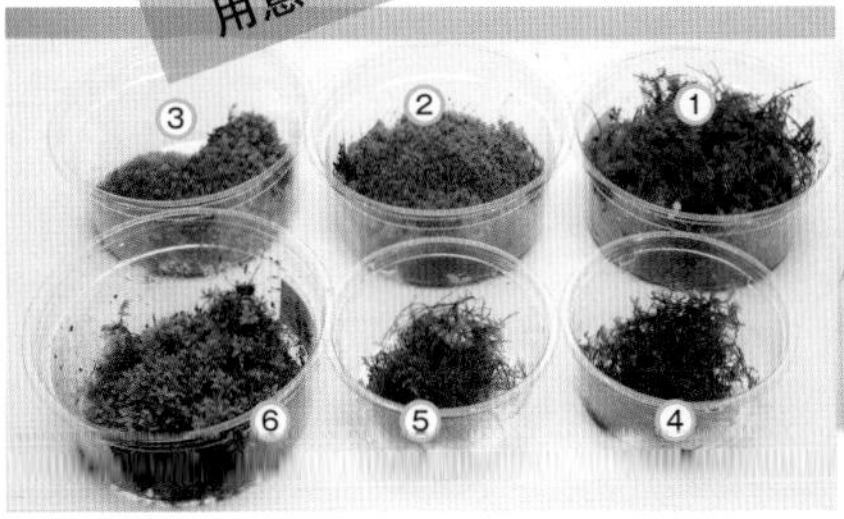

①トヤマシノブゴケ
②スナゴケ
③アラハシラガゴケ
④ヤワラミズゼニゴケ
⑤南米ウィローモス
⑥ツルチョウチンゴケ

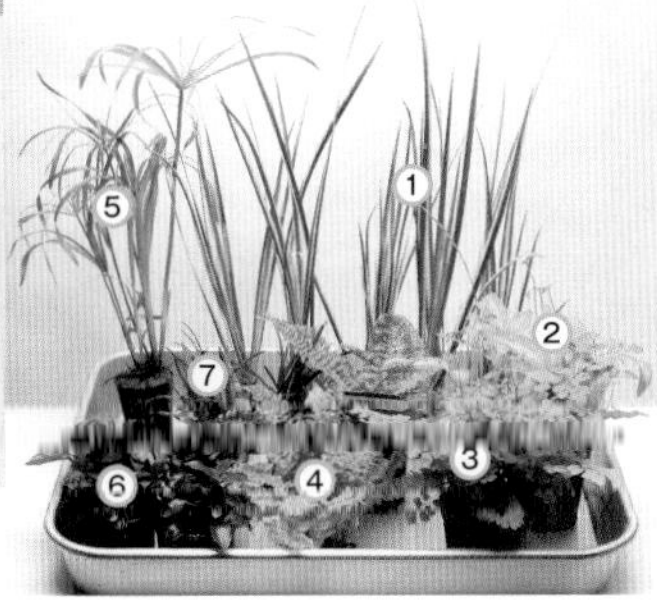

①斑入りアコルス
②プテリス
③アジアンタム
④ネフロレピス
⑤シペルス・アルテニフォリウス
⑥アヌビアス・ナナ・‘プチ’
⑦リュウノヒゲ

用意した素材

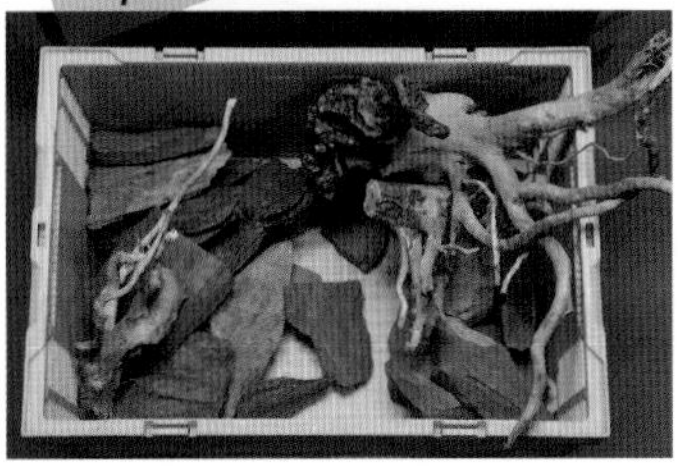

枝状の流木と平たい石

右／極床 造形君（ピクタ）
中／アドバンスソイル - プランツ（ジャパンペットコミュニケーションズ）
左／金砂

用意した道具

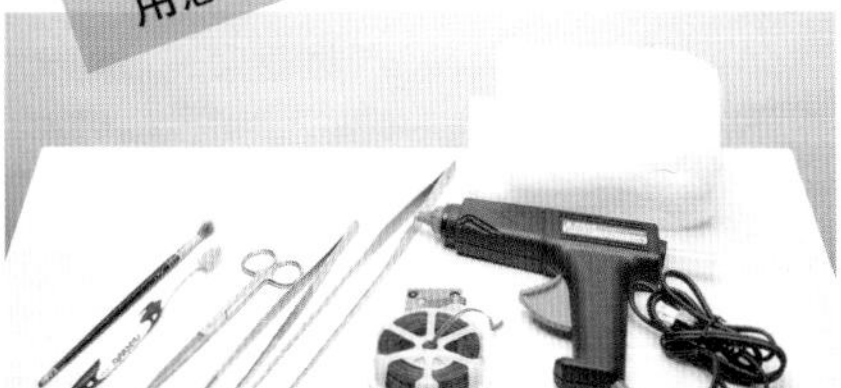

左から、泥や砂を落とすブラシ類、葉を切るハサミ、植栽用のピンセット、各種固定用のビニタイ、同じく固定用のグルーガン、いろいろな用途に使うウールマット

右／アクアテラメーカー（GEX）
左／エーハイム 2213（神畑養魚）

setting start!

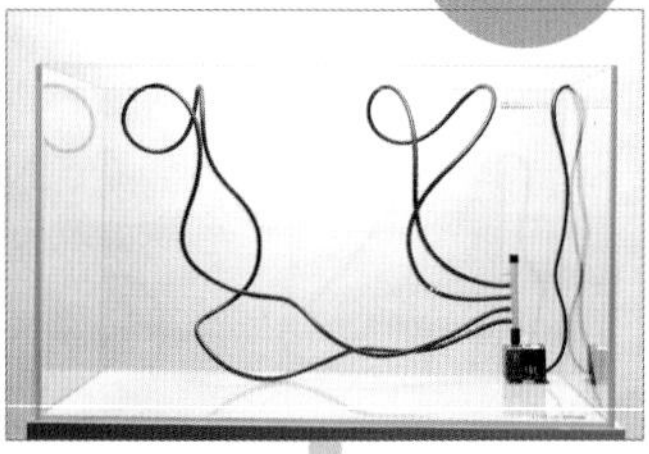

01 60cm 水槽にアクアテラメーカーを置く

02 石を置いていく。崩れないように、隙間にウールマットを挟むなどする

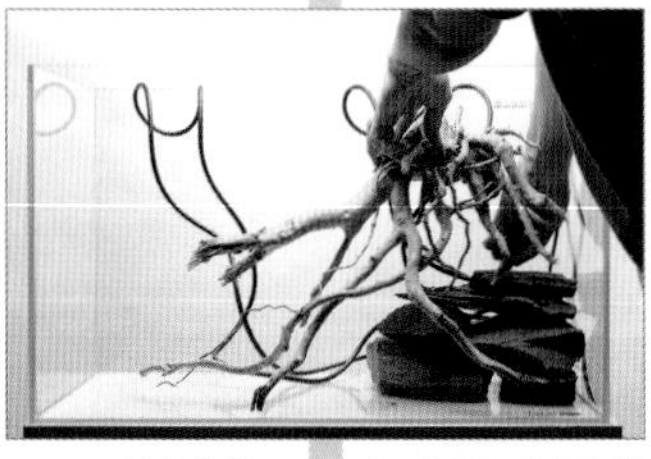

03 流木を置いていく。お気に入りの流木をカッコよく使うのも、レイアウトのテーマ

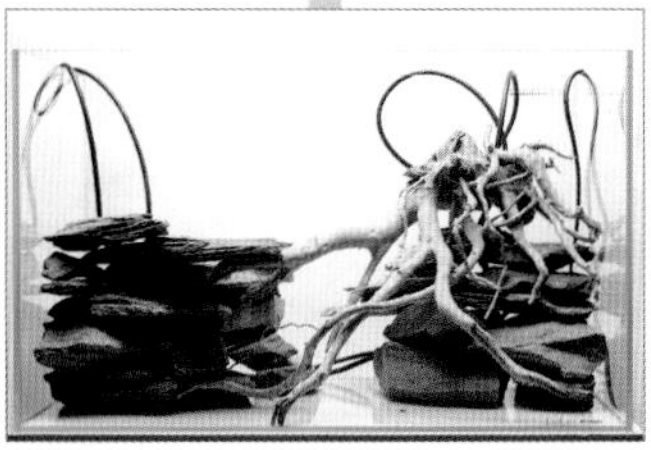

04 立体感を出すために、けっこうな高さまで石を積み上げた。使用量は20kg 以上

05 アクアテラメーカーにつないでいるチューブを切る。この先から水が出るわけだ

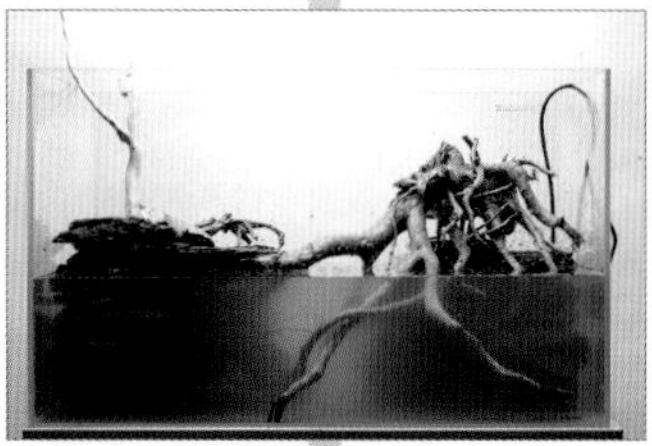

06 一度水を張ってアクアテラメーカーの電源を入れる

07 チューブからの出水を確認。途中でチューブが折れて水が出ていなかったら、それを直すなどする

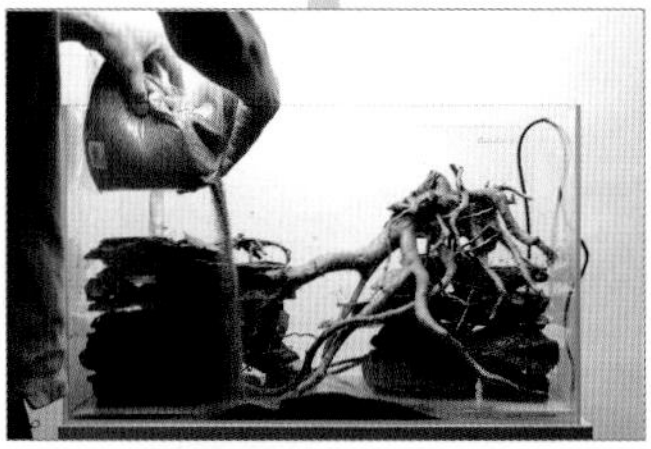

08 一度水を抜いて砂を入れる。水を抜いたのはレイアウト作業のしやすさと、濁った水を捨てるため

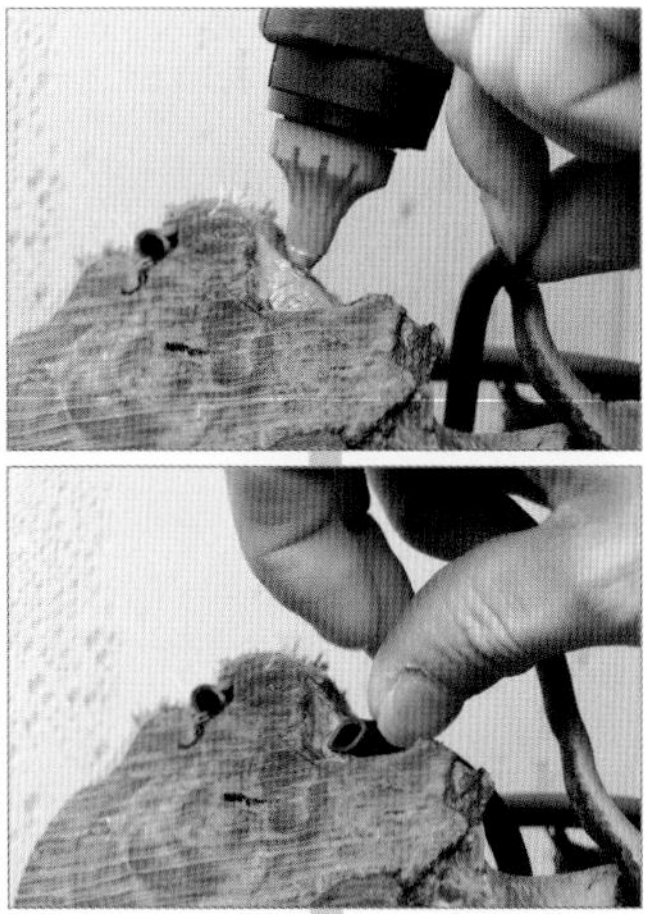

09 先ほど切ったチューブの先端をグルーガンで流木や石に固定する

10 水槽左奥にウールマットでポケットを作りソイルを入れる。後にここにも植物を植える

水を張り、外部式フィルターをセットしたら完成だ。照明は植物の様子を見てスポット型の LED を設置する予定。しばらくすれば水も澄むことだろう

分水器からの水が石を伝っていい雰囲気

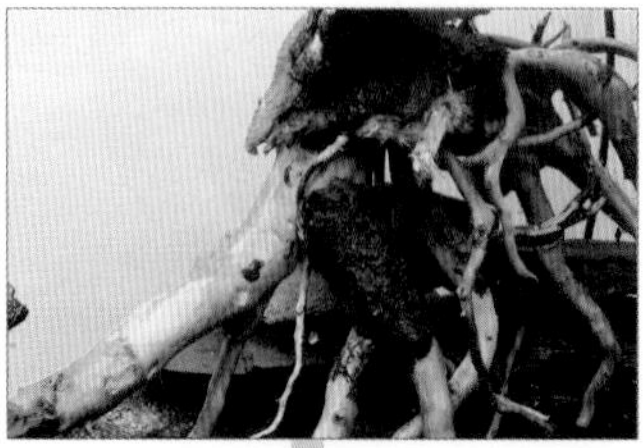

11 水で戻してぎゅっと絞った造形君を、流木の上に貼り付けていく

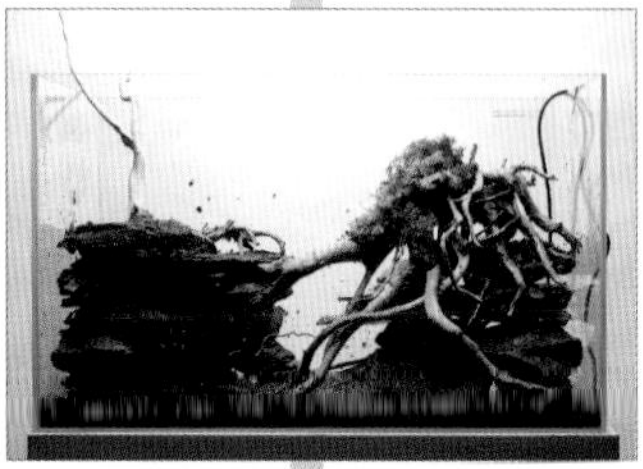

12 造形君の上にコケを置く。出水口付近には活着し、水に強いトヤマシノブゴケを置いた

13 各種植物も造形君の上に置いていく。根元を持って軽く押し付けて固定する

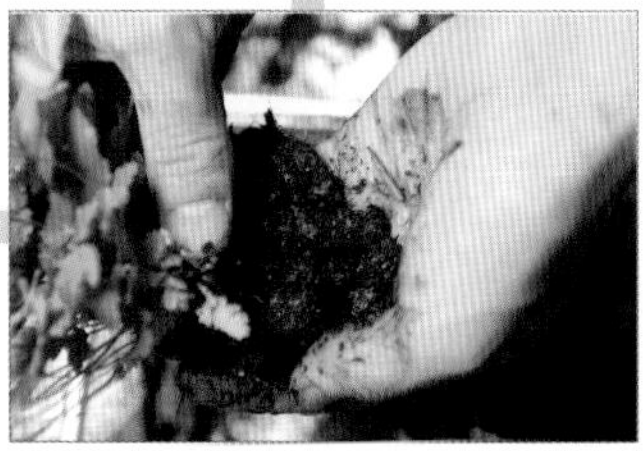

14 造形君で植物の根元をくるんで石の隙間に挟み込むように配してもいい

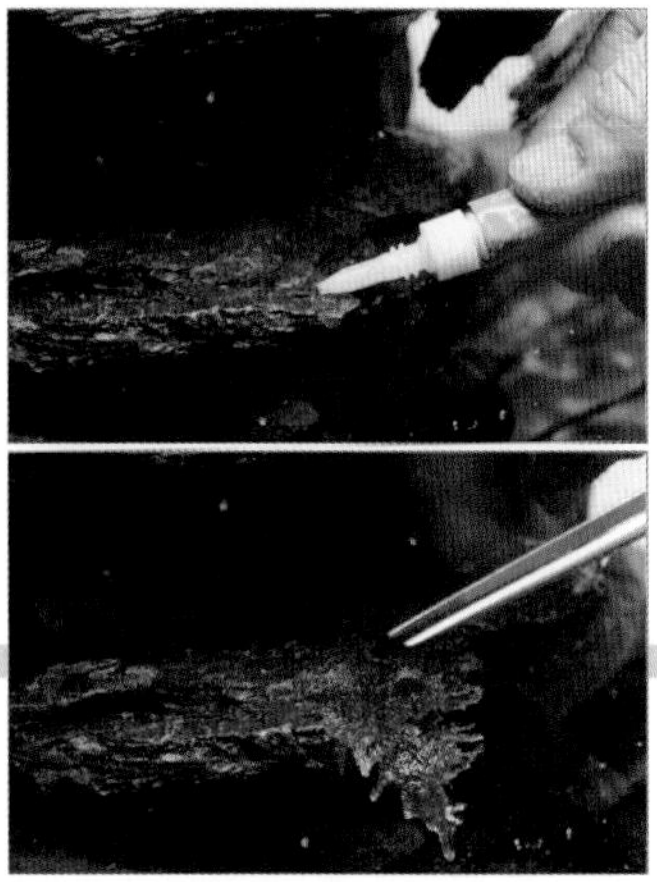

15 水中となる部分にも植栽。南米ウィローモスは三角の頂点（成長する側）が下向きになるように、瞬間接着剤で石につける

16 アヌビアスの根茎を石の隙間に押し込み固定して、すべての植栽が終了

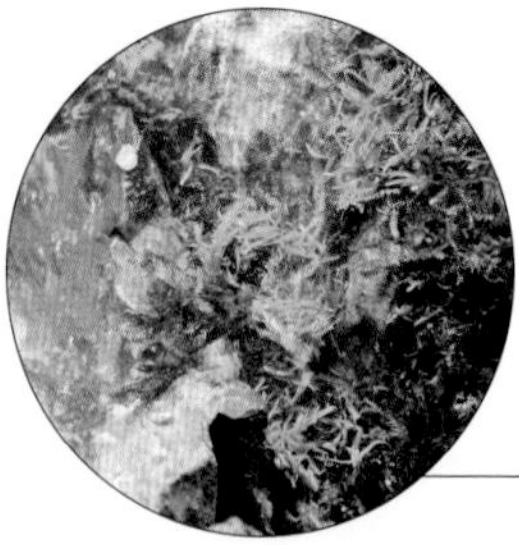

Layout Process **14**

ダイナミックな石組みアクアテラリウム

レイアウト制作／滝谷 滋（AQUA free）　撮影／石渡俊晴

植物を配してから
1ヵ月後の様子

DATA

【水槽】30 × 30 × 40cm（システムテラ 30 ／ DOOA）
【照明】LED ライト（ソルスタンド RGB ／ DOOA） 10 時間／日
【底床】トロピカルリバーサンド（DOOA）
【ろ過】システムに付属のもの
【CO_2（水中部）】2 秒に 1 滴
【温度】25℃
【管理】1 日 1 回霧吹き
【飼育種】アフリカンランプアイ（10）
【植物】①スパイキーモス　②ヒドロコティレ・ミニ　③ウォーターローン　④ウィローモス　⑤ニューラージパールグラス　⑥ドワーフマッシュルーム

制作者のお店に伺った時、すでに石組を終えたこちらの水槽が目に止まった。話をお聞きしたところ、「これからアクアテラリウムを作るところです」とのこと。それは好都合と取材を依頼した。このような経緯のため制作過程が石組を終えたところからスタートしているが、補足として石の接着などは別カットで紹介している。

　使用した水槽（システムテラ）は前扉がない開放型のシステムで上部からの霧で湿度が保たれる。とはいえ、立体的な石組では霧が行き渡りづらい場所もあるから、育成当初は水槽全体をビニール袋で覆って湿度を保った。そうした工夫もあって、陸上の植物は順調に成長している様子が見て取れる。

用意した素材

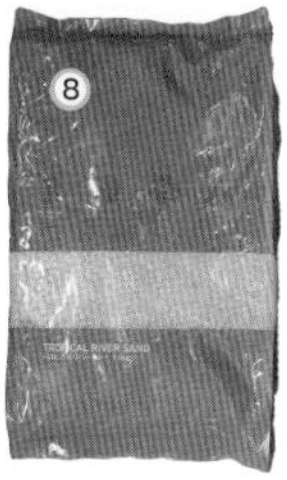

①アクアスケーピンググルー（AZOO JAPAN）
②液状接着剤の補助材（神畑養魚）
③液状接着剤（神畑養魚）
④ベースマット（DOOA）
⑤テラライン（DOOA）
⑥テラテープ（DOOA）
⑦龍王石（ADA）
⑧トロピカルリバーサンド（DOOA）

用意した植物

①ウィローモス（MOSS BAG ／ ADA）
②スパイキーモス（侘び草マット／ DOOA）
③ペペロミア・エマルギネラ（ジャングルプランツ／ DOOA）
④リシア
⑤ BIO ウォーターローン（BIO みずくさの森／ ADA）
⑥ BIO ヒドロコティレ・ミニ（BIO みずくさの森／ ADA）
⑦ニューラージパールグラス（侘び草／ ADA）
⑧ラヌンクルス・イヌンダタス（侘び草／ ADA）

setting start!

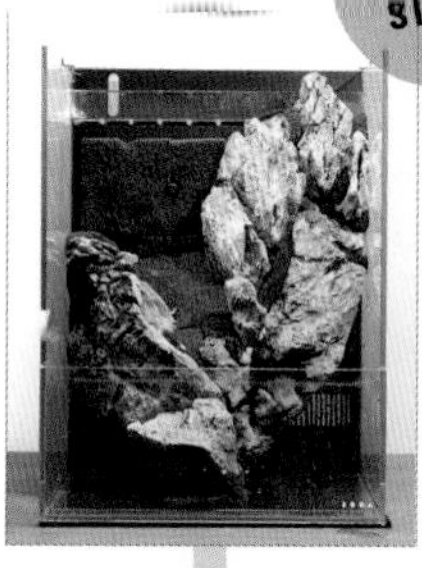

01 水槽に石とベースマットをセット

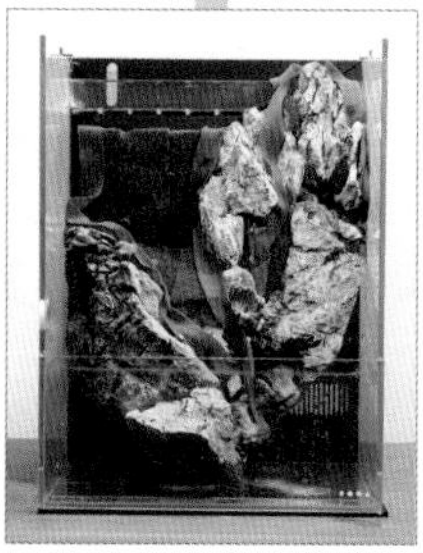

02 霧の落ち方を意識しながらテラテープを配する

03 各種植物を植える。背面のグリッドには侘び草マット（スパイキーモス）をはめ込む

04 水を張って、砂を入れて、水草（侘び草）を置いた。これにてセット完了！

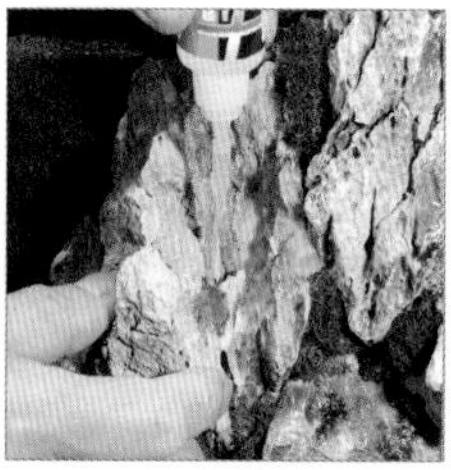

【石の接着】
瞬間接着剤とその補助材を使って石を接着していった。大きめの石は数ヵ所を接着する

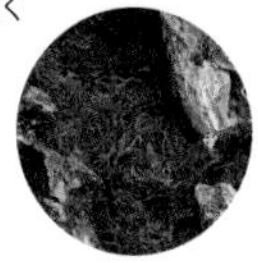

【植栽部の作り方 1】
石と石の間にはベースマットをカットしてはめ込んだ。この上にモスなどを置くと活着する

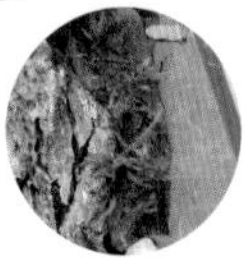

【植栽部の作り方 2】
細かい場所にはテラテープを石の隙間に押し込むようにして固定する。吸水性が高く、水を好む植物も育てやすい

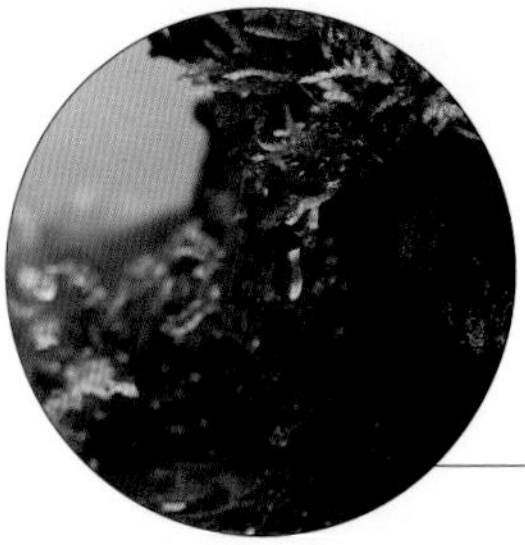

Layout Process **15**

水が滴る うるわしのアクアテラ

レイアウト制作／小林裕太（ H2 豊洲店） 機材協力／ GEX 撮影／石渡俊晴

セット後１ヵ月の様子

これまでユニークなレイアウトを数多く手がけてきた制作者だが、このレイアウトは過去にないほどのユニークさ。空中庭園よろしくコケのついた流木を中空に配し、そこから滴り落ちる水滴をも楽しんでしまおうという意欲的なレイアウトだ。

水草やアクアテラリウムのレイアウトは自然をモチーフにすることが普通だが、制作者曰く「このレイアウトにはモチーフがない」とのこと。制作の様子を見ていた取材子は、天空の城ラピュタやエッシャーのだまし絵（滝）を連想したが、なんにせよこの高低差が面白く映った。

立体的な造形はアクアテラリウムをカッコよく見せるための定石だが、ここまできたか！　という感もある。これからアクアテラリウムを作る人にとっても、この自由な発想は大いに刺激になることだろう。

用意した植物

①ヒメハイゴケ　②ツヤゴケ
③アラハゴケ　④タマゴケ
⑤コツボゴケ　その他、シノブゴケ

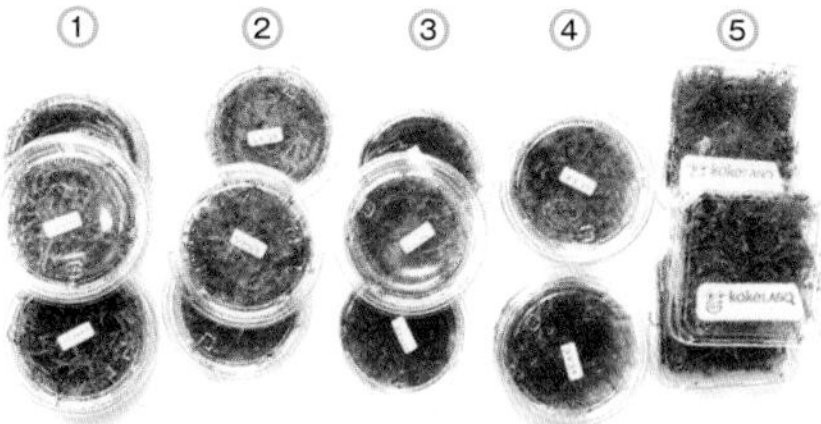

用意した素材

流木は、枝状、塊、板状をそれぞれ

玄武岩

ソイル（ベストバイオサンド／GEX）

用意した器具類

60cm 水槽
(Glassterior TS 600／GEX aquarista)

LED ライト
(Clear LED POWER Ⅳ 600／GEX aquarista)

アクアテラメーカー
(GEX)

setting start!

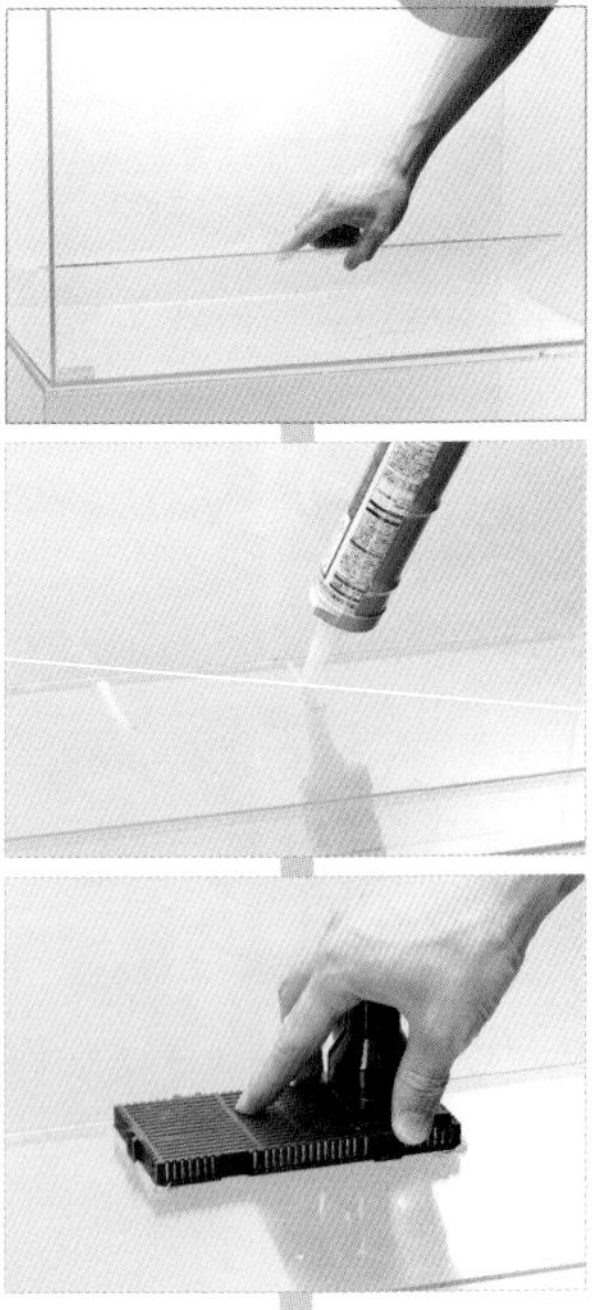

01 アクアテラメーカーの底面パネルを水槽に敷いたガラス板にシリコーンで固定。ガラス板を敷いたのは水槽に直接接着剤をつけないため。シリコーンによる固定は必須ではないが一応

02 アクアテラメーカーを囲うように大きな塊の流木を置く

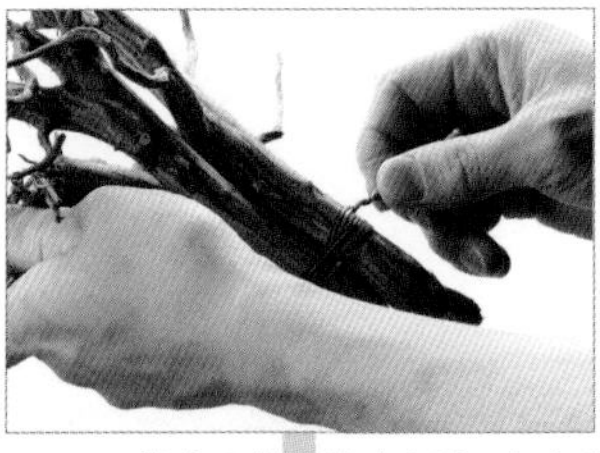

03 数本の枝状流木をビニタイで束ねる。これをいくつか用意する

04 塊の流木の中心にできた空間に枝状流木の束を挿し込んでいく

05 一通りの枝状流木を挿し込んだところ。これだけでもなんだかかっこいい！

06 ソイルを敷いていく。これである程度流木も固定できる

07 敷いたソイルをならしたら、流木の周りに石を置いていく。これも流木の固定になる

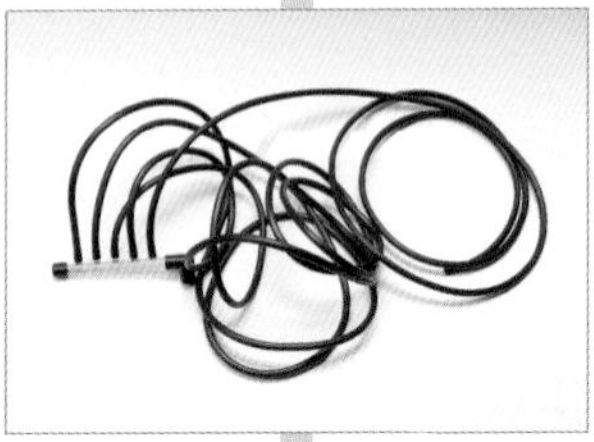

08 アクアテラメーカーのパイプに同梱のチューブを接続する

09 水槽底面に接着したアクアテラメーカーにパイプとチューブを接続する。この時点ではチューブが目立つが、それはおいおい処理していく

10 板状流木にシノブゴケを糸で巻いていく。これをいくつか用意する

水槽のフタは水槽縁にのせるタイプで密閉度が高い。付属のヒンジ機能は、メンテナンスほか通気の際に便利に使える

コケの成長は順調だ

POINT

流木に流木をのせる、という離れ技を披露してくれた制作者。一見、不安定にも見えるが……どうだろう。「かちっとハマる場所を探して置けば大丈夫。それよりもカッコよく見える配置に頭を使いますね」とのこと

11 シノブゴケを巻いた板状流木を枝状流木に置いていく。見たことのない風景が出来上がりつつある……

12 ソイルの濁りを防ぐために吹き出しをミストにして水を張り、アクアテラメーカーのポンプを稼働する

13 チューブをカットしてビニタイや糸で流木に固定。出水口はシノブゴケを巻いた流木に水が落ちるような位置に

14 水際のひたひたのところには水に強いコツボゴケを置く

15 チューブは流木に沿うように配しているため目立たなくなった。1ヵ月後の完成が待ち遠しい！

completion

コケの作るグリーンのラインが統一されており、ユニークなだけではなく美しさも感じさせるレイアウトが完成した

DATA

【水槽】60 × 30 × 36cm（Glassterior TS 600 ／ GEX aquarista）
【照明】LED ライト（Clear LED POWER Ⅳ／ GEX aquarista） 10 時間／日
【底床】ソイル（ベストバイオサンド／ GEX）
【ろ過】底面式フィルター（アクアテラメーカー／ GEX）
【温度】25℃
【管理】セット後に 1 度水換え、水槽の内側の水滴を時折拭いている
【飼育種】楊貴妃メダカ（15）、ヤマトヌマエビ（5）
【植物】①シノブゴケ ②コツボゴケ その他、部分的にヒメハイゴケ、水面にはアマゾンフロッグビット

Layout Process 16

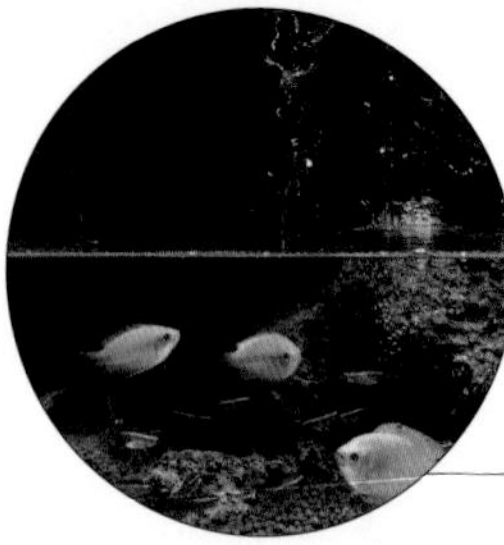

超立体レイアウトに熱帯魚を泳がせて

レイアウト制作／高橋義和（ロイヤルホームセンター千葉北店ワンズモール内ビオナ）
撮影／石渡俊晴

時間が経ち植物が成長することで自然感が増していく

様々な造形材があるが、ここでは発泡スチロールとセメントを使ったオリジナリティあふれる制作例を紹介しよう。たくさんの工程があり複雑に見えるかもしれないが、大まかには、

❶発泡スチロールを火で炙って成形する
❷水槽背面の発泡板（作れる君）に①を固定する
❸セメントや塗料を②に塗る
❹水槽に③を固定する
❺植物を④に配する

という流れである。

造形の内部は発泡スチロールや空洞であるから、見た目の重厚感とは異なり、軽く扱いやすいことが大きな特長だ。そしてセメントで固めてあるために衝撃や引っ掻きなどにも強く、表面にコケ（藻類）がついたとしても普通にこそぎ落とせる。

揚水ポンプで汲み上げた水は、レイアウト上部から排水すれば、各所に配した植物に行き渡る。逆にいえば、水が流れる場所に植物を配するとよい。

植物は根をウィローモスで包んで、レイアウトの基礎に置いておけばよく、当初は多少ぐらついたとしても、いずれ根が張れば固定される。もっと不安定な場所に植物を置きたい時には、針金で固定するとよいだろう。

発泡スチロールをベースにしていることから、ほとんど造形の制約がなく、大胆なレイアウトが可能となる

用意した素材と工具

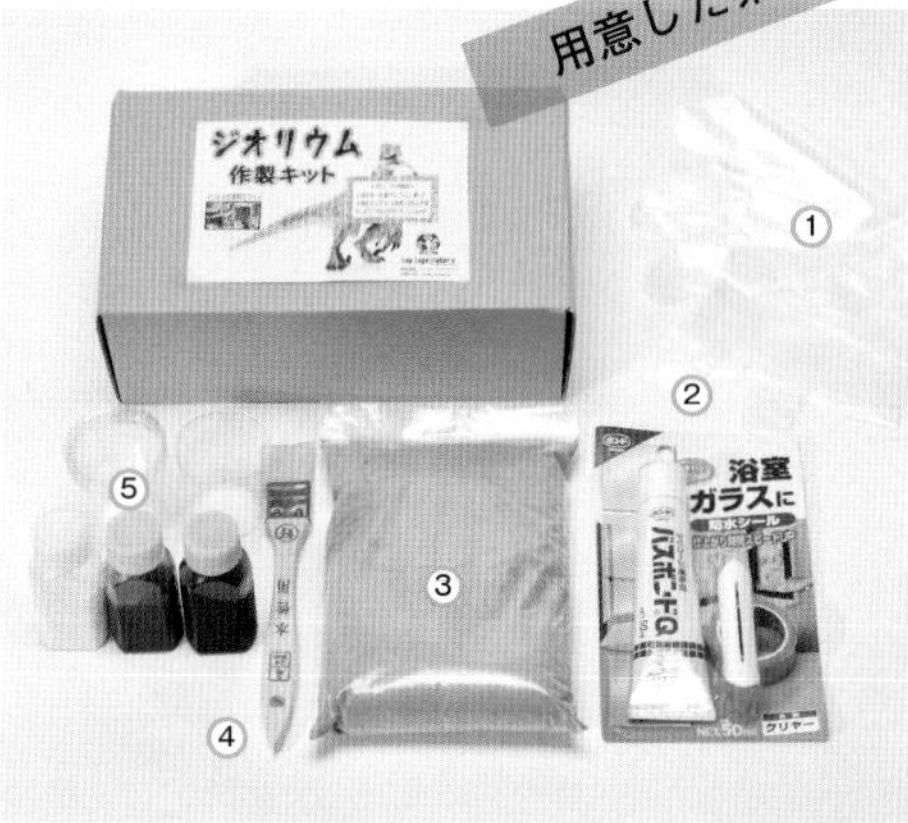

ショップオリジナルのジオリウム制作キット。①ビニール手袋　②バスボンド（シリコーン）　③セメント　④ハケ　⑤塗料（アクリル水性）とその容器

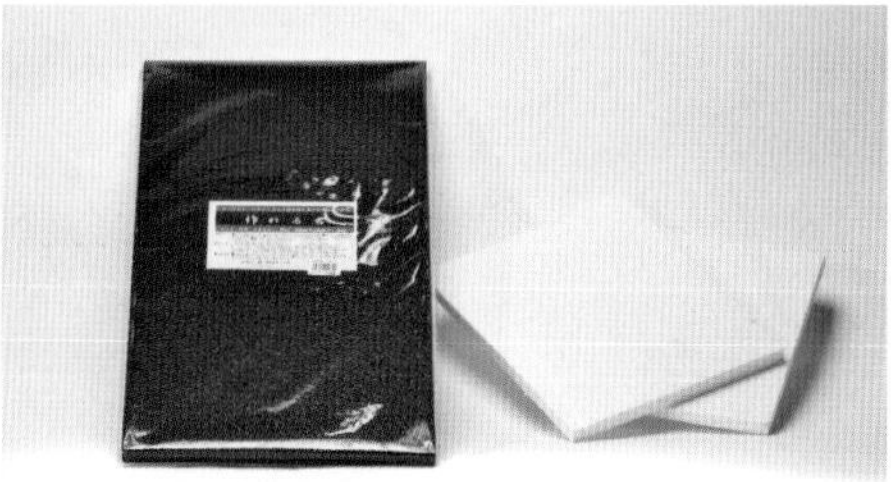

発泡スチロール。右は普通の発泡板で、溶けやすく形を作りやすい。左の「作れる君（ピクタ）」はパルダリウムに向いた発泡板で、やや硬く、ザラザラしており、セメントやシリコーンとの相性がよい

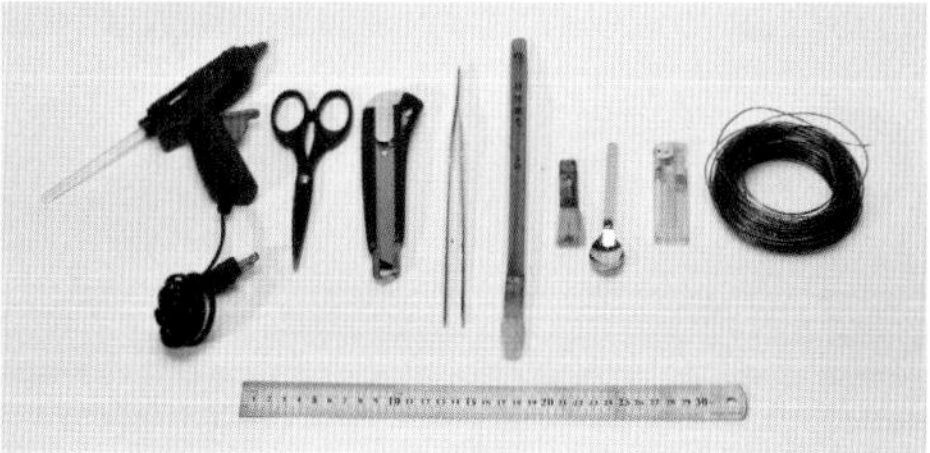

工具色々。上段左から、グルーガン、ハサミ、カッター、ピンセット、ハケ、計量スプーン（塗料用）、ライター、針金（植物の固定に）、手前は金属製の定規

よりリアルな見た目とするために仕上げに使うジオラマ用の素材。木工用ボンドを薄く塗って貼り付ける。左から、バラスト茶色（細目）、コースターフ（緑褐色）、アイスランドモス

setting start!

レイアウト基礎の成形

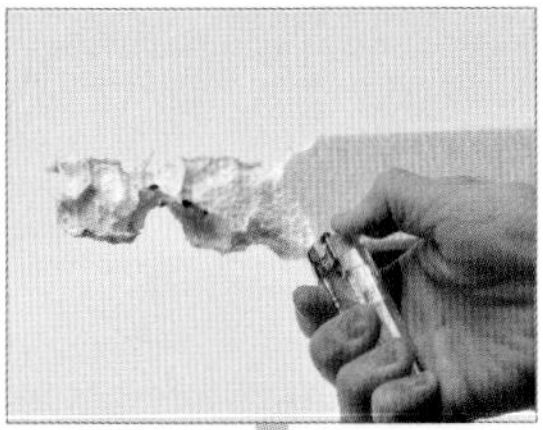

01 発泡スチロール板をライターで炙り、イメージに近い形に近づけていく。ヒートガンを使ってもよい

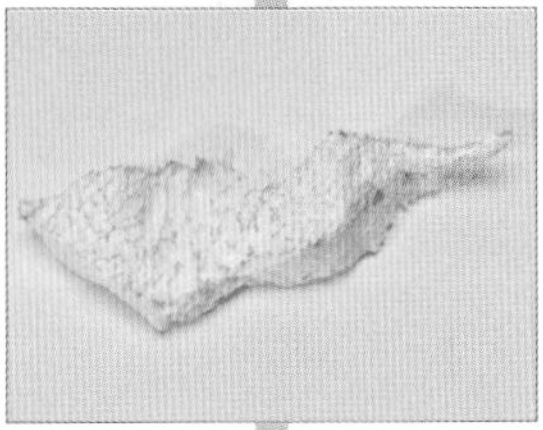

02 完成。このようにして、いくつかのパーツを作っていく。多少の慣れは必要

発泡の補強と塗装

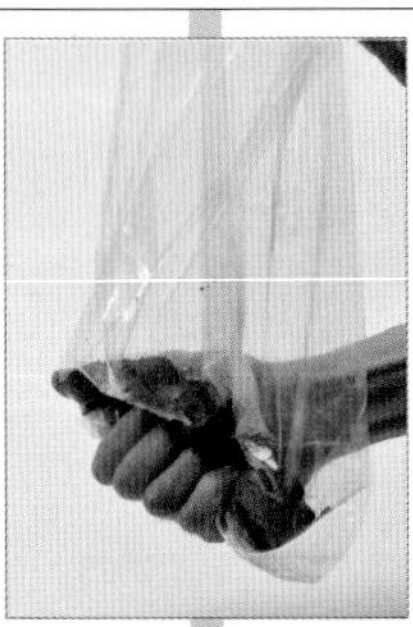

03 セメントを水で溶く。水3：セメント1くらいの割合。かなりゆるゆる

04 ハケでセメントを発泡スチロールに塗っていく。ハケは短い方が力を入れやすい

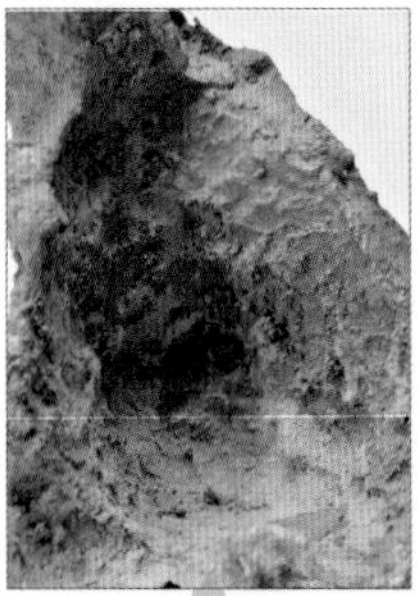

05 セメントは半〜1日で乾く。ドライヤーの熱風を当てて時短してもいい。2〜3回重ね塗りする

06 水で薄く溶いた塗料を乾いたセメントの上に塗っていく

07 塗料も何度か重ね塗りするとよい。これも発泡スチロールの補強となる

08 ベースとなる塗料を塗り終えたら、自然な風合いとするための“汚し”を入れる

09 汚しの塗料は濃い目にして、事前になにかに擦り付け（ハケを毛羽立たせる）、あらかた落としておくとよい

組み立て

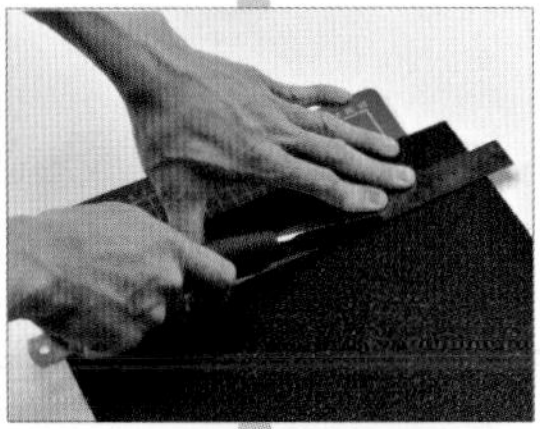

10 「作れる君」を水槽背面の大きさに合わせてカットする

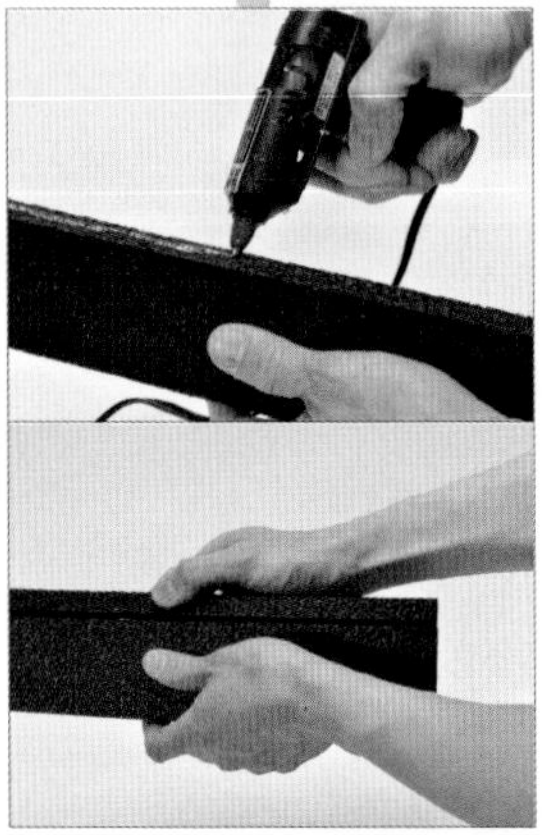

11 同じく「作れる君」を適宜カットして、揚水ポンプを収めるスペースを作る。まずはグルーガンで仮止め

completion

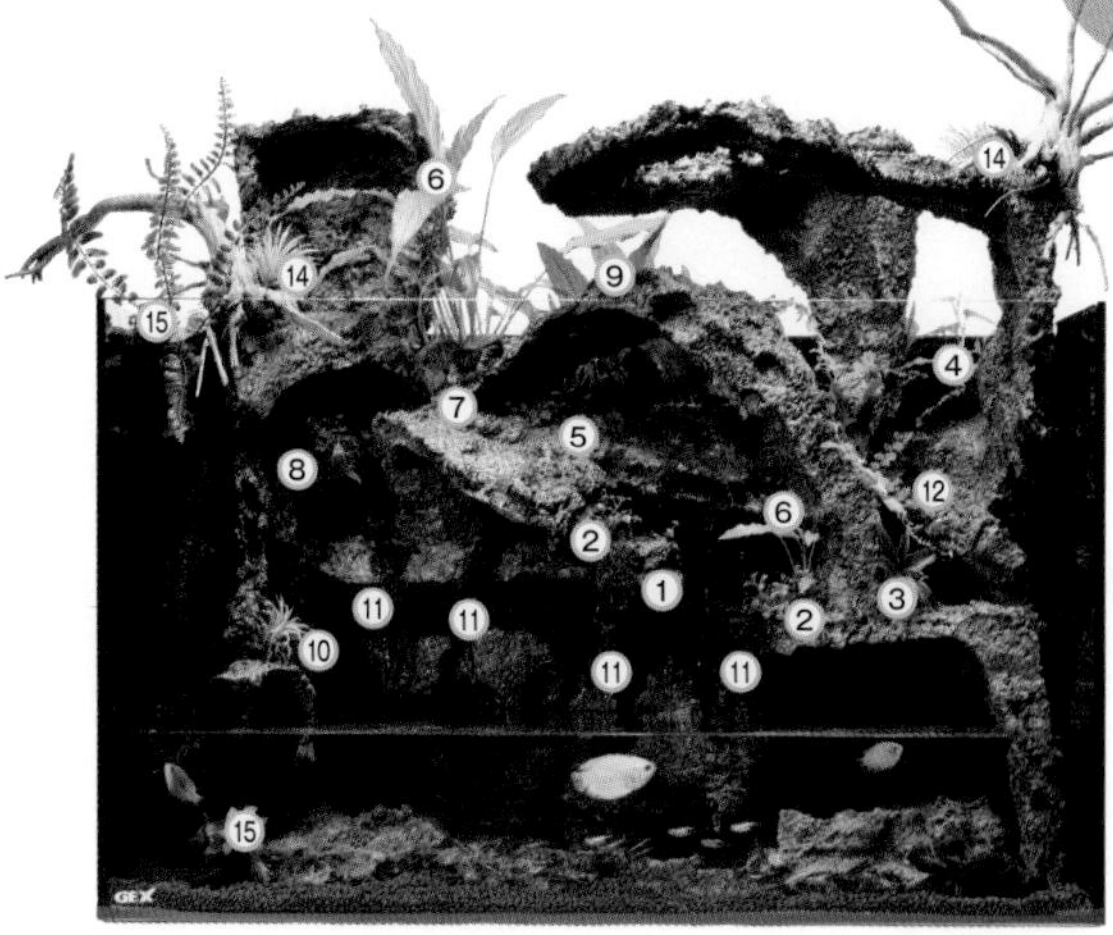

DATA

【水槽】60 × 30 × 36（H）cm（グラステリア LX ／ GEX）
【ポンプ流量】8 ℓ／分（最大）
【ろ過】なし（水が物や植物に伝うことでろ過をしている）
【底床】ソイル　【水温】26℃　【pH】6.5
【魚】ネオンテトラ（20）、コバルトドワーフグーラミィ（1）、ゴールデンハニードワーフグーラミィ（2）
【植物】①ピレア・グラウカ・'グレイシー'　②クッションモス　③クリプタンサス・'ノビスター'　④ピペル sp.　⑤フィカス・プミラ・'ミニマ'　⑥スパティフィラム　⑦ペリオニア　⑧クリプタンサス・'グリーン'　⑨ミクロソルム・プテロプス　⑩チランジア・イオナンタ　⑪ウィローモス　⑫フィカス・プミラ・'コアラ'　⑬アヌビアス・ナナ・'ミニ'　⑭エアプランツ・フロストグリーン（イミテーション）　⑮タマシダ（イミテーション）、その他　ドライモス（イミテーション）

実際の作業工程

水槽にきちんと発泡スチロールが収まるように、まずは水槽内で組み立て、背面の発泡板（作れる君）に固定する

固定したら水槽から取り出して、塗料やセメントを塗っていく。バラバラの発泡スチロールを一つずつ塗っていくより、こうしたほうが効率的。

塗装を終えたら、背面の発泡板（作れる君）ごと水槽に接着して骨組みの完成。掲載した❶〜⓰は誌面の構成上、この工程をバラして解説したものだ（写真提供／高橋義和）

12　ポンプのスペースは取り出しをする際などに、多少、力が加わることがあるので、シリコーンを使ってしっかり接着する

13　ポンプのスペース下部には穴を開け、園芸ネットを貼って吸水口とする

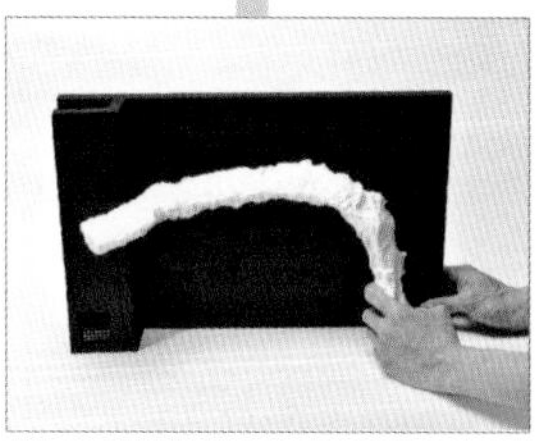

14　火で炙って成形した発泡スチロールをあてて、レイアウトを決めていく。この工程については、左の写真（実際の作業工程）も参考に

15　発泡スチロールをグルーガンで固定する。ここはシリコーンで補強する必要はない

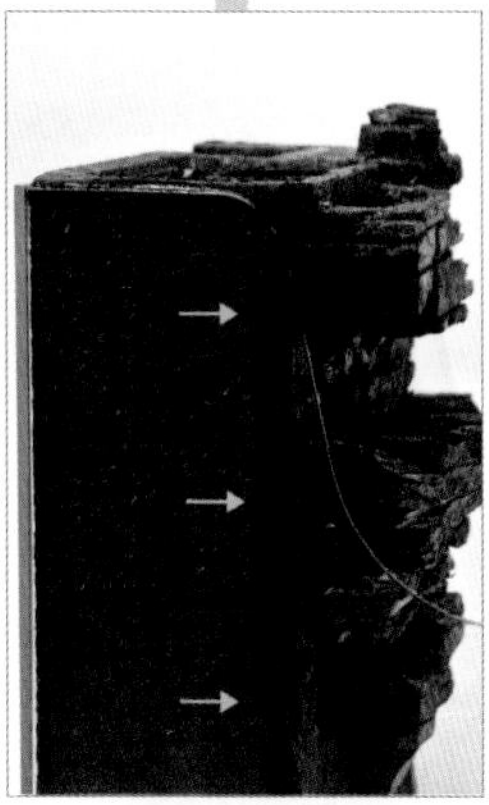

16　背面の発泡板（作れる君）をシリコーンで水槽に固定する（矢印）。この後に植物を配していく

Lecture 01

制作&管理の手引き

陸地の作り方

砂利に傾斜をつけ盛り上げるだけでは急峻なレイアウトを作ることはできない。ここではパルダリウム、アクアテラリウムでよく用いられる陸地の作り方を紹介する。実際にはこれらの単体ではなく、組み合わせで陸地を作ることが多い

イラスト／いずもり・よう

石や流木を組み上げる

N.H

水槽の壁面を頼りにしながら、流木や石を高く組み上げていく。安定の良い配置を探しながらの作業となるが、不安定に感じるのであればウールマットや土を各素材の間にかませたり、各素材を接着剤や木工ビスで固定するなどする。

専用の造形材を貼り付けていく

N.H

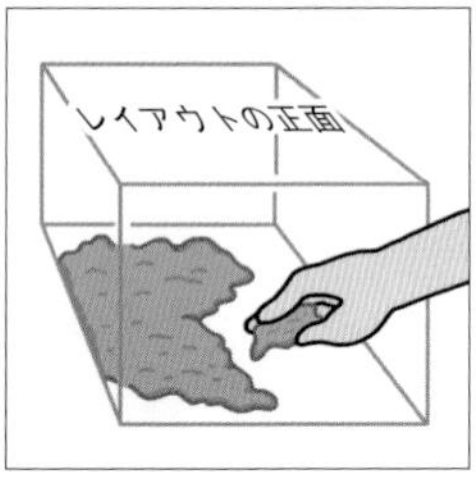

水を含ませて粘土状にした専用の造形材を水槽の壁面に貼り付けていく。このとき水槽の下から積み上げるようにしたり、イラストのように水槽を一度寝かせてから貼り付けていくのも一つの方法だ（乾いたら水槽を立てる）。

ポケットを作る

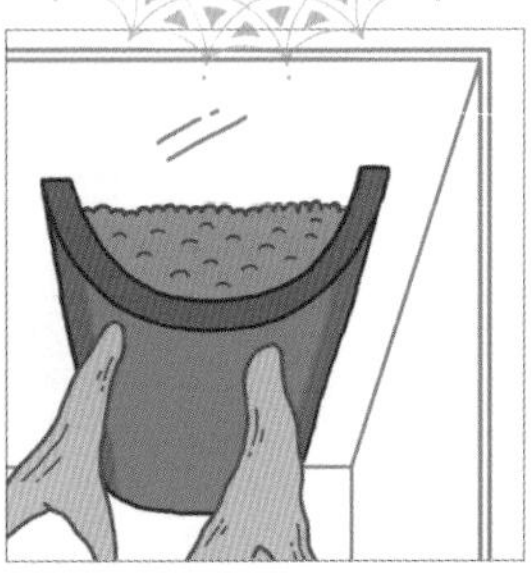

石や流木で陸地を作ったり、専用の素材で壁を作ったりしただけでは、お目当ての植物を植え込むスペースが確保できないこともある。そんなときは化繊のマットなどをポケット状に仕立てて土を入れてもよい。

専用の素材を貼り付ける

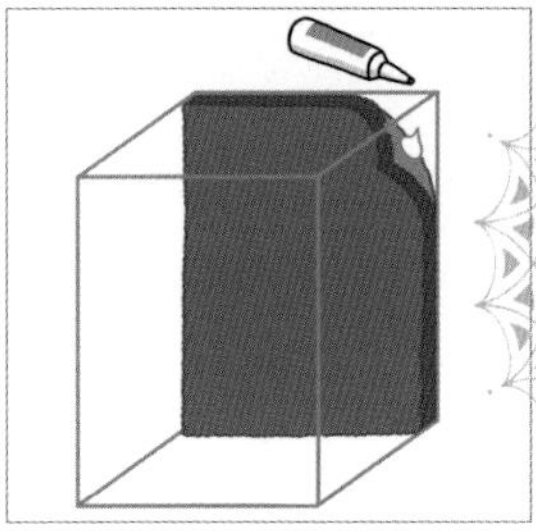

マット状やスポンジ状（園芸のオアシスのようなもの）の専用の素材を立てて壁にする。水槽に対してややきつめのサイズとしてはめ込むように固定しても良いが、不安定であればシリコーン（防カビ材の入っていないもの）やホットグルー（グルーガン）で水槽の壁面に固定する。

Lecture 02

制作＆管理の手引き

陸地への配水

陸上で植物を育てるためには、水やりが不可欠ではある。パルダリウム、アクアテラリウムでよく用いられる植物への給水方法をまとめて紹介する。方向は「なるべく手間なく」だ

イラスト／いずもり・よう

手で霧吹きをす

特に多湿を好む植物を育てるのには必須。霧吹き器はなるべく容量が大きいものを選ぶと水を足す手間が減る。

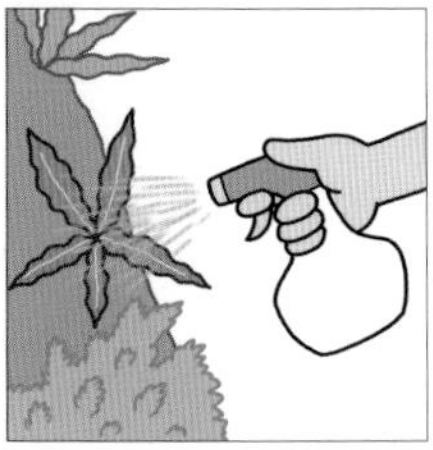

ミスティングシステムを用いる

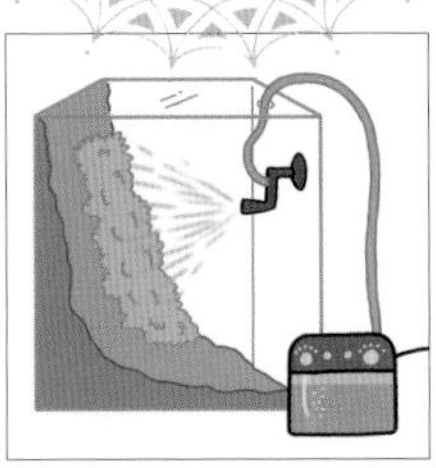

揚水ポンプをタイマーで制御して一定の間隔でミスト（霧）を送り込む。毎日の手間は軽減されるが、初期の設備費は必要。ミスティングシステムが組み込まれた水槽セットもある。

吸水性の高い素材を用いる

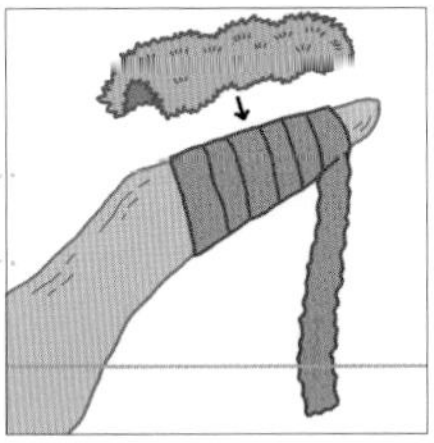

たっぷりと水を含むテープ状の専用素材を流木や石に巻きつける。テープの一端を水に浸けておくなどすれば水を吸い上げるから、その上にコケなどを置いて育成することができる。

揚水ポンプからの出水をチューブで分岐する

揚水ポンプに専用の分水器を取り付けチューブで陸地に配水する。揚水ポンプと専用の分水器、チューブがセットになった商品もある。チューブには錆びない素材の針金を通しておくと任意の形に曲げやすく目詰まりも起こしにくい。この方法は水場のあるアクアテラリウム限定。

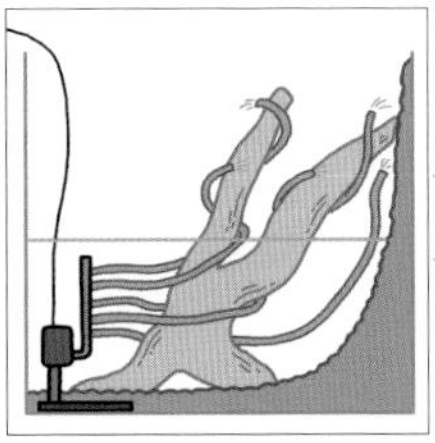

素材に時折水を含ませる

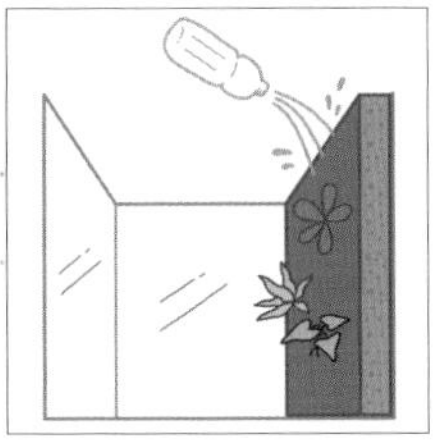

オアシス状やマット状の専用素材を土台に用いている場合には、それが乾く前にペットボトルなどで水を上からかけて水を含ませる。素材や環境にもよるが、週に一回程度の水やりでじゅうぶん水分を保つことができる。

Lecture 03

制作＆管理の手引き

あると便利な道具

パルダリウム／アクアテラリウムを作っていて、わりと頻繁に使用する道具などをまとめてご紹介

イラスト／いずもり・よう

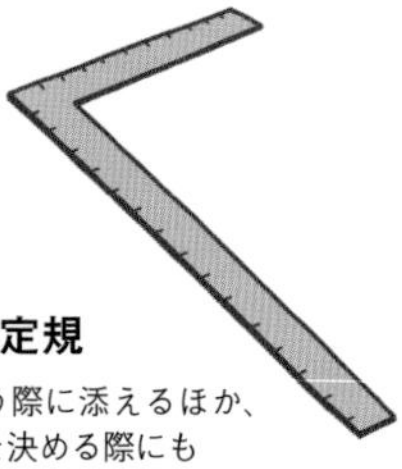

金定規

カッターを使う際に添えるほか、造形材の寸法を決める際にも

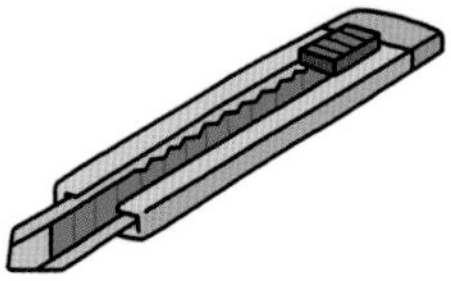

カッター

オアシス状ほか発泡系の造形材をカットする際に使う

ハサミ

植物の形を整えたり、配水チューブを切ったり、または様々な包装を解くのにも

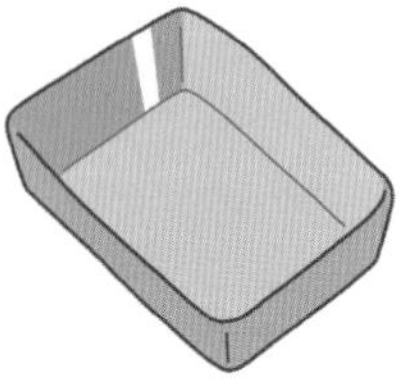

バット

植える前の植物を並べておく。植物は湿っていたり、根が用土を抱えていたりするので、こういうバットを使えば部屋を汚さないで済む

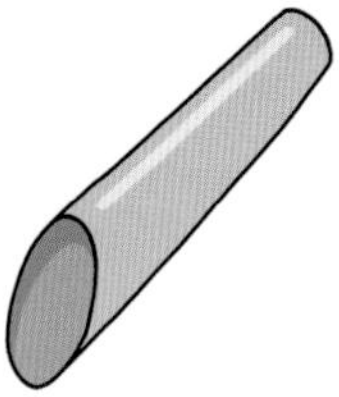

土入れ

ソイル他、床材を注ぎ入れる際に。水槽の中で使うので小さい方が扱いやすい

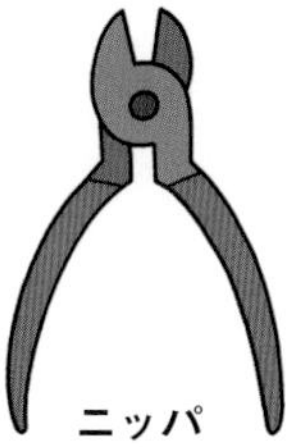

ニッパ

針金や細い流木をカットする際に使う

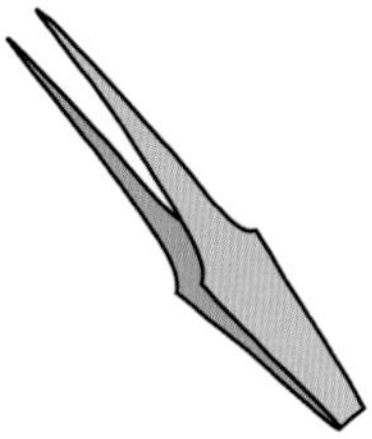

ピンセット

植物を植えるのに使う。または細かい作業全般に

霧吹き

特に水草は乾くと傷んでしまうから、レイアウト制作の際には時折スプレーして乾燥を防ごう

針金（またはビニタイ）

配水チューブを流木に固定したり、複数の流木をまとめて固定したりと、いろいろな場面で使える。ステンレスほか錆びにくい金属製がよい

バケツ

水を張って植える前の水草を浮かべておいたり、植物の汚れをすすぎ落としたり、または一時的なゴミ箱にしたり。一つだけではなく複数あると作業がはかどる

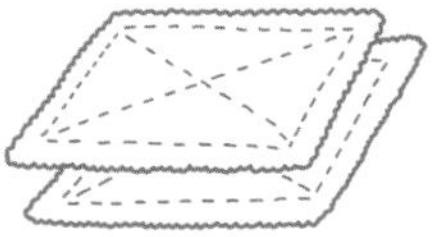

雑巾

水や土をまったくこぼさないで作業をするのは難しい。雑巾やキッチンペーパーを用意しておきたい

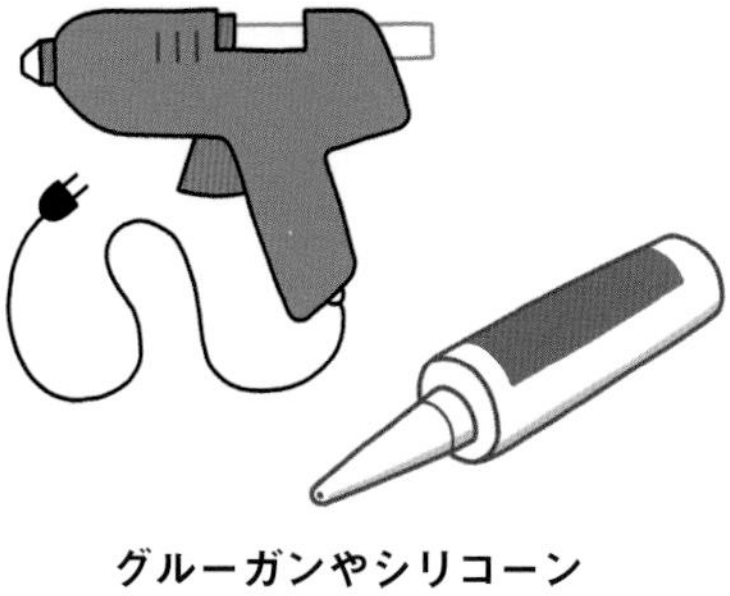

グルーガンやシリコーン

流木などの素材、または造形材など、ものを固定する作業はけっこう多い。シリコーンは防カビ材の入っていないもの（水槽用）を

ビニール手袋

土や床材を扱うので爪のあいだが汚れることも。その予防に

Lecture 04

制作&管理の手引き

植物の取り扱い

植える前の処理や植え方などは園芸やアクアリウムとほとんど同じ。ここでは基礎となる事柄をいくつか紹介しよう

協力／高城邦之、高橋義和（ロイヤルホームセンター千葉北店ワンズモール内ビオナ）
撮影協力／アクアギャラリーギンザ、アクアフォレスト新宿店、Ｈ２豊洲店、Ｈ２目黒店、寒川水族館、SENSUOUS
撮影／石渡俊晴、橋本直之、編集部

植える前の処理

カップ入りの水草（組織培養）の扱い

その手軽さから広く普及したカップ入りの水草。使用前にカップから取り出して、培地（寒天状または液体）を洗い流しておく。株が小さく密に絡まっている場合は手ごろなサイズに分割してから使用するとよい。

カップ入りのウォーターローン（BIO みずくさの森／ ADA）

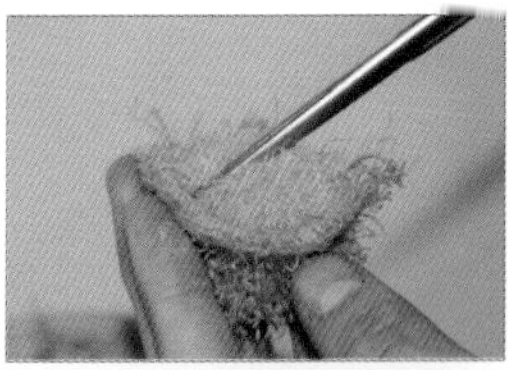

❶カップから取り出して適当なサイズに分割する

↓

❷培地を洗い流す

↓

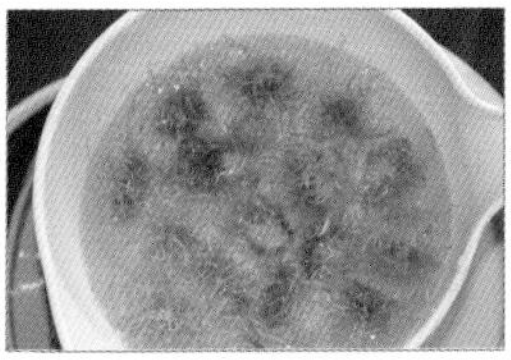

❸洗い流したらそのまま水に浮かべておく（水草なので乾燥に弱い）

用土の扱い

ポット入りの株は、根が用土を抱えたその状態で底床に置いてもよい。これは侘び草（ADA）など専用のベースで育てられた植物も同様だ。根が抱えた用土が大きすぎる場合には用土を洗い流してから植えるとよいだろう。

ポットから出してそのまま置く

侘び草もベースごと置ける

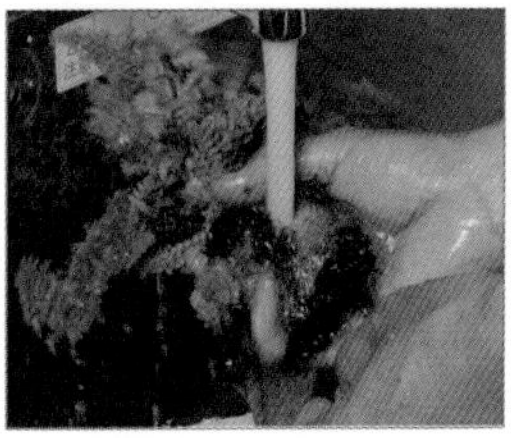

抱えた用土が大きい場合には洗い流しておく

水を好む植物は根本をミズゴケでくるんでから植えてもよい

植物の植え方・配し方

小さい植物は数本ずつまとめて植えるとよい

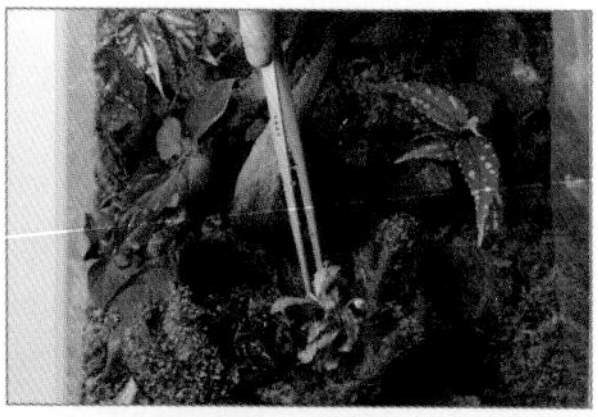
ブセファランドラを植えているところ

植える前に底床に穴を開ける（植えたら用土をかぶせるなどして植物を固定する）

大きめの株は手で植える

ピンセットや手で植える

植物の根の方をつかんで底床や造形材に挿し入れる。だいたい、どの植物もこの方法で植えることができる。底床や造形材が硬い場合、または植物が柔らかい場合は、先にピンセットの持ち手側などで穴を開けておくとよい。

シートごと置く（コケ）

互いに絡み合いシート状になっている、またはある程度の大きさで塊になっているコケはそのまま置く。垂直面など角度のある場所に配するときはU字ピンで固定するのが簡単。いずれにしてもコケのシートが底床に接するように。浮いているとコケが乾いて枯れてしまうことがある。

シート状になったコケ各種

ばらさずに塊のまま置いた

角度のある場所はU字ピンで固定

ばらけたコケはピンセットで植える

水草を使うときは…

アクアリウムショップで流通する「水草」もパルダリウム／アクアテラリウムに用いることができる。ただ、陸上部分に水草を用いる場合には注意が必要だ。

多くの水草は水上でも展開し、水上（気中）で育ったものを「水上葉／すいじょうよう」、水中で育ったものを「水中葉／すいちゅうよう」などと呼び分けるが、この「水中葉」を陸上に植えてもたいていは乾燥して弱り枯れてしまう。

また、水上葉であっても、そもそも水草は乾燥に弱いから、ケースのフタをしっかり閉めるなどして、高湿度な環境を保ってあげたい。

水上葉

水中葉

同じ水草（ロタラの一種）の水上葉と水中葉。比べれば水上葉のほうががっしりとしていて乾燥にも強い

活着（着生）させる

流木や石などものにくっついて成長する植物もある（コケやシダに多い）。それらは糸やビニタイ、または瞬間接着剤を使って、ものに固定するとよい。1ヵ月もするとしっかりとくっつく。

ビニタイでアヌビアスを流木に固定（このとき根茎を流木にあてるようにする）

ウイローモスを糸で流木に固定

瞬間接着剤でウィローモスを石に固定

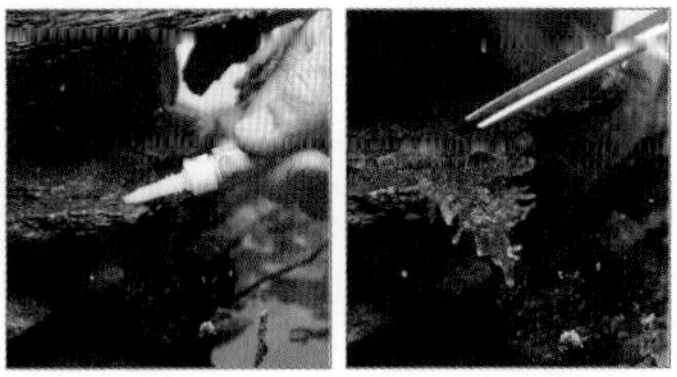

タネをまく

市販の水草のタネ（主にハイグロフィラ）を湿った底床に撒いておくと、1週間もすれば緑のカーペットができあがる。気中であればカーペット状のままわりと長いあいだ楽しむことができる（伸びてきたらリセットする）。

お手軽に緑のカーペッを作ることができる

カビの予防

高湿度で管理するパルダリウムでは時にカビが生えてしまうこともある。自然感あふれる景色、または生物を愛でる趣味とはいえ、これは排除したいと思うのが普通であろう。そんなときには、セッティング時に防カビ剤を使用するとよい。専用のものが販売されているから、試してみるとよいだろう。

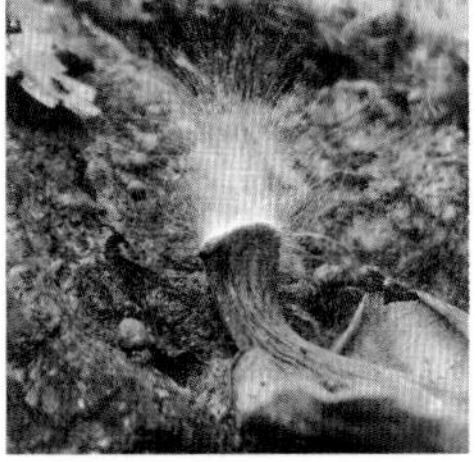

パルダリウムに生えたカビ

カビを防ぐ商品（アクアテラリキッド／GEX）

Lecture 05

制作＆管理の手引き

パルダリウムとアクアテラリウムの管理法

パルダリウムとアクアテラリウムは、日々成長していく植物でレイアウトを徐々に完成に近づけていくその過程こそが楽しみでもある。その植物の管理について、ここでまとめて紹介しょう

取材協力／高橋義和（ロイヤルホームセンター千葉北店ワンズモール内ビオナ）
イラスト／いずもり・よう

植木鉢の植物のように水やり

水中ポンプを設置しないときには、人の手による水やりが必要だ。植物の様子を見て、定期的に水を与えよう。レイアウトによっては霧吹きで水やりをしてもよいし、上部から水を満遍なく撒いてもよい。自動的に霧吹きをする機器も販売されているから、それを利用するのもよいだろう。

水中ポンプで水やり

水槽に 5cm 程度水を張れば、小さな水中ポンプを設置することができる。この水中ポンプによる揚水で、レイアウト上部から水を落とし、植物の根に水をあてれば、日々の水やりは必要なく管理も楽チンだ。ただし、このような水やりをする場合には、水に強い植物を選んでレイアウトしよう。

光に気を配ろう

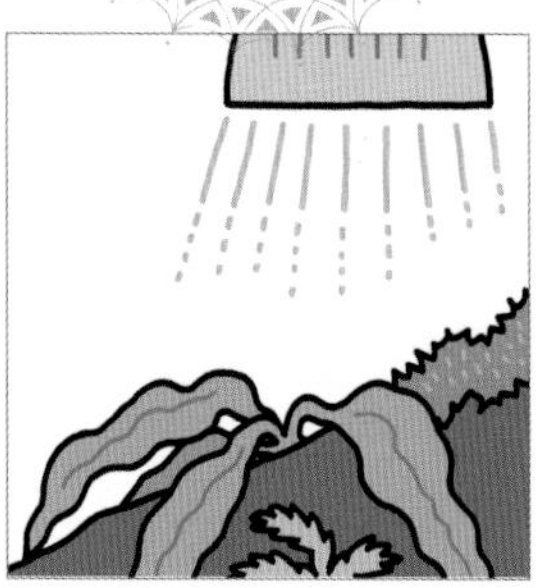

植物は光がないと枯れてしまうが、光源が近すぎるとその熱によって葉焼けを起こしてしまう。ライトを設置するときには、葉焼けが起きないように、植物との距離を調整しよう。室内光や窓から差し込む太陽光を利用する際には、その置き場所もよく考えたい。

エアコンからの送風に注意

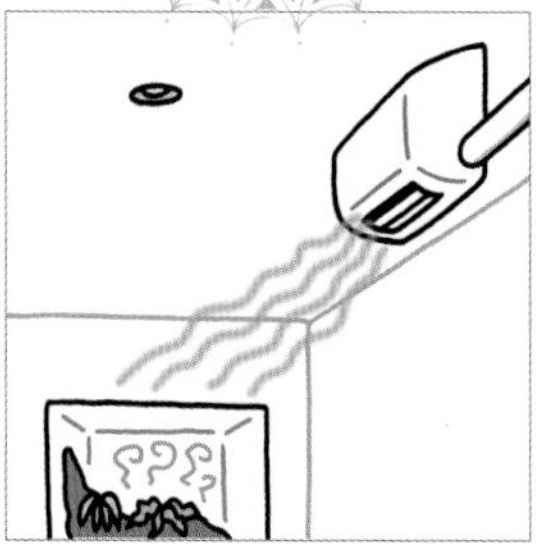

フタをしていないレイアウトの場合、エアコンや扇風機などによる送風がダイレクトに植物に当たると、植物が枯れてしまうことがある。特に植物の個性や成長がつかめないセット初期は、乾燥と送風から植物を守るために、水槽にフタをするとよい。

まめに足し水を

水を張ったレイアウトでは、陸上の植物の蒸散により、けっこうなスピードで水位が下がる。水が減ったままで放置すると、ヒーターやポンプを設置していれば空気中に露出して危険であるし、また水槽ガラス面などに水中の塩類が白くこびりついて、見た目にもよろしくない。まめに足し水をしよう。

時には整えて

もしゃもしゃのレイアウトも趣きがあってもよいものだが、あまり放置していると「単なる植物の植えられた箱」という印象にも。植物の旺盛な繁茂はそれだけで美的に優れることもあるが、ちょこちょこと手を入れられたレイアウトはやはりそれなりの美しさがある。時折、水草レイアウトのようにハサミを入れて、形を整えたり古い葉をカットしたりしよう。

時にはたっぷりと霧吹きを！

水中から飛び出した流木にコケ類を配すると、葉が焼けたりして、うまく育たないことがある。原因は色々考えられるが、流木に吸い上げられた水が、流木から蒸発したり、コケ類から蒸散する際、表面に水中の塩類が残り、それがコケ類にとって害となっていることも疑われる。これを防ぐためには定期的にレイアウトに霧吹きをたっぷりとして、表面の塩類を洗い流すのが有効だ。

フタはする？しない？

水中ポンプで水を回さない水槽や、ミスティングシステムで水を散布しない水槽では、水中の湿度が保たれづらく、レイアウトした植物が乾燥してしまいがちだ。そのような水槽では、フタをして水中の湿度を保つようにしよう。それだけで、水槽内の湿度が高くなり、植物の調子がグッと上がりやすい。

水やりの水にこだわるのもあり！

霧吹きやミストで植物に給水するレイアウトでは、その水にちょっとこだわるとよいこともある。それは、RO水を使うこと。RO水は専用の浄水器によって水中の不純物を取り除いた純水に近い水で、この水を使えばレイアウトに塩類が白く残ることも防げるし、噴霧器のノズルのつまりも予防できる。ただし、RO水を作る浄水器はなかなか高価だから、通販やアクアショップなどでボトル入りを買うのもよいだろう。

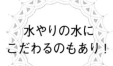

chapter 04

パルダリウム&アクアテラリウム 植物図鑑

パルダリウムやアクアテラリウムにおすすめの
植物を一挙掲載。
それぞれの特徴や育て方、楽しみ方をガイドする。
同時に取り入れたい動物たちも紹介する。

plants catalog

パルダリウム、アクアテラリウムで

使用しやすい植物とは

パルダリウムやアクアテラリウムといっても特別な植物ばかりを使用するわけではない。とはいえ、たくさん流通する園芸植物の中で向き不向きもあるから、そのあたりの解説を交えておすすめの植物を紹介しよう

写真・文／陶 武利（ピクタ）

トキワシノブ
Davallia mariesii / Humata tyermannii
細い切れ込みのある小さい葉は、どんなシーンにも合わせやすい。活着性のあるのも優れた点で、流木、岩や人工繊維などにも植えつけることが可能

タマシダ・'ダッフィー'
Nephrolepis cordifolia 'Duffii'
葉が細いので、他の植物のじゃまになりにくく、レイアウトしやすい植物。栄養状態が良いと大型化するが、葉刈りを行なうことで、サイズの維持は可能だ

ピレア・グラウカ
Pilea glauca
非常に小型で、ちょっとした狭いスペースでも植えることができる。多肉植物でありながら多湿に強いのも嬉しい。落ち着いた色合いが、わき役植物としてとても優れている

パルダ、アクアテラリウムに向いた植物

パルダリウムにはどんなタイプの植物を選べばいいのか？　水草に比べあまりにも種類の多い陸上植物の選択に悩んでいる方も多いと思います。選択の仕方によっては、バランスが崩れたり、すぐに枯れてしまったりと好ましくないケースも出てきます。選ぶ際の注意点やパルダリウムに向いた植物の特徴や仲間を紹介したいと思います。

アクアリウムの経験に学ぶ

アクアリウムのレイアウトには、花壇や庭を作るようなダッチ式や、ミニチュアの自然風景を再現するネイチャー系のものまで様々ありますが、最近は後者のレイアウトが主流を占めています。今回は後者のレイアウトを目指す前提で話を進めていきます。

ネイチャー系のレイアウトに使用する水草は、景色として見せることが重要なため、大きく目立つ葉を持つ水草よりも、細い葉を持つ水草や小型の水草から選ばれることが多いです。パルダリウムでも同様で、なるべく小型の植物から選ぶことが重要です。

フィットニア
Fittonia albivenis

葉色が豊富で、最近では葉の縁がギザギザ系の品種まで登場している。耐陰性が強く、暗い環境でもきれいな葉色を保ってくれる。ただし、低温に弱いので、15℃を切らないような管理が必要

ヒューケラ
Heuchera spp.

豊富な葉色と葉形で、アクセントに用いやすい植物。葉刈りを行なうことで、株のサイズを小型にキープでき、低温にも強いことから、活用の幅が今後ますます広がっていくだろう

フィカス・プミラ・'ミニマ'
Ficus pumila 'Minima'

プミラの矮性品種。耐陰性、耐寒性も強く、成長も速いことから、初心者におすすめ

ティランジア・キアネア
Tillandsia cyanea

花アナナスの名前でも昔から親しまれている。細葉で葉色が濃いため、レイアウトの奥（水槽後方）に植栽するには非常に使いやすい。葉を観賞するだけなら、暗い環境でも問題なく育ち、耐湿性も高い

クリプタンサス
Cryptanthus spp.

クリプタンサスの仲間は小型種が多く、葉色も豊富なことから、アクセントとして使用すると、とても華やかな演出ができる

ミューレンベッキア・コンプレクサ
Muehlenbeckia complexa

通称ワイヤープランツ。柔らかな印象で隙間を埋めてくれる名脇役。耐陰性は少し劣る。伸びすぎた場合は、遠慮なくトリミングをして草姿を維持しよう

多湿に耐える植物であること

パルダリウム内は、多湿になることが多いので、多湿を苦手とする植物は避けてください。かっこいいからという理由で、塊根系の植物を植えても、ある時突然ドロドロに溶けだしてしまうことがあります。多湿に弱いかどうかの判断ができない時は、根を見るとおおよそ検討がつきます。一部の例外もありますが、太い根を持つ植物は多湿に弱い傾向があります。

強い光を好まない日陰の植物

いくら人工照明をつけているからといって、日向向きの植物を室内で育てるのは無理があります。基本、日陰で育つ植物から選んだ方が、長く楽しむことができます。

耐暑性と耐寒性

冷暖房が常にできる環境であれば問題ないのですが、なかなかそんな環境を提供できる人は少ないと思います。植物によっては暑さが苦手だったり、低温にさらされると枯れてしまう植物もあります。提供できる環境が大丈夫かを考えて植物を導入しましょう。

コケモモイタビ
Ficus vaccinioides
元来つる植物だが、茎が太いために立たせて栽培することも可能。ミニチュアの樹木のように仕立てたり、茂みを作ったりと様々な表現を楽しむことができる

キューバ パールグラス
Hemianthus callitrichoides 'Cuba'
アクアリウムではよく知られた水草だが、水上葉は、パルダリウムにおいてもカーペット状に生育してくれるので、とても使いやすい。暗くても間延びせず、コケのように使うことができる

ガジュマル
Ficus microcarpa
とにかく丈夫で、どんな場所にも植栽可能。写真の個体のように、根上がり仕立てのものも入手できる。水辺に植えてマングローブ林の演出をしてみるのも面白い

ティランジア・イオナンタ
Tillandsia ionantha
エアープランツの仲間。多湿が好きで、乾燥にも耐え、低光量でも育つという３拍子揃った強健種。ワイヤーで固定して使用するとよい

サラセニア・プルプレア
Sarracenia purpurea
小型で存在感もあり、水辺の縁に植えるととても良い雰囲気を醸し出してくれる。食虫植物で、コバエなども時として食べてくれる

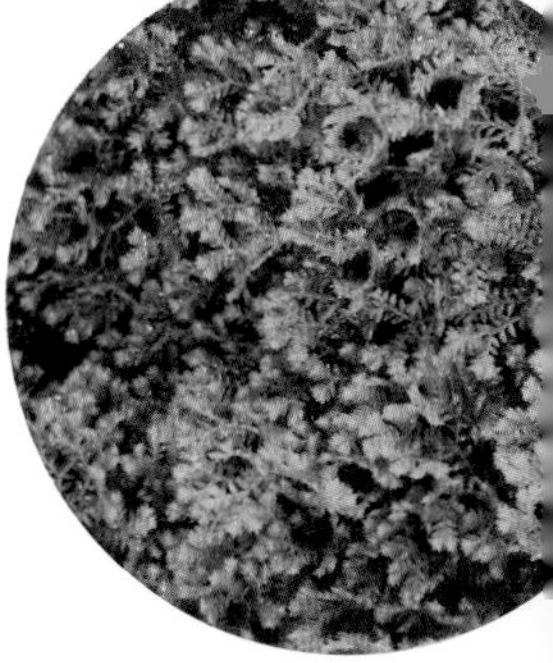

クッションモス
Sellaginera spp.
セラジ（ギ）ネラの仲間で、こんもりとした細かい葉を密につける。成長速度も遅いので、景観の維持も容易

つる植物（クライマー）の活用

通常のロゼット型植物だけでも風景を作ることは可能ですが、ちょっとした隙間を埋めたり、流木に這わしたりと、演出の幅を広げてくれる植物は重宝する存在です。便利なので、多用されることも多いですが、水槽の一番奥の面に大型の葉を持つクライマーを植えると、遠近感のバランスが崩れてしまうことがあります。クライマーを使う時は、特に葉のサイズに注意してください。

もっと活用したい エアープランツと食虫植物

ティランジア類にあてられたエアープランツという名前が誤解を招いているのか、多湿にすると枯れると思っている人が多いようです。もちろん種類にもよりますが、常湿の方が調子のよい種類も多数あります。中でも、イオナンタやストリクトタは超がつくほど丈夫で水が好きです。演出の幅も広がるので、ぜひ取り入れてほしいものです。

食虫植物も活用が広がってほしい仲間で、元々湿地に生える種が多く、パルダリウムやアクアテラリウムには大変向いています。中でも小型種は耐陰性が高いものが多くおすすめです。

interview

パルダ＆アクアテラの植物選び

日本のパルダリウム・アクアテラリウムは、まだスタートしたばかりと言ってよく、そこに使われる植物はある程度の基準が生まれつつあるが、試行錯誤の部分も大きい。そんな現状にあって、どのような植物を楽しんだらよいかというテーマでお話を聞いてみた

構成／編集部　撮影／石渡俊晴

日向 慧
aquarium shop earth
水草レイアウトだけではなく、パルダリウムやアクアテラリウムも愛好する。既存の種類だけではなく、積極的に新しい植物を取り入れるよう、アンテナを張っている。本稿ではお話の他おすすめ植物の選択を担当

日向さんが思い浮かべるパルダリウムの環境とは。

日向　パルダリウムにはたくさんの形態がありますが、通常であれば湿潤という条件がまずあるでしょう。乾燥したものは、ビバリウムやテラリウムと呼ばれるレイアウトの範疇かと思います。

ではその湿潤な環境に合った植物とは。

日向　シダ類は外せません。パルダリウムといえば手付かずの自然の再現というイメージがありますが、太古から存在するシダ植物は、そうしたイメージともどこか重なります。たしかに鬱蒼と茂るシダ類は恐竜の闊歩していた時代を想起させます。

日向　ほかにスパティフィラムやポトス、カラディウムなどのサトイモ類も育てやすくパルダリウムの定番です。普通種は園芸店に、珍種は植物に強い熱帯魚店でも見ることができます。マニアに人気のアグラオネマもこの仲間です。

イタビほかフィカス類もパルダリウムではよく見かけますね。

日向　この仲間ではプミラは這性で広い面積を覆うのに向いています。ベンジャミナやガジュマルなどの木本も水に強く、湿潤なパルダリウムで育てられます。

水草はどうでしょうか。水辺の植物の筆頭です。

日向　とくに培地入りのカップで販売されている水草は気中葉であるためパルダリウムの陸上部でも育てやすいです。もちろん乾燥には弱いのでケース内の湿度を保ったり、水がひたひたの位置に置くなどの工夫が必要です。変化を与えないことが大切なんですね。

日向　それは水草に限らず、すべての植物に共通します。徐々に環境に慣らしていくことを心がけてください。

たくさんの植物が対象になるパルダリウムですが、およそこんな種であれば大丈夫という基準はありますか。

日向　水や湿度を好むことは当然として、耐陰性があることも大切です。最近のアクアリウム用ライトは明るいものが多いですが、植物が成長することで陰になる部分が生まれます。特に水槽の下の方に植える植物はその点を考慮したほうがよいでしょう。

パルダリウムに向いた植物に共通する見た目があれば。

日向　一概にはいえませんが、クチクラの発達した厚く堅い葉を持つ植物は乾燥を好みますから、湿度の高いパルダリウムでは難しさがあるかもしれません。

大きさについてはいかがですか。

日向　案外、私はそこを気にしていないんです。二酸化炭素の量などで成長をコントロールしやすい水草と比べれば若干の難しさはありますが、陸上の植物も剪定などにより大きさをコントロールできます。どんな植物であれパルダリウムに適応させていくこと自体に面白さを感じますし、新たな植物を開拓することで、パルダリウムの幅がもっと広がっていくと思っています。

【日向さんおすすめの植物】

ダイオウウラボシ

オーストラリアンドワーフ
ヒドロコティレ

ピグミーマッシュルーム

ウォーターローン

コケモモイタビ

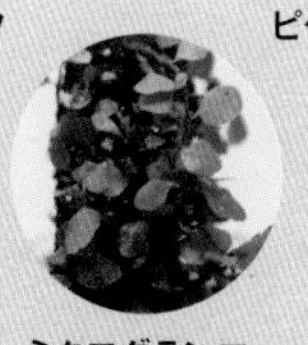
ミクログランマ・
ヘテロフィラ

ミクログランマ・
ヴァクシニフォリア

写真・文／富沢直人（岡山理科大学専門学校アクアリウム学科長）

日本産の

パルダリウム、アクアテラリウムで育てたい！

コケ植物

パルダリウムやアクアテラリウムにおいて、自然観あふれる情景を再現するのに最適なマテリアルであるコケの仲間たち。コケの仲間は日本にも数多くの種類が自生している。その生育環境は様々で、乾燥にも強く明るい環境を好むスナゴケやハイゴケ、ホソウリゴケ、湿度を好み林床などやや暗い場所を好むヒノキゴケ、コウヤノマンネングサ、オオカサゴケ、水が滴るような場所を好むホソバミズゼニゴケ、ホウオウゴケの仲間など、実に多岐にわたる。

その特徴をよく理解して、パルダリウムやアクアテラリウムという限定された空間に適した種類を選ぶことが美しい情景を創り上げるために重要となる。ここでは長年にわたって実際にパルダリウムに植栽した数多くのコケの中から、生育状況のよかったおすすめの種類を中心に紹介していこう。

ハイゴケ

Hypnum plumaeforme

日本での分布／北海道〜沖縄

都会ではあまり見かけないが、山間部ではポピュラーな種。道路わきなどで大きな群落を作る。乾燥に強く作庭や苔玉に使用されることも多いが、常に濡れている状態は禁物

ホソバオキナゴケ

Leucobryum neilgherrense

日本での分布／北海道〜九州、小笠原

山苔、マンジュウ苔の名前で販売されている最もポピュラーな種。盆栽や、作庭、苔玉など幅広い場所で栽培されている。乾燥、多湿に強いが常に濡れている環境は適していない

タマゴケ

Bartramia pomiformis

日本での分布／北海道〜九州

非常に繊細な容姿をした種で女性にも人気が高い。山間部の渓流や、谷沿いの斜面でこんもりとした明るい緑の群落を作る。多湿、乾燥にも強いが蒸れと湿り過ぎには要注意

ヒノキゴケ

Pyrrhobryum dozyanum

日本での分布／本州〜沖縄

細かな尻尾状に葉を繁らせる美しいコケで、渓流や清流沿いのやや平らになった林床でよく見られる。多湿に保ってやれば水槽内でも適応しやすく美しい姿を楽しませてくれる

シッポゴケ

Dicranum japonicum

日本での分布／北海道〜九州

ふさふさとした動物の尻尾を思わせる姿からこの名前が付けられている。パルダリウムに用いる際には、湿り気が多すぎない水槽の中間部〜上部に配置するとよい

コツボゴケ

Plagiomnium acutum

日本での分布／本州〜沖縄

沢沿いや湿った林道の上に明るい緑のカーペットを広げるように群生する。水槽内では水際の湿度の高い場所に配置すると美しい姿を楽しませてくれるが湿り過ぎは禁物

ホンシノブゴケ

Bryonoguchia molkenboeri

日本での分布／北海道〜九州

この仲間としてはこんもりとした立体感のある姿が特徴的で美しい種。多湿を好むが、湿り過ぎには要注意。栽培はやや難しいがぜひチャレンジしたい魅力的なコケ

トヤマシノブゴケ

Thuidium kanedae

日本での分布／北海道〜沖縄

美しく枝分かれした姿が人気のポピュラー種。乾燥多湿にも強くアクアテラリウムやパルダリウムにも最適の種。やや小型なヒメシノブゴケも知られているが、どちらも栽培は容易

ヒメシノブゴケ

Thuidium cymbifolium

日本での分布／本州〜沖縄

シノブゴケの中では小型種で、渓流沿いの岩の上や林床に大きな群落を作る。多湿にも強く、水が滴る様な場所でも育つため、パルダリウムやアクアテラリウムにも適している

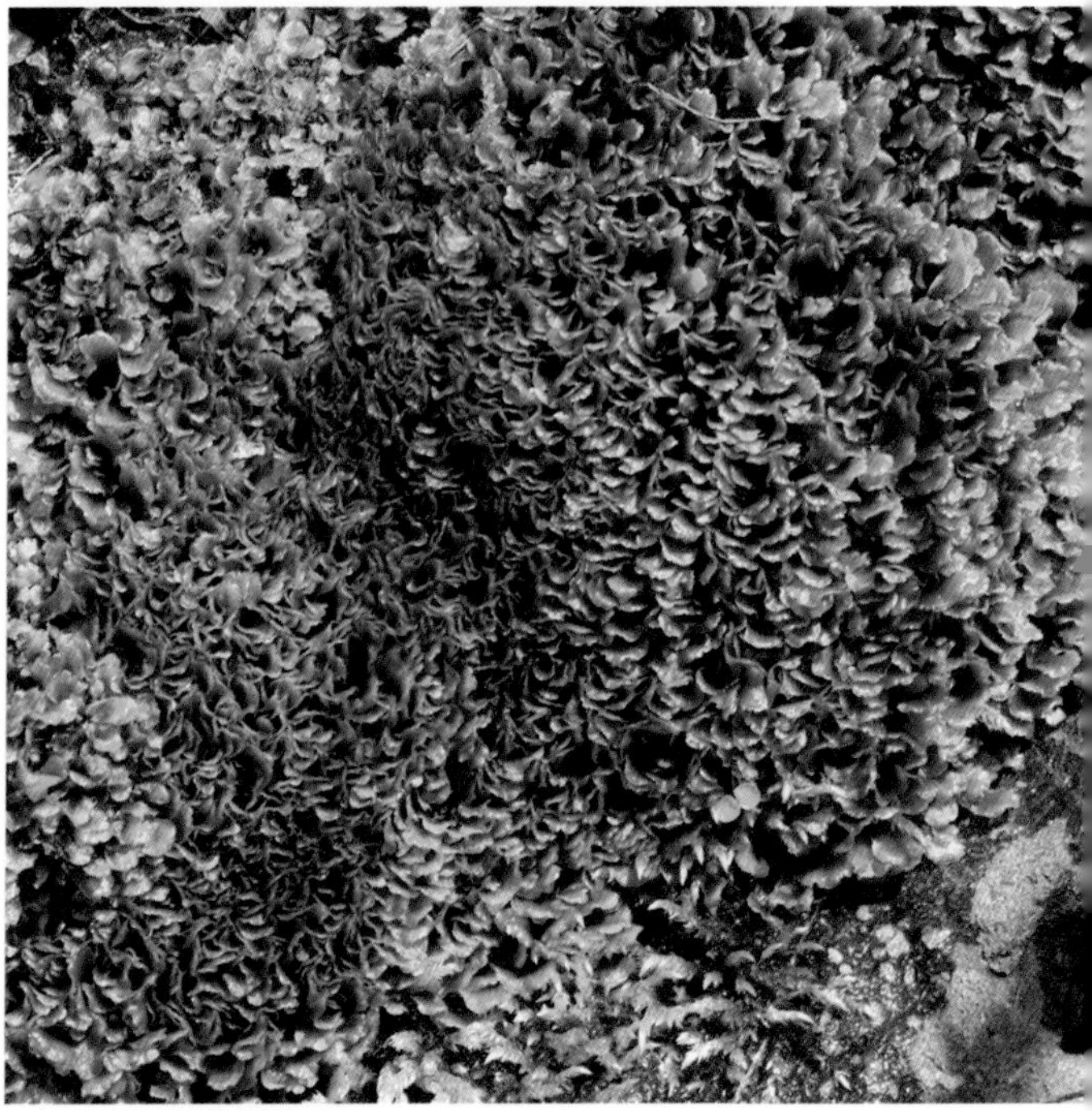

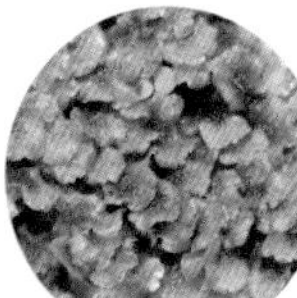

ホソバミズゼニゴケ

Pellia endiviaefolia

日本での分布／北海道〜沖縄

透明感のある深緑の薄い葉を重ねる種で、水がしたたるような濡れた場所を好む。水中育成も可能でアクアリウムショップで販売されていることもある。アクアテラリウム向きの種

ヤノネゴケ

Bryhnia novae-angliae

日本での分布／北海道～九州

明るい緑の細長い棒を連ねたような姿で繁茂する姿が特徴的な種。湿度を好むが乾燥にも強い。その姿からシダ状に葉を茂らせるコケと組み合わせるとよいアクセントになる

オオカサゴケ

Rhodobryum giganteum

日本での分布／北海道～九州

細い軸の先に傘状に葉を広げる美しい種。沢沿いや林縁の明るすぎない場所で見られる。単独で配置するよりも何本か寄せて植えた方が見栄えがする。湿り過ぎには注意

クジャクゴケ

Hypopterygium fauriei

日本での分布／北海道～九州

その名の通りクジャクが羽を広げた姿をイメージさせる美しい種。多湿な環境を好むが湿り過ぎや蒸れには弱い。入手はやや難しいが最近ではネット通販で見かけることも多い

コウヤノマンネングサ

Climacium japonicum

日本での分布／北海道～沖縄

細長い茎の先に葉を繁らせ、ヤシの木のような姿をした大型のコケで、ランナーを出して増える。渓流沿いの砂地や腐葉土の上で見られ、湿度を好むが用土の湿り過ぎは禁物

写真・文／富沢直人（岡山理科大学専門学校アクアリウム学科長）

Plants Catalog 02

パルダリウム、
アクアテラリウムで育てたい！

日本産の シダ植物

コケと並んでパルダリウムやアクアテラリウムで用いられることの多いシダの仲間。沢沿いや林床など湿り気のある日陰部分で多く見られるが、石垣や樹木に着生する種類は乾燥にも強い。

パルダリウムにシダを用いる際に注意しなければならない点は、環境が適しているかどうかも重要であるが、その大きさだ。入手時は小型であっても環境に馴染んでくると巨大化する種類も多く、レイアウトのバランスを崩したり、陰になった他の植物を枯らしてしまうなどの弊害が起こることも少なくない。

そのためシダの仲間を選ぶ際には、その種類が最大でどのくらいのサイズになるのかを調べて、最大サイズに成長したときをイメージしてレイアウトすることが必要だ。

ここでは小型水槽でも楽しめる成長しても小型な日本産シダの仲間を紹介しよう。

マメヅタ

Lemmaphyllum microphyllum

日本での分布／東北地方以南の本州から琉球列島

匍匐した茎の両サイドに緑の豆をつぶしたような葉を並べる小型種。渓流沿いの岩上や樹幹を覆うように大きな群落を作る。乾燥にも強く水槽のバックを覆うのに適している

カタヒバ

Selaginella involvens

日本での分布／本州の宮城県以南、四国、九州、南西諸島

連結した茎から一本ずつ葉を広げるセラギネラの仲間。乾燥にも強いが葉がまるまってしまうので、湿度の高い環境で栽培しよう。紫外線が強いと葉がオレンジ色に変わる

ウチワゴケ

Crepidomanes minutum

日本での分布／ほぼ全土に分布し、北海道、東北以南ではごく普通

その名の通り小さな団扇状の葉を連ね、渓流沿いの岩面などに大きな群落を作る小型種。シート状のものは、パルダリウムのバックや石上などに使用するのに適している

ハイホラゴケ

Vandenboschia kalamocarpa

日本での分布／本州〜沖縄

水の滴るようなえぐれた洞窟の入り口付近に群生する種で、常に湿っている環境を好み、水中育成も可能。乾燥には弱いため常にフタを閉めた多湿の環境での栽培に向いている

トウゲシバ

Huperzia serrate

日本での分布／北海道から琉球列島

まるで有茎水草を思わせるような独特の姿を持つ種。大きさや葉の幅の違いで3つの亜種に分けられているが同種とする説もある。栽培は難しくないが湿り過ぎは禁物

ノキシノブ

Lepisorus thunbergianus

日本での分布／北海道南部以南の日本全土

細長い葉を持つ小型の着生シダ。朝晩露が下りるような神社や公園の樹幹や石垣などで見られる。水槽内では流木や岩に着生させたりする他、用土に植えても栽培できる

クラマゴケ

Selaginella remotifolia

日本での分布／ほぼ全土、北海道や琉球では稀

林床や林道の脇を覆うように群落を作る匍匐性のセラギネラ。適した環境では緑の絨毯を敷き詰めるように繁茂する。増えすぎたときには間引きが必要

写真・文／富沢直人（岡山理科大学専門学校アクアリウム学科長）

Plants Catalog 03

日本産の 小型地生ラン

パルダリウム、アクアテラリウムで育てたい！

ベニシュスランやシュスラン、ミヤマウズラ、カゴメラン。これらの斑入り種は錦蘭とよばれ江戸時代から愛培されている。また日本だけでなく海外の愛好家からも高く評価される小型の地生ランで、葉姿だけでなくその花の美しさから斑入りでなくとも人気が高い。日本ではこの他にも小型の地生ランが数多く知られているが、特にグッディエラ属、マラクシス属の種は比較的暗い場所でも見られ、湿度が高く朝晩露が下りるような環境を好むため、パルダリウムやアクアテラリウムに向いている種類が多い。

ここでは入手、栽培も比較的容易で、見た目にも魅力的な種類を中心にピックアップしてみた。種類によっては常に湿っている環境を嫌う種や、水が滴るような場所でも平気で育つ種など様々だが、どの種も実際にパルダリウムで問題なく栽培できた種類ばかりなので、水槽のワンポイントとして栽培してみてはいかがだろう。

ベニシュスラン

Goodyera biflora

日本での分布／本州の関東以西から九州

草体の大きさからは想像できないような大きな花を咲かせる種で、古くから山野草として楽しまれている。多湿にも強く水槽に作った水際や滝の周辺に植えるのに適している

シュスラン

Goodyera velutina

日本での分布／本州中部以南

ビロード状の深い緑の葉に白いセンターラインが入る美しい種。比較的丈夫で水槽内では様々な場所で用いることができるが、根元が常に湿っている場所は避けた方がよい

ミヤマウズラ

Goodyera schlechtendaliana

日本での分布／北海道、本州、四国、九州、琉球諸島（奄美大島以北）

葉にウズラ模様が入るためこの名前が付けられているが無地のタイプもある。比較的乾燥した場所で見られ、水槽内では水槽の上部や水から離れた場所に配置するとよい

カゴメラン

Goodyera hachijoensis var. *matsumurana*

日本での分布／伊豆諸島、屋久島、沖縄、南西諸島

ハチジョウシュスランの亜種で、籠目のような模様が全体に入る美しい種。栽培はミヤマウズラほどではないが湿り過ぎは禁物で、水辺から離れた場所に配置するとよい

イリオモテヒメラン

Malaxis bancanoides

日本での分布／沖縄県、南西諸島

縦にしわの入る葉を重ねるマラクシスの仲間。基本的に明るい緑一色だが赤みのある茎を持つものもある。乾燥は嫌うが、常に湿っている状態も避けたほうがよい

ツリシュスラン

Goodyera pendula

日本での分布／北海道から九州

この仲間としては珍しく樹上や岩の上に着生する種。水槽内では流木や岩の上などに配すと味わいのある風景になる。湿りすぎていない場所ではコケの中に植えても問題ない

アケボノシュスラン

Goodyera foliosa var. *laevis*

日本での分布／北海道、本州、四国、九州、奄美大島

この仲間では最も多湿に強い種で、根元が常に水に浸かっている状態でも問題なく生育する。そのためベニシュスラン同様水辺や滝の脇に植えるのに適している

Plants Catalog 05

パルダリウム、アクアテラリウムで育てたい！

着生ラン

育成に土を使用しなくてもコケの上から絡ませたりして着生させることができる。花も楽しむことのできるグループだ。風通しを好むもの低温に強いものなど種によって特性が異なるため、それぞれに見合った環境に配してあげよう。

T.I
カトレア・コクシネア
Cattleya coccinea

T.I
ディネマ・ポリブルボン
Dinema polybulbon

ADA
マキシラリア・ソフロニティス
Maxillaria sophronitis

ADA
エピデンドラム・ポーパックス
Epidendrum porpax

Plants Catalog 06

パルダリウム、アクアテラリウムで育てたい！

ジュエルオーキッド

ビロード状の葉にキラキラと輝く模様を持つアジア産のラン。湿潤な環境を好むものの蒸れた環境は苦手。株の状態を見ながら最適な環境を見つけ出そう。

※掲載したうち、マコデス・ペトラは「特定国内希少野生動植物種」に指定されているため届出済みの業者のみ売買できる

N.H
ドッシニア・マルモラータ
Dossinia marmorata

N.H
クールハッセルティア・ジャワニカ
Kuhlhasseltia javanica

T.I
マコデス・ペトラ
Macodes petola

Plants Catalog 07

パルダリウム、アクアテラリウムで育てたい！

ベゴニア

園芸品種が多く知られるが、パルダリウム／アクアテラリウムの世界では主に葉を楽しむ原種系が人気。ピンクのスポットを持つもの、金属光沢を放つものなど表現は多彩だ。

T.I

ベゴニア・ネグロセンシス
Begonia negrosensis

T.I

ベゴニア・クロロスティクタ
Begonia chlorosticta

T.I

ベゴニア・アンフィオクサス
Begonia amphioxus

Plants Catalog 08

パルダリウム、アクアテラリウムで育てたい！

サトイモ科

カモフラ柄がかっこいいアグラオネマ、どこか上品な雰囲気のあるホマロメナなどを擁する。ポピュラーな園芸品種もあるが、産地名を冠するなどしたレア株はマニア垂涎といったところ。

T.I

アグラオネマ・ロツンダム・'タイガー'
Aglaonema rotundum

T.I

ホマロメナ sp. '鮫肌 C'
Homalomena sp.

T.I

ホマロメナ sp. 'マウントベサール タイプイエロー'
Homalomena sp.

アグラオネマ・ピクタム・'雷'
Aglaonema pictum

T.I

Plants Catalog 09

パルダリウム、アクアテラリウムで育てたい！

その他の植物

パルダリウムやアクアテラリウムの環境は様々だから、水槽に収まる植物のほとんどがその対象となるといっても過言ではない。アンテナを高く張って、オリジナリティあふれるレイアウトを作ってみよう。

T.I

ブレクナム・オブツサタム var. オブツサタム

Blechnum obtusatum var. *obtusatum*

通称オブオブ。太古の世界を彷彿とさせる。シダの仲間

T.I

セラギネラ・ウィルデノウィー

Selaginella willdenowii

光に当てると葉が青く光る。シダの仲間

T.I

フリーセア・ラシナエ

Vriesea racinae

くるりと沿った葉が特徴的。ブロメリアの仲間

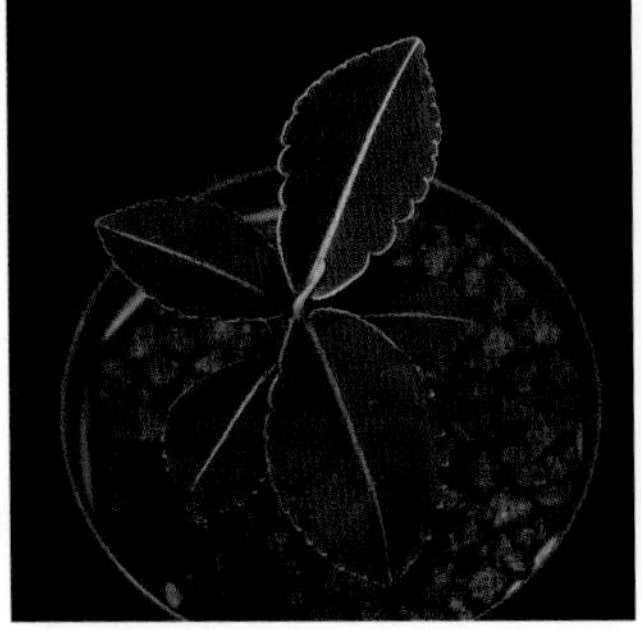

T.I

アルディシア sp. ‘スマトラ バラッド’

Ardisia sp.

しっとりとした質感とギザギザの葉が面白い。ヤブコウジの仲間

T.I

ペリオニア sp. ‘Binh Dinh’

Pellionia sp.

匍匐して育つ。壁面に這わせたり垂らしたりと応用が利く。イラクサ科

T.I

ラビシア sp. ‘リアウ スマトラ’

Labisia sp.

ビロード状の葉に白いラインが肋骨のように現れる。ヤブコウジの仲間

Plants Catalog 10

パルダリウム、アクアテラリウムで育てたい！

水草

多くの水草は水中だけではなく水上でも生活できるが、そのような水草であってもやはり他の植物と比べれば乾燥に弱く、陸上で使うのなら密閉度や湿度の高いパルダリウムでの使用がおすすめとなる。ここではパルダリウム／アクアテラリウムでよく見られる水草をいくつかのグループに分けて紹介する。

アヌビアス

アフリカ原産のサトイモの仲間。葉の色は濃く、葉には厚みがある。ものにくっついて成長する性質（活着）があるので、立体的なレイアウトにも向いている。小型種から大型種までバラエティ豊か。改良品種も多数。

アヌビアス・ナナ
Anubias barteri var. *nana*

T.I

アヌビアス・ナナ・‘ゴールデン’
Anubias barteri var. *nana* ‘Golden’

T.I

アヌビアス・グラキリス
Anubias gracilis

T.I

ブセファランドラ

この15年ほどで普及した東南アジア原産のサトイモの仲間。葉の色は濃く、葉には厚みがある。種類によっては葉にエアブラシで拭いたような模様が入る。これもアヌビアス同様に活着する。コンパクトな種が多い。

ブセファランドラ sp. ‘グリーンウェイビー’
Bucephalandra sp. ‘Green Wavy’

K.T

ブセファランドラ sp. ‘クダガン’
Bucephalandra sp. ‘Kedagang’

K.T

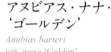

コケ(モス)類

水中で成長できるコケ類もアクアリウムでは数多く流通する。しかし、その全てが陸上で美しく展開するわけでもなく、現状ではピーコックモス、クリスマスモス、ウィローモス、南米ウィローモスあたりが使用される例が多い。活着するものが多いので、それらは角度のある陸上部のグランドカバーとしても使用しやすい。

※アクアリウムの世界では、「水槽に生えるイヤな藻類」もコケと呼ぶが、本書で特に断りがなくコケと記してある場合は「観賞・育成用の蘚苔類」を指す。

T.I

ピーコックモス

Taxiphyllum sp. 'Peacok Moss'

T.I

ウィローモス

Taxiphyllum barbieri

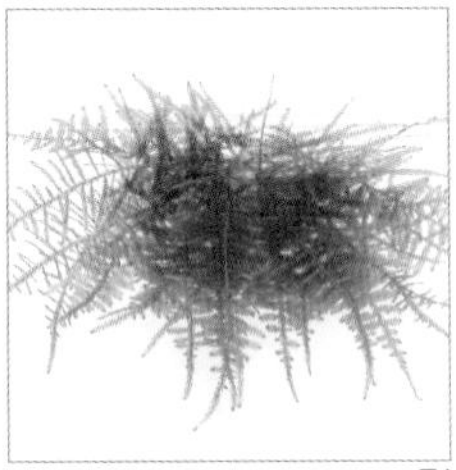

T.I

クリスマスモス

Vesicularia montagnei

T.I

南米ウィローモス

Vesicularia dubyana

シダ類

ミクロソルムやボルビティス、ジャワファンなどのシダ類も陸上部での育成が可能だ。これらは活着するので流木の先などにつけてもレイアウトに変化が生まれて面白い。

K.T

ジャワファン

Bolbitis heteroclita

K.T

ボルビティス・'ベビーリーフ“

Bolbitis heteroclita 'difformis'

T.I

ミクロソルム

Microsorum pteropus

T.I

ウォーターローン
Utricularia graminifolia

カーペットプランツ

緑の絨毯のように展開する水草たちをまとめて紹介する。適当な間隔をあけて植えれば、いずれ成長して緑の絨毯になるが、二酸化炭素を添加した水中と比べれば陸上での成長はゆるやかになる。

T.I

ヘアーグラス
Eleocharis acicularis

T.I

ニューラージ
パールグラス
Micranthemum tweediei

その他の水草

ドワーフマッシュルームやオーストラリアンドワーフヒドロコティレなど丸い葉をつける特徴的な草姿のチドメグサの仲間はレイアウトのアクセントに。ギザギザとした葉が特徴的なハイグロフィラ・ピンナティフィダは有茎草でありながら活着力が強くレイアウトの様々な場所で活用しやすい。

T.I

ハイグロフィラ・
ピンナティフィダ
（赤っぽい水草）
Hygrophila pinnatifida

T.I

オーストラリアン
ドワーフヒドロコティレ
Hydrocotyle tripartite

T.I

ドワーフマッシュルーム
Hydrocotyle verticillate

【column】ミスト式のすすめ

ここでは水草を紹介しているが、138ページでも解説したように、水中葉であっても水上葉であっても、多くの水草は乾燥に弱い。そのため、特に環境になれていないセット当初においては、湿度を保つためにラップなどで水槽にフタをする、いわゆる「ミスト式」での育成がおすすめだ。特にアクア用の水槽を使用する場合、付属するフタの隙間が大きく、湿度を保ちにくいこともある。時折、換気をして、成長が軌道に乗ったと思ったら、別のフタに変えるとよいだろう（いつまでもラップでは見栄えが悪いので）。

MPJ

ラップをして湿度を保っている

MPJ

こちらはバルサ材と厚手のビニルで簡易のフタを作ったもの

もう枯らさない！

タイプ別 コケの育成方法

写真・文／富沢直人（岡山理科大学専門学校アクアリウム学科長）

乾燥を好むタイプ

スナゴケやハマキゴケ、ギンゴケ、ホソウリゴケなど乾燥に強いタイプのコケは、都市部のアスファルトの隙間や、道路脇の砂が溜まった場所、公園の土の上、古いブロック塀などといった場所で最も身近に見られる。晴天時には葉を丸めて枯れたような姿で長期間にわたって乾燥に耐え、雨が降るとすぐに葉を広げ、美しい緑の姿に変身する。

このタイプのコケは風通しの良い乾燥した明るい場所に生育しているため、弱い照明や湿り気には弱く、常に湿っている状態だとカビが生え腐ってしまうことも多い。そのためパルダリウムやアクアテラリウムで用いられることは少なく、盆栽の根元を覆うのに使用したり、箱庭や庭園などオープンスペースで用いられることがほとんどだ。

もしパルダリウムで用いるならば、フタをせずに乾きやすい環境を作り、根元に水が溜まらないように水はけの良い用土や岩に着け、水槽の上部に配置するなどの工夫が必要である。ただし常に乾いた状態だと葉が縮れて鑑賞価値がなくなってしまうので、朝晩霧吹きで水を与え、昼間には完全に乾くように管理するとよいだろう。

他のタイプのコケと組み合わせる場合には、比較的乾燥に強いハイゴケやホソバオキナゴケ、アラハシラガゴケなどを選ぶとよいが、できればこのグループのコケを用いる場合には同グループの種類だけでレイアウトを構成すると、維持管理が容易である。

中間タイプ

タマゴケ、ヒノキゴケ、トヤマシノブゴケ、ホソバオキナゴケなど、パルダリウム、アクアテラリウムで多用される種を含めほとんどのコケがこのタイプに含まれる。

このグループの栽培にあたっては、湿度が高く、用土が湿りすぎない状態がベスト。数ヵ月以上良好な状態を保つためにはしっかりとこの点に留意したい。多くの人が勘違いしてしまい、コケの栽培がうまくいかないのは『高湿度を好むコケ』＝『湿った状態を好む』と思い込んでしまうこと。このグループのコケの場合、高湿度は好

乾燥を好むタイプ

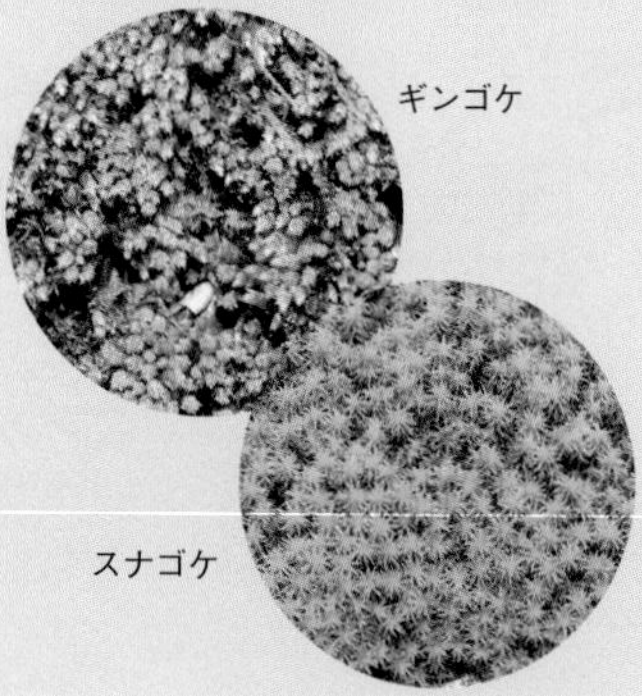

ギンゴケ

スナゴケ

他ハマキゴケ、ホソウリゴケ、ネジクチゴケ、エゾスナゴケなど

中間タイプ

カモジゴケ

ヒノキゴケ

他ハイゴケ、トヤマシノブゴケ、タマゴケ、オオカサゴケなど

湿り気を好むタイプ

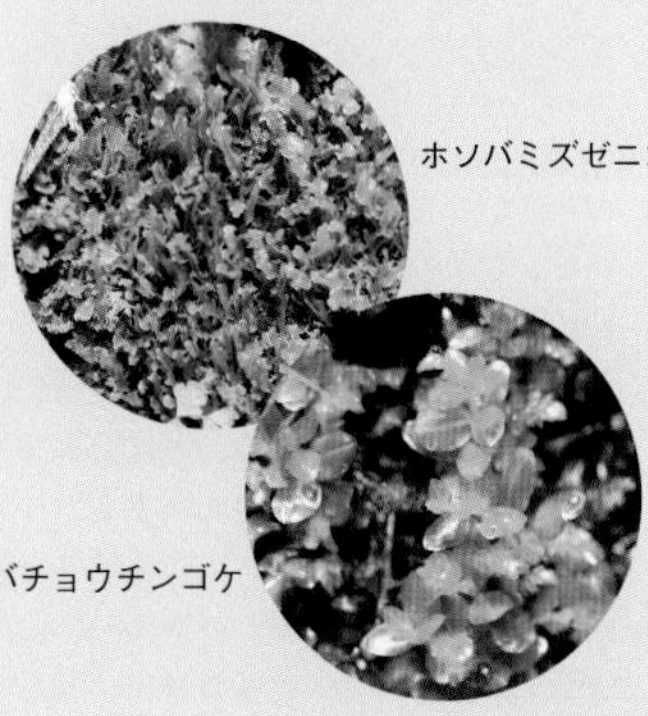

ホソバミズゼニゴケ

オオバチョウチンゴケ

他ナミガタスジゴケ、ホウオウゴケの仲間、ミズシダゴケ、カマサワゴケなど

コケはパルダリウムやアクアテラリウムにおいて、自然感を演出する素材として、また、それ自体の美しさから主役としても人気が高い。コケの種類は多く、好む環境も様々。美しく育てるためには最適な環境を用意する必要がある。ここでは代表的なコケの種類を栽培環境に応じて3つのグループに分け、それぞれの栽培方法やレイアウトに適した配置の仕方を紹介していこう

むものの、常に湿った状況は好ましくない。常に濡れている状態だと腐ったり、カビが生えて枯れてしまうことが多いのである。

このグループに一番適した環境は、朝晩が湿度80㌫以上、昼間でも70㌫程度。それでいて用土はわずかに湿った状態を保つこと。また、コケは何となく薄暗い場所に生えていると思われがちだが、実際には日陰であってもかなり明るい場所に生えている。照明的に言えば有茎水草を育てる程度の明るさが適している。方法としてはフタをしっかりと閉めて高湿度を保ち、通常の水やりは霧吹きをかける程度。ミスト装置を使う場合には用土が湿りすぎないように稼働時間を調節する。タイマーを使用する際にはできれば一週間毎日個別にコントロールできるものを使用して週に2〜3回は稼働しない日を設けてやるとよいだろう。

湿り気を好むタイプ

中間タイプのところで、多くのコケは常に用土が湿った状態は好ましくない。と書いたが、中には常に用土が水に濡れている状態を好む種類も知られている。

パルダリウム、アクアテラリウムでよく用いられる種類としては、オオバチョウチンゴケ、コツボゴケ、ヒメシノブゴケ、ヤノネゴケ、カマサワゴケ、ミズシダゴケ、ホウオウゴケの仲間など。また半分以上に水中に体を沈めて育成するミズゴケの仲間や、ホソバミズゼニゴケ、ナミガタスジゴケ、クロカワゴケ（ウィローモス）、ウキゴケ（リシア）など、水草のように完全な水中でも育成可能な種類もある。

このようなタイプのコケはアクアテラリウムの水際に配置するのに最適であるが、水が全く動かない場所だと腐るように枯れてしまうことが多い。枯れる原因としては十分に酸素を含んだ水ではないと、うまく生育ができないためだと考えられる。

水槽内の湿った場所にこのタイプのコケを配置する時には、このことを考慮して滝や緩やかな流れをつくり、その周辺など根元の水が常に入れ替わるような場所に植えたり、アクアテラリウム用に販売されているエアチューブを用いた分岐式の点滴装置で斜面や流木に水を滴らせて育成するのがポイント。この点に注意してやれば他のコケと比べて、アクアテラリウムなどの水辺を彩るアイテムとして最適である。

湿度、湿り気ともにベストな状態で良好な生育を見せるホソバオキナゴケ

フタをしていない水槽の上部で乾燥し過ぎで枯れてしまったホソバオキナゴケ

ミスト装置が近く、用土が湿り過ぎで枯れてしまったホソバオキナゴケ

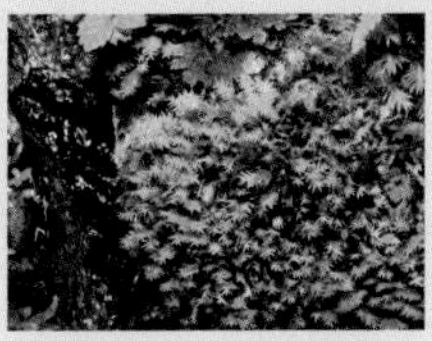
パルダリウムの滝の近くに配置した、湿り気を好むホウオウゴケの仲間

乾燥を好むスナゴケはオープンスペースで楽しむのに適している

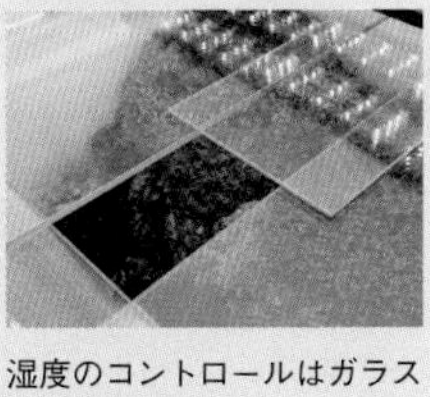
湿度のコントロールはガラス蓋の開放部分の広さで調節するとよい

一歩進んだインドアグリーンライフを！

パルダリウムで**花**を楽しむ

シダ植物やコケ植物を多用するパルダリウムはしっとりした趣があり良いものだが、加えて花を楽しむことができれば、心も晴れやかになるし、その変化に一層の愛着を覚えることだろう

写真・文／陶 武利（ピクタ）

季節ごとに花を楽しめる庭作りをしてみたい！ そんな夢を抱いたことのある方も多いのではないでしょうか？ スイセン、芍薬《しゃくやく》、桔梗《ききょう》などの草花。そして、ボタン、アジサイ、バラなどの花木。庭園には、草木の緑だけでなく、花を咲かせる植物の存在が欠かせないものです。パルダリウムも、庭園の室内版とも言えるものですから、草木の緑を愛でるだけでなく、花も楽しむことができれば、一層魅力的なものになると思います。

その条件は？

シダやコケ以外は、どんな植物でも子孫を残すためにいつかは花を咲かせます。しかし、花が地味でたまにしか咲かせないような植物では、花の観賞はあまり期待できません。

また、いくら花をよく着けるからといってサイズが大きいとパルダリウムで重要な景色感が飛んでしまいますし、1日程度で花が散れば見逃してしまうこともあるでしょう。小型で頻繁にきれいな花を咲かせ、花期もある程度長い……そんな植物が、パルダリウムで花を観賞するのに向いた種類になります。

室内で楽しめる草花

花をメインで楽しむ草花として有名な種類にイワタバコの仲間のセントポーリアがあります。アフリカに分布する数種の原種から改良されたもので、様々な品種が作られています。通常出回っている普通種と分類されるセントポーリアは、パルダリウムにおいては大き過ぎるため向きません。セミミニ、ミニ、マイクロなどの小型品種の中から選ぶと、パルダリウムでも十分楽しむことができます（写真1・2）。

他にも、同じイワタバコの仲間で、ブラジル原産のシンニンギアや葉も楽しめるエピスシア、種類を選べば、ベゴニアも使うことが可能です。

小型化させやすい人工繊維栽培

イワタバコの仲間はもちろん、ベゴニアも含めて、人工繊維での栽培は根域制限をかけやすいので、小型化させるには非常に向いています（写真1・3、1・4）。パルダリウムにも使いやすい人工繊維も市販されていますが、人工繊維を栽培に使用する際には一つ注意すべき点があります。それは、栄養分や老廃物等を電気的に繋ぎとめる力（緩衝能力）がほとんどない点です。そのため老廃物が根のそばから離れず根にダメージを与えやすいことや、カビなどが生えやすいことがあるので、定期的にきれいな水をかけて洗ってあげることが非常に大切です。自然の岩に生えている植物も同様ですが、

1-1：花を咲かせるパルダリウム向きの植物を寄せてみました。室内でお花畑を楽しむことも可能です

1-2：左が普通種のセントポーリア。右がマイクロミニのセントポーリア。ミニ系は原種のセントポーリアよりも小さく、テラリウム、パルダリウムにとても使いやすい

1-3：水作の「流木DECO」に活着させたセントポーリアとヒメイタビ

1-4：ピクタの「活着君」に活着させたセントポーリアとホウライシダ

自然界では雨が降るたびに、超軟水によって洗われているということを忘れてはいけません。

樹木も使える

庭ではよく利用される花木ですが、パルダリウムにも使用できる木があります。あまり知られていない植物ですが、ヒイラギトラノオというアセロラと同じ仲間に属する樹木があります。弊社でこの植物をLED照明のみで育てたところ、花に加え赤い実もつけてくれました。また、最近パルダリウムでよく用いられているハクチョウゲなども、花が咲くことがあるようです。

花の咲く植物は、まだまだ活用できそうな種類が眠っているかと思いますので、ぜひ読者の方も、先入観にとらわれず、様々な挑戦をしてほしいと思います。葉だけでなく花も楽しめるという点が加わることで、この趣味の幅がますます広がっていくと思います。

花を咲かせるパルダリウムに向いた植物

シンニンギア・ムスキコラ

イワタバコ科の超小型種。暗い多湿環境でも育ち、花つきにも優れる魅力的な種。模様のある美しい葉を地面と接するように広げるロゼットタイプです。塊茎があるので、葉が傷んでも再生力に優れています

セントポーリア・'タイニーブッパー'

現状出回っているセントポーリアの中で最小クラスの品種。紫色のかわいいベル型の花を着けます。極小スペースでも栽培でき、大変丈夫な品種のため、パルダリウム向きです

セントポーリア・'アマディトレイル'

小型品種には珍しい八重咲で、薄紫色のミニバラのような花を咲かせます。葉柄が短く、詰まった形に育つので、草姿だけでも観賞価値が高いでする優れた品種です

セントポーリア・'ピップスクイーク'

数ある小型品種の中でも、抜群に花着きが良い品種です。開花期間も長く、数ヵ月に渡って次々と花を咲かせます。草姿も小型で、パルダリウムを華やかにしてくれる優れた品種です

エピスシア

葉色が非常に豊富なことから、カラーリーフ的な位置づけのことが多いですが、実は花も頻繁に咲かせてくれます。この写真ではたまたま赤花のみですが、他にも白、黄色、ピンクなどがあります

スミレイワギリソウ

一見スミレに似ていますが、これもイワタバコの仲間です。この種の優れているのは耐寒性です。冬場保温のできないようなパルダリウムでも枯れることなく育つ強健種です

シンニンギア・プシラ

ムスキコラと似た種ですが、さらに小型です。小さい草体のわりに、たくさんの花を着けてくれます。花色は、白っぽい物から濃い紫まで幅があります。ムスキコラ同様塊茎を持っています

ベゴニア・バンケレクホベニ

ベゴニアの仲間は大きくなり過ぎるので、パルダリウムには使いにくいというのが定説ですが、これは貴重な超小型種。赤くて細い茎に緑の小葉が映え、黄色の花を次々と咲かせてくれます

ヒイラギトラノオ

アセロラと同じ仲間の樹木。新芽が出る度に、ピンクのフリルが着いた美しい花を次々と咲かせてくれます。多湿にも強く、人工照明にも適した姿をしています。受粉すれば、赤い実を楽しむことも可能です

アルソビア・ディアンティフロラ

別名レースフラワーバイン。細かい切れ込みのある美しい花を咲かせ、ランナーを伸ばしながら四方に広がっていきます。耐寒性も高く、8℃くらいまでなら耐えられます

デイノスティグマ・タミアナ

ベトナム原産のイワタバコ科の植物です。一見セントポーリアに似た葉を着けますが、長い花茎から大きな花を着けます。葉と花のサイズ感にギャップがある分、鳥や蝶が飛んでいるようなシーンを彷彿させます。

ウォータージャスミン

東南アジアでは、花も香りも楽しめる盆栽素材として定番種になっています。室内栽培のデータもたくさんあるので、パルダリウムでもうまくいけば良い香りの花を咲かせることができるかもしれません

熱帯植物育成Q&A

パルダリウムに導入する熱帯植物を育てるには、どんな器材が必要で、どのような点に注意したらよいのでしょうか？
Q&A 形式でお届けします

回答／陶 武利（ピクタ）

Q パルダリウムに向いた植物は？

A 日陰に生える植物か、強光を必要としない植物から選択するとよいでしょう

室内での栽培が前提となります。植物の原産地は寒い地域や乾燥地帯以外の植物であれば、たいてい育てられます。特に熱帯～亜熱帯にかけて分布している、いわゆる熱帯植物は、温度さえ保つことができれば年中成長します。いつでも生き生きした植物たちを眺められることは、この趣味の醍醐味です。

パルダリウムに向いていながら、あまり使われていない植物の一つに、エアプランツ（ティランジア）があります。その名前のためか、水を与え過ぎるとダメにしてしまう、と誤解している方が多いようです。もちろん、種類によっては水を多く必要としないものもありますが、市販されているエアプランツの多くは、水が大好きです。

中でも小型種のイオナンタ（**図1**）は特に丈夫なティランジアの一つです。腰水栽培にも適応して乾燥にも強く、耐陰性にも優れています。花が咲いても種がつかなければ、そのまま枯れずに子株を吹き、クランプ（複数の子株が集まっている状態）になってどんどん美しくなっていきます。バリエーションも豊富なことから、もっと活用してほしい植物です。エアプランツは、縛ったり固定したりするとよく育つようになります。直径1・5ミリのアルミ線で固定するのが便利です（**図2**）。

四季のある温帯の植物に関して、選択肢から外れている場合もありますが、例えば日本産のユキノシタ、セキショウ、シダ・コケ類などは、普通にパルダリウムで使用できます。筆者がびっくりしたのは、モミジが室内のテラリウムに植えられていたことです。話を聞くと、2年近く枯れずに成長し、時々トリミングしていたそうです（**図3**）。正直、日本産の落葉樹でも大丈夫というのは驚きでした。そう考えると、まだ試していないだけで、まだまだたくさんの種類が導入できる可能性を秘めています。先入観にとらわれず、入手が容易な日本の植物を積極的に使うと、面白いパルダリウムができることでしょう。市販の小品盆栽の活用も面白いと思います（どんな種でも大丈夫とは限りません）。

Q どのような容器で育成するとよい？

A 水槽やビバリウム用ケージなどが便利です

水槽は観賞にも適しており、水やりの際にも周りに水が飛び散りにくく、湿度の必要な植物であれば、フタをすることで高湿度に保てます。また、水場を作ることで、熱帯魚用

図1

ティランジア・イオナンタ

丈夫なティランジアの代表種。「イオナンタ」は紫という意味。紫色の花をつけることから、名付けられた

図2

アルミ線（径 1.5mm）

エアプランツのパルダリウムへの導入は、このようにアルミ線を用いるとよい

図3

テラリウムで育つモミジ（写真右）

のヒーターとサーモスタットが使えるので、寒い部屋でもミニ温室として機能します。空の水槽をお持ちの方は、ぜひパルダリウムとしてリユースしてみましょう。その他、作品集で利用されている正面が開くタイプのビバリウム用ケージや専用水槽（図4）、ガラスの器、生け花の水盤、プラケースなどもよいでしょう。

Q 育成に適した用土は？

A 分解の遅い有機物、もしくは人工着生素材を利用します

「育成に適した用土」と「長期間維持できる用土」は、相反する関係にあります。通常の鉢花は、早く大きくするために、毎年植え替えることを前提にした用土を使います。一般的には、赤玉土を6割、分解しやすい有機物（腐葉土やピートモス）を4割というパターンが多いです。この場合、有機物は土の中で適度に分解が進み、植物に必要な栄養分を供給します。さらに、分解の過程で「腐植」へと変化し、CEC（塩基置換度）を高め、肥料分をつなぎとめる力をアップさせ、植物にとって快適な環境を作っていきます。ただし、植え替えの時は、4割も入れた有機物は、その多くがすでに分解され、赤玉土ばかりになっていることが多いです。つまり、植物にとっては、分解が進む土はよいのですが、長期維持を前提に制作するパルダリウムでは目減りしたり（図5）、壁に貼る場合は、剥がれ落ちたりするおそれがあります。また、パルダリウム内で腐葉土やピートモスを使用すると、キノコバエ（図6）が発生することがあります。これらの有機物は植物の成長を良くする反面、このようなマイナス面も併せ持っています。パルダリウムでは、一般的な鉢花で使用されることの多い腐葉土やピートモスは避けた方が無難です。同じ有機物でも、分解の遅い樹皮などが入った用土（極床造形君など）であれば、衛生的で長期維持が可能です。また、虫の心配や分解による目減りの心配がないものとして、化学繊維でつくられたハイグロロンやテラテープ、活着君（図7）などの植栽布も大変使いやすいです。

　これら植栽布にはそれぞれ特性があり、導水性に優れているもの保水性に優れているもの、または両方の性質を備えているものなどありますが、基本的な機能としてシャワーパイプなどによる給水のみで（一部が水に接していれば）、広い範囲に水を行き渡らせることができます。そのことにより、メンテナンス性がよく、また設置も楽なので、とても使い勝手がよい素材です（図8）。腰水方式も可能ですが、水分蒸発による塩類集積が起きないよう、布には水のかけ流しを適宜行ないましょう。

図4

専用のシステム

パルダシステム60（DOOA）。換気やミスティングが自動で行なえる

図5

用土の目減り

ピートモスを主体にした用土で実験すると、1年ほどで分解が進んで目減りする。左側のガラス面にスペースが生じているのがわかる

図6

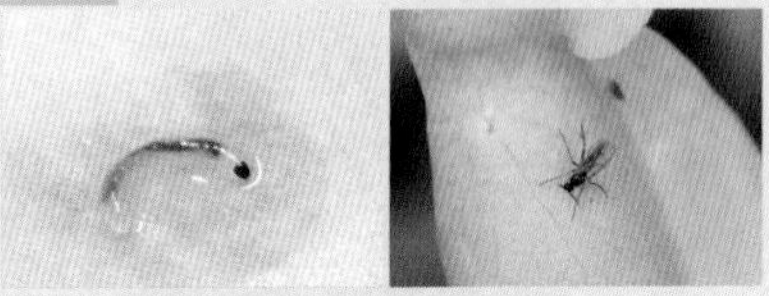

キノコバエの幼虫（左）と成体

腐葉土やピートモスを使うと、キノコバエの発生原因になることがある

図7

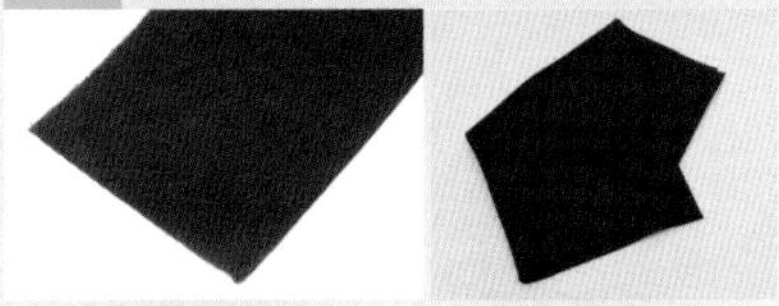

人工着生素材

活着君（左）とハイグロロン（右）いずれも導水性がよいため、給水用のチューブ配管が不要。人工素材なので、虫の発生や目減りの心配がない

図8

植栽布の使用例

活着君（左）とハイグロロン（右）。ともに加工が容易で容器の形や育成スタイルによって様々な植栽が楽しめる

Q 光の強さはどのくらい必要？

A 光はとても大事な要素で、つまずいている方が見受けられるので、詳しく解説します

特に、水草水槽の延長でパルダリウムの照明を考えると、失敗してしまうことが多いです。その一番多い失敗例は「光の当て過ぎ」です。水を張っていない**図9**をご覧ください。水槽に照明の明りが写っているのが確認できます。アクアリウムでは、通常水面で光が反射しており、全ての明りが水中に届いているわけではありません。では、どれくらい反射しているのでしょうか？ センサーの高さはそのまま、水をいっぱいに足した状態が**図10**です。数値を見ると、水を張ったことにより光が拡散され、およそ１／３もの光が反射していることがわかります。

このように、アクアリウムの照明は、水中に届く光を基準につくられているため、水を十分に張っていない状態では、光量が多く当たり過ぎてしまい、その結果、葉焼け（葉が黄緑色になる状態）を生じることがあります。

植物の種類にもよりますが、水上育成では３０００ルクスほどでも、キューバパールグラスやシダなどは葉焼けを起こす場合があります。この葉焼けを防ぐには、光を弱めるほか、光を拡散させることが重要です。特に、ＬＥＤ照明は指向性が高いため、拡散光になっていない場合が多いです。水中は空気中よりも光が拡散しやすいので、水草水槽では大きな問題になりません。以上の理由から、光の拡散はまだ蛍光灯が優れている点が多く、蛍光灯を使うパルダリウム愛好家もいます。

それでは、蛍光灯に戻ればいい？ そんなことはありません。照明器具を遠ざけて設置することで、光の拡散度は増し、光量は減っていきます。ケージと照明の間にある程度の距離をとればよいのです。ちょうど良い状態を知るには、pHや温度を計測するのと同様、照度（lx（ルクス））を測ることをおすすめします。光源から一番離れたところで１０００ルクスを目安にすると、多くの陰性植物は調子よく育ちます（**図11**）。

光源を離すことができない場合、減光・拡散するようなフィルターを間に挟む方法があります。また、パルダリウムでは、ケージサイズに対して弱い光量のアクアリウム用ＬＥＤを選択するのもよいでしょう。

ここで光の波長についても触れておきます。最近の研究結果から、植物の育成には、青・赤の波長だけではよくない、ということがわかってきました。実際、青・赤は葉緑体によく吸収される波長（理科の授業で学んだ方も多いと思います）です。一方、緑は吸収されにくいのですが「緑が不要か？」というと、そうではないようです。吸収されにくいからこそ、葉の奥まで浸透し、葉裏の海綿状組織で乱反射し、結果的に光合成量を増大させるそうです。もっと詳しく知りたい方は、寺島一郎東京大学教授の論文をご覧ください。

光の３原色は「青・赤・緑」で、合わせると「白」になります。つまり、あまり難しいことを考えず、「白

図 9

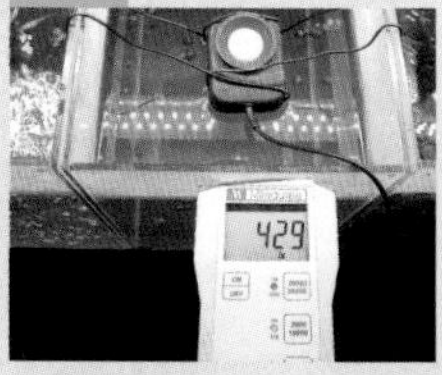

照明の実験 1 水を張っていない

4,290lx（ルクス／照度：照明によって照らされた面の明るさを数値化したもの）

図 10

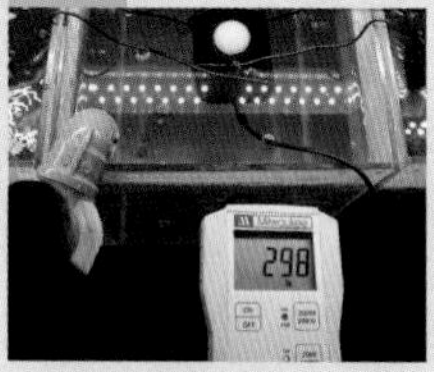

照明の実験 2 水をいっぱいに張った

4,290lx → 2,980lx に減少

図 11

照明の実験 3

パルダリウムで使用される多くの陰性植物は、照度 1,000lx ほどを目安にするとよい。下は筆者の温室で使用している人工照明（蛍光灯タイプの LED）。見栄えはよくないが、光の拡散性に優れ、葉焼けも防ぐ

図 12

水やり

蓄圧噴霧器（ガーデンスプレー）（上）と自動ミスティングシステム（下）

い明り」を基本にすれば、大きな問題はないということです。また、最近の白いLEDは、太陽光にかなり近く、演色性（Ra）が80（太陽の光を100とする）以上あるものが多く市販されています。標準的な蛍光灯が60～70くらいであることに比べると、LEDはかなり優れた波長分布を持っています。もちろん、植物によっては、特定の波長を強く与えた方がよく育つケースが見られます。しかし、パルダリウムに植栽される植物は多種多様です。自然の明りに近い波長を使用することが、様々な植物を育てる上でリスクが少ない方法といえます。そのような観点からも、照度と同様、演色性Raもわかりやすい指標になります。照射時間は、8～12時間を目安にするとよいでしょう。

Q 水やりの頻度と方法は？

A 蓄圧噴霧器や自動ミスティングシステムを利用します

水草水槽では、元々水中で植物を栽培しているので「水やり」という概念そのものがありませんでした。しかし、パルダリウムでは、適度な湿度を保つためにも、必ず「水やり」を考えなくてはいけません。手動の霧吹きもよいのですが、蓄圧噴霧器があればとても便利です。また、自動ミスティングシステムを組むことで、日々の水やりから解放されます（図12）。硬水の地域で使用する場合、ガラス面に炭酸カルシウムの結晶が付着して、見栄えが悪くなったり、ノズルが目詰まりしてしまったりすることがあります。その場合、RO水を利用すれば、カルシウムの付着は大幅に軽減されます。

Q 育成に適した温度と保湿方法は？

A 栽培する種類に応じて対応します

熱帯植物は、当然冬の保温を考える必要があります。おおよその目安として、冬場は15℃以上あれば問題ないでしょう。水槽では水場を作ってヒーターとサーモスタット（もしくはオートヒーター）を用いると水槽全体の保温になります。水場がない場合、シート状のヒーターを壁に添わせるのもよい方法です。しかし、可燃物に触れたり、ホコリなどが溜まらないよう、火気には十分注意してください。

植物の育成では、寒さより夏場の高温が問題となるケースがあります。高温に弱い植物は、ミスティングシステムを採用するだけで、気化熱によってケージ内の温度が下がり、効果的です。また、ファンで風を当てるのもよいのですが、強い風は植物の生育を阻害するおそれがあるので注意が必要です。

Q 育成に適した湿度とその維持方法は？

A 植物に応じて適切な湿度を見極めることが大切です

植物の種類によって異なります。フタを完全に閉めて通気を減らし、少し蒸れるくらいにした方がよく育つ植物もあれば、蒸らすとたんに調子を崩すものもあります。結露するくらいの環境で調子が上がる植物は、水やりの頻度を下げられるため、実は結構楽に栽培できます。使っている植物とその成長を見ながら、早めに適切な湿度を見極めましょう。

Q 栄養素は必要？

A あまり必要ありません

パルダリウムでは、「植物を大きく育てよう！」という考え方はあまり向きません。というのも、ここで用いられる植物の多くは、本来、樹木に着生していたり、岩に貼りついたりするなど、貧栄養下に適した状態で生育しています。そのため、栄養素の与え過ぎは、間延びするなど逆効果になるおそれがあります。また、無理なくゆっくり成長させた方が、草体が引き締まってかっこよく見えます。どうしても早く大きく成長させたい場合、栄養素（肥料）の添加が効果的です。その際、2000倍くらいの液肥を霧吹きなどで散布するくらいで十分です。有機質の肥料は、虫が湧くことがあるので、避けた方がよいでしょう。

Q 日々のメンテナンスは何をしたらよい？

A 変化を見逃さないようにしましょう

乾いた場所があれば、給水、スプレーを行ないます。成長した植物によって別の植物に光が行き届いていなければ、トリミングしたり、植栽場所を変えるなどして対応します。また、枯れた葉があれば取り除き、時折害虫が発生していないかチェックします。普段からよく観察し、変化を見逃さないことが大切です。

Q コケ（藻類）やラン藻が出たらどうする？

A 除去して用土や着生素材を洗浄します

水草水槽では嫌われ者のコケ（藻類）ですが、パルダリウムではよほど多湿にしていない限り、ガラス面にコケが出ることはありません。これは、パルダリウムが水草水槽よりもメンテナンスが楽である理由の一つです。一方、ラン藻が出る原因は、植物や培養土から出る老廃物などが溜まり、用土中に生息する善玉細菌類の活性が落ちた場合などです。対策は、手でラン藻を除去し、新しい水を散水後、十分に排水して培養土や植え込み材を洗浄するとよいでしょう。排水弁のないケージでは、定期的に水をたっぷり与えた後、強制的に排水することで対応します。

Q ダニやカイガラムシなどの害虫を見つけたら？

A 害虫を持ち込まないよう、導入時のチェックを念入りに行ないます

室内では外から侵入してくるリスクは非常に少ないので、導入時によく観察することが大切になります。ダニはとても種類が多く、植物の生育に影響しない種類もいますが、ハダニは時として、植物を枯らせることがあります（**図13**）。発生した場合、こまめに霧吹きで水をかけると、いなくなることが多いです。一方、カイガラムシはかなりしつこいので、手でとるしかありません。とにかく、持ち込まないことが重要です。

Q 植物の調子の上がらない（成長が遅い、弱々しく見える、クライマー系なのに這わないなど）場合、どうする？

A 環境をしっかり整えて待ちます

植物は、育成環境に合っていなかったり、植え替えや移動が多くなると、半休眠状態になることがよくあります。生きてはいるけれど、新芽を出さないような状態です。また、触りすぎが原因になることも多く、再び〝成長スイッチ〟をオンにするためには、とにかく「動かさない」ことが重要です。

そのため壁や着生素材に「しっかり固定する」ことも有効で、水やりの度に少しでも動く状態は好ましくありません。クライマー系の植物では、プラピンやアルミ線（針金）（**図14**）などを用いてしっかり固定してあげることが基本です。いったん休眠状態に入ると、2～3ヵ月新芽を出さない、ということも多々あります。筆者の知り合いの植木屋さんに聞いた話では、樹木を移植したときに、2年ほど芽を出さないこともよくあるそうです。育成環境を整えたら、後は再び芽が展開することを祈って、根気よく待ちましょう。

Q ショップで植物を選ぶ際のポイントは？

A 第一にサイズを考えます

自身の栽培環境にあったサイズの植物を選ぶことが大切です。植物は育ったときに、それぞれ本来のサイズがありますが、必ずしも元気に大きく育っているものがいいか？と

図 13

ハダニにやられた植物

図 14

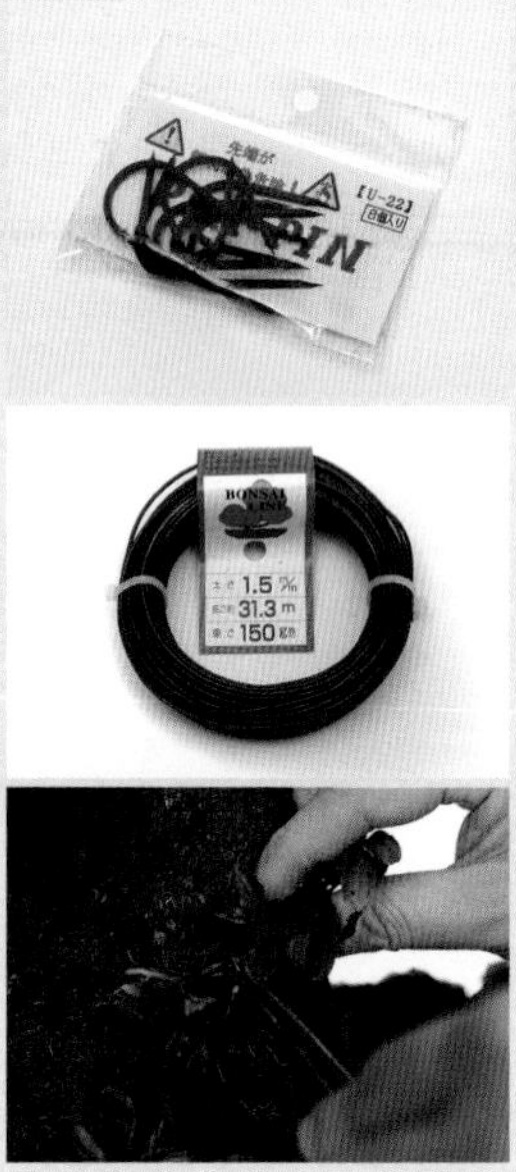

植物の固定

プラピン（上）と植物用アルミ線（写真中、径 1.5mm）を用いてしっかり固定する

いえば、そうとも限りません。実際、小さくて、少しいじけているような個体を導入した方がよいケースもあります。それを立て直したときにカッコよく小型化に成功し、ケージサイズに見合ったものに育つことも多々あります。様々な観点で選ぶとよいでしょう。

Q アクアリウムの水草も使える？

A 使いやすい水草を紹介します

下部に光が届きにくいため育成が難しい有茎種、大型化するエキノドルス、強い光が必要なグロッソスティグマなどを除けば、パルダリウムに導入できます。特に使いやすいのは、キューバパールグラス、クリプトコリネ、ブセファランドラ（**図15**）、アヌビアスの仲間です。水上葉で売られているものは、そのまま使用できますが、水中葉や半水中葉のものは、いきなり陸上栽培すると、ダメになってしまうケースもあります。特に入荷直後の株は、流通の関係から水上葉のものが多いので、あらかじめショップさんに入荷状況を聞いておき、水上葉で入荷するものがあれば、その状態で購入するとよいでしょう。

図15

アクアリウムの水草も使える。写真はブセファランドラ

Q 山で採集したコケやシダを導入してもよい？

A なるべく増殖された植物を使いましょう

筆者は、山取りの植物を珍重して楽しむことは、趣味としてあまり健全でないと考えています。もちろん、それらの行為を一切否定するものではありませんし、自然の採集がなければ、魅力的な植物も見られなくなるでしょう。

ご自身で採取する場合、法律を遵守すること、地主さんの許可をとることは大前提で、持ち帰る際は管理できる量に留めることが最低限のマナーです。

近年、良識あるプラントハンターによってもたらされた植物は、その貴重さが十分に理解され、多くのパルダリウム・植物愛好家を魅了していることも事実です。これらの増殖個体が流通することで、自然への影響が抑えられる流れであってほしいと思っています。

最近コケがブームで、日本産のコケなども、山取りのものを多く見かけます。採取場所によっては影響が少ないケースもあると思いますが、消費者はなるべく増殖されたものを購入するように心がけ、販売者は増殖されたものに付加価値をつけるなどの配慮が必要であると感じます。乱獲などによって自生地が失われ、採集・栽培禁止などの規制ができると、取り返しのつかないことになります。本来癒しをもたらす趣味であるはずが「自然の切り売り」の元に成り立つのであれば、それは真の癒しではないと考えます。

Q 見栄えよくレイアウトするコツは？

A 自然を真似することです

自然とはどういうものか？ を意識すると、植物の配置は自ずと決まってくることが多いものです。そのために意識してほしいことは、上から降り注ぐ光が、まんべんなく行き渡る状況になっているかどうか？ ということです。

例えば、葉が大きく広がる植物を植えると、下が影になるので、そのような植物は最初から下の方に植えます。どうしても上に植栽したい場合、その下には水場や流木・岩を組むなどして、植物以外のものをレイアウトするとよいでしょう。

また、直線的に植物を配置しないこともコツの一つです。ロゼット型の植物は、ジグザグになるように場所を決め、その間にクライマー系やコケなどをあしらうと自然な印象のレイアウトになります。さらに、植物で埋めすぎないことも大事で「間」も大事にしましょう。

この「間」の演出は、流木、石などを使うと自然な雰囲気が出ます。水草レイアウト同様、遠近法を加えれば、より奥行き感のある作品に仕上げられます。パルダリウムでは、使える植物種がアクアリウムに比べて圧倒的に多いので、工夫次第で様々に遊べます。ぜひ皆さんも1本パルダリウムをつくって楽しんでください。

一緒に育てたい！

パルダリウム＆アクアテラリウムで 飼ってみたい動物たち

多様な形態のあるパルダリウムやアクアテラリウムであるが、水槽内を陸地と水場に分ける場合には、それぞれの面積は小さくなる。そのため水陸両用の生物以外では、その大きさや数は制限されがちだ。その他、植物との相性なども考慮して、飼いやすい生物をピックアップした

写真・文／大美賀 隆　協力／さがみ水産、Heat Wave

グラスエンゼル

体は透明感が強く、骨までよく見える。純淡水性で飼いやすい。全長約 3.5cm

バンブルビーゴビー

全長 3 cm ほどの愛らしい小型のハゼ。新しめの水での飼育が適する

魚類

水を張ったアクアテラリウムでは、ケージのサイズに合わせて色々な魚の飼育が楽しめます。華やかな色彩の熱帯魚もいいものですが、動きの面白さや変わった姿にこだわって魚をセレクトするのもおすすめです。例えば、岩や流木の表面に着地しながら小気味よく泳ぎ回るバンブルビーゴビーなどのハゼの仲間は観賞が楽しい存在です。

また、透明感の強い体を持つグラスフィッシュの仲間は目立ち過ぎず、清涼感あふれるレイアウトを目指すならうってつけの存在でしょう。一見魚がいることに気付かない、というのも逆に楽しいかもしれません。

魚の飼育で注意したいのは、ジャンプによる事故。魚がケース外に跳び出したり、陸地で干上がってしまうこともあります。例えばハチェットフィッシュやワイルドベタの仲間など、跳躍力のある魚は要注意です。

貝類

アクアテラリウムを作りたいけど、魚や両生類の世話は大変かも、という人には貝がおすすめ。観賞よりもコケ取り役として利用されることが多い貝類ですが、カノコガイの仲間には模様が美しいものが多く、観賞に適しています。よく観察してみるとけっこう動き回って、実は楽しい水生生物です。

スーパーレッドチェリーシュリンプ

全身が深紅に染まるヌマエビの改良品種。
丈夫で飼いやすい。全長約2cm

シマカノコガイ

美しい縞模様を持つカノコガイの仲間。
コケ取りにも役立つ。殻径約2cm

ハーフオレンジバンパイアクラブ

タイ産のゲオセサルマの仲間。飼いやすくパルダリウムにおすすめ。甲幅約2cm

ベルベットブルーシュリンプ

ラピスラズリのような青さが魅力の
ヌマエビの改良品種。全長約2cm

ディープレッド バンパイアクラブ

インドネシア産のゲオセサルマ属のカニ。甲幅約2cmの小型種

甲殻類

パルダリウムやアクアテラリウムに適した甲殻類は、ヌマエビの仲間や小型のカニの仲間など。なかでも面白いのがバンパイアクラブの仲間です。色彩鮮やかな小型種が多く、植物や流木に登るなど、立体的な動きも楽しめます。カニは脱皮のために水場が必要になりますが、ハーフオレンジバンパイアクラブは、陸上で脱皮するという特異な生態を持っているため、特に水場を必要としないのもパルダリウム向きです。

バリアビリス・"サザン"

宝石のような美しさを誇るヤドクガエル。
本種は飼いやすい入門種的存在。体長約3cm

バンゾリニー

黄色いドットが個性的で、飼いやすいヤドクガエル。体長約3cm

アズレウス

昔からよく知られているヤドクガエル。
この仲間では体長5cmと大型

アホロートル（ウーパールーパー）

メキシコ産のサンショウウオの仲間。
成体は全長20cm超になる

両生類

多湿環境のパルダリウムと両生類は相性がよく、色々な種類の飼育が楽しめるでしょう。よく飼われているのは、アカハライモリやシリケンイモリなどの日本産イモリです。水陸両用で温度の管理もシビアではありませんが、ものの隙間に挟まったまま抜け出せずそのまま死んでしまうこともありますから、レイアウトの際には注意してください。

それ以外では、水場の大きいアクアテラリウムでアホロートル、水場の少ないパルダリウムではツノガエルやヤドクガエルなどのカエルの仲間も飼育可能です。ただしツノガエルは、底床を掘って潜るため、植物は着生種をメインにしたり、階段状に陸地を作って植物を植え込むなど、生態に合わせて一工夫しましょう。

ベルツノガエル
ツノガエルの代表種。
写真は幼体で玩具のような愛らしさ。
体長約 10cm

チャコガエル
比較的小型で飼いやすいツノガエルの仲間。
体長約 5cm

T.I

アカハライモリ
とてもポピュラーな両生類。イモリの仲間は脱走の名人なのでフタは隙間なく閉めて。全長約 10cm

爬虫類

パルダリウムに向く爬虫類の仲間はあまり多くはありませんが、紫外線照射の必要ないヤモリの仲間、なかでもホソユビヤモリやキョクトウトカゲモドキの仲間などは、環境が作りやすいかもしれません。熱帯〜亜熱帯地域の林床に生息するため多湿環境を好みますが、常にジメジメしているよりも適度に乾燥していて、時折ミストで湿度を上げるような環境作りが適しているといえます。底床の湿り具合や空中湿度は、種類によって調整しましょう。飼育時には隠れ家となるシェルターを入れるのも忘れずに。

T.I

オキナワシリケンイモリ
背部に金箔のような模様が入る個体もおり、とても美しい。アカハラより大きくなる。全長約 15cm

ペグーホソユビヤモリ
ミャンマー〜マレー半島北部に分布するホソユビヤモリの仲間。全長約 12cm

chapter 05

愛好家訪問
フィールド採集

パルダリウムやアクアテラリウムを実際に作って
管理している愛好家のお宅へ。
コケやシダの採集やレイアウトの参考になる
自然あふれるフィールドにも出かけよう。

Enthusiast visit
field collection

明るい室内に開放的なアクアテラリウム。
水場には金魚を泳がせている

01
愛好家訪問

家族目線で構築されたリビングの植物園

愛知県／室田大輝さん
撮影／石渡俊晴　文／編集部

お子さんの誕生がきっかけで

以前はコリドラスや海水魚、池で錦鯉など、バラエティに富んだアクアリウムを楽しまれていたが、その後に転機が訪れた。長男の瀬那《せな》君の誕生である。写真で紹介しているアクアテラリウムだが、取材の半年ほど前までは、クマノミやハナダイ、サンゴで彩られた海水魚水槽だったそうだ。だが、お子さんが生まれ、アクアリウムの規模を縮小せざるを得なくなった。とはいえ、20年来のアクアリストである室田さんにとって、水槽のない生活というのは考えられないものだった。そんな折、ショップで美しくレイアウトされたアクアテラリウムを見かけ、これなら水量も少ないし、手間もさほどかからないだろうと決心。海水魚から模様替えをすることとなったのだ。

レイアウトは完全自作！

この水槽の大きさは90×45×45センチ。元が海水魚用だったこともあり、キャビネット内にオーバーフローの過槽が組み込まれた本格的な構成だ。こうした器材はそのままに、自己流カスタムによって上手く改装されており、最初からアクアテラ専用として設計されたようなまとまりを見せている。

まず内部には、溶岩石を組み合わせて陸地を再現。需要の関係か、近ごろの溶岩石は赤みが強いものが多くなっているが、これでは内部で目立ちすぎるため、なるべく黒いものを探して使用している。水上には枝状の流木を配置し、ここにモンステラ数種やツルシダ、タマシダなどのシダ類、ウィローモス、自家採集のハイゴケなどを着生。照明は海水魚時代から使っている7ワットのLEDを

水上部にはお気に入りの植物をふんだんに。超音波ミスト発生器が幽玄な雰囲気をそえる

3灯セットしてあるが、基本的に夜間に観賞する際にしか点灯していない。光は日中に窓から入る間接光のみだが、陰生植物がメインのためか、問題なく成長しているようだ。水はオーバーフローろ過槽からポンプアップして各所から吐出させており、植物の育成と水辺の雰囲気作りに一役買っている。ただ、フローパイプを囲むように石を配置してしまったので、水位を調整しにくいのだけが心残りとか。

なぜ、アクアテラリウムに金魚?

このアクアテラリウムの主役は、丹頂と朱文金という2匹の金魚。アクアテラリウムには若干似つかわしくないが、これは瀬那君が、海水時代からきれいでよく泳ぐ魚が大のお気に入りだったことからのチョイスだ。加えて、水の蒸発が早まって管理に手間取るため、ヒーターを入れたくないというのも理由のひとつ。蒸発を抑えるためにフタを設置すれば、水槽から植物や枝がはみ出たオープンな雰囲気が損なわれてしまうからだ（ご本人としては、一番好きなコリドラスを泳がせたいとか）。だが案外、自然感たっぷりなアクアテラに、人が生み出した金魚という組み合わせは和の雰囲気もあって、よくマッチしているように感じられた。

「今は子供が小さいから、力を貯めている状態です。もう少しして落ちついたら、専用の水槽ルームも作る予定なんですよ」

と室田さん。ログハウス調の見栄え良いハウスをベースに考えているそうで、完成の暁にはまた見目麗しい水槽が出迎えてくれるだろう。

照明は海水魚用のLED（7W）を3灯。ランプのみ、白系のものに換えてある

当初、90cmアクアテラの背面にはコケを活着させていたが、繁茂しすぎたので、Epiweb（植物の着生素材）に交換。ほどよく色々な植物が茂るようになった

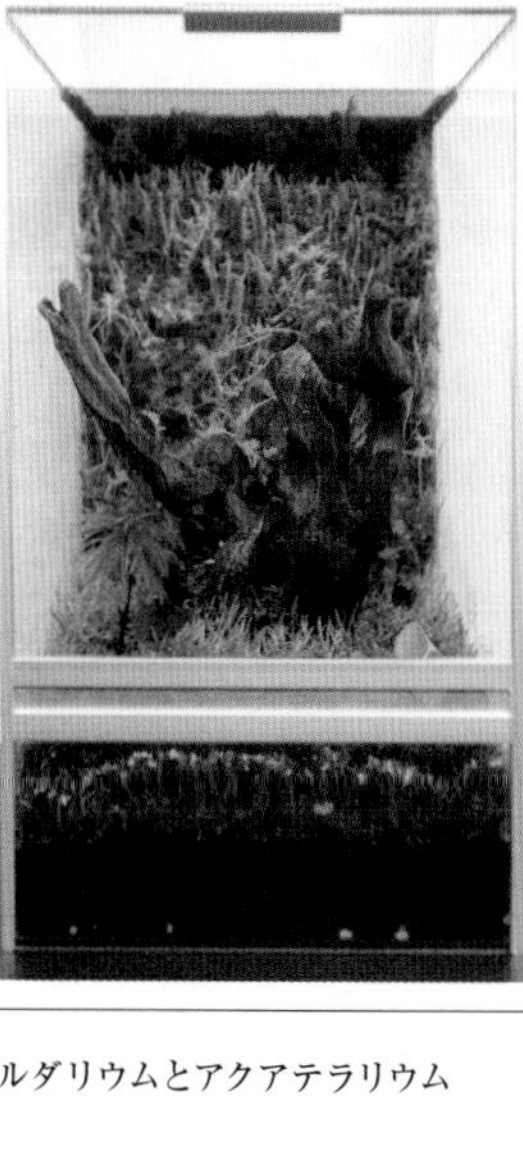

こちらは玄関に置かれたおもてなしパルダリウム。専用ケージに、ウィローモスを配してレイアウト。スラウェシ産の陸生カニがここの主

02
愛好家訪問

複数の小さな水槽を管理する大和田さん。いくつかの水槽では水草を水上で育成するアクアテラリウム仕立てとしており、どれもがセンスよくまとめられている。インスタグラムは mifusuyaqua で検索を

小さな水槽に世界を作る

茨城県／大和田靖文さん

協力／AQUARIUM SHOP Breath　撮影／石渡俊晴　文／編集部

こちらで最も大きな 30cm 幅の水槽は、侘び草と石とでレイアウト。CO2 も添加している

エンドラーズ。以前はベタを入れていたが、水量に比して大きかったためか、コケが発生したので、この魚を泳がせている

簡単にセットできるのがいい

リビングに水槽が8本。こう書くとマニアックなアクアリウムルームと思われるかもしれないが、各水槽はとても小さく、相対的に部屋はすっきりとして見える。小さな水槽を愛好するのは大和田さん。お父さんがアクアリストであったため、小さな頃から水槽が身近にあった。実家では、アロワナ、ディスカス、海水魚などを飼っていたそうである。

大和田さん自身もアクアリウムがある生活をエンジョイしてきたが、本腰を入れ始めたのは5～6年前。何気なくインスタグラムに水槽の写真をアップしたところ好意的なコメ

小さな器でコケリウム。ポンと観葉植物を置くのではなく、レイアウトされた器とするのはアクアリストならでは、か

小さな水槽はそれぞれの家具にバランスよく収まる。上段はニューラージパールグラスを水上栽培している水槽で、根が張ったら水を入れる予定

「今はこの水槽がよい状態です」という水草水槽（左）。厚く敷いた砂中ではバクテリアの活動を意識している。CO_2は添加していないものの多くの水草が成長しており、コケも生えないという

DATA

【水槽】15×15×25cm（ネオグラスエア）
【照明】LEDライト　8時間／日
【底床】PIXYSAND
【管理】週に一度1/2換水
【温度】25～26℃
【飼育種】エンドラーズライブベアラーズ(3)、ラムズホーン、ミナミヌマエビ
【植物】スクリューバリスネリア、ニューオランダプラント、アルテルナンテラ・レインキー、オーストラリアンドワーフヒドロコティレ、ニューラージパールグラス、スタウロギネ・レペンス、ジャイアントヘアーグラス（水上）、サウルルス（水上）

ントもついて、それがモチベーションに。以降もアップを続け、現在フォロワーは2万を超えている。

とはいえ、インスタという軸であれば大きな水槽でもよいはずだ。実際に、インスタを始めた当初は45センチ幅の大きめ（?）な水槽も管理していたが、お住まいの部屋の大きさに合わせて水槽を選ぶと必然的に小さな水槽となった。

さて、小さな水槽の魅力はとお聞きすれば、簡単にセット、リセットができる点を挙げられていた。たとえばソイルは3リットルもあれば十分というケースが多い。同じような意味で、簡単に増やせることも面白さだという。こんな水景を作りたい！ と思えば、低予算と短時間でそれを実現できる。

管理についても気になるところ。小さな水量なりの難しさはあると思うが、一度環境が安定すれば大きく崩れることはないという。ここらへんは大きな水槽と変わりがないそうだ。大和田さんはアクアリウムのベテランであるし、培ってきた経験が活かされているのだろう。

「一つ一つの水槽から得られる楽しさは大きな水槽と同じだと思います」という大和田さん。これからの夢は生まれたばかりのお子さんと一緒に小さな水槽作りを楽しむことと言われていた。

アジアンテイストのインテリアと、植物のグリーンの組み合わせが心地よい。植物は日当たりなどを考えて配置し、光量が足りない場合はライトを設置している

03

愛好家訪問

水槽のグリーンとインテリアがつくる優しい時間

静岡県／あかだまちゃん

協力／AQUA free　撮影／石渡俊晴　文／編集部

Instagram ID: nakayamachiyomi
YouTube: あかだまちゃんネル

植物やSNSでのコミュニケーションを日々楽しんでいる。ちなみに「あかだまちゃん」の名は、ビオトープや水槽で好んで使用している"赤玉土"が由来

はじまりはビオトープ

窓辺から差し込む陽光に包まれて、キラキラと輝く小さな「室内」ビオトープ。水草の水上葉が繊細な美しさを湛えている。ビオトープといえば屋外のもの、というイメージがあるが、この鉢は寒い季節も楽しめるよう、室内の窓辺で管理されている。

「ビオトープって、鉢から植物が飛び出していてかっこいいじゃないですか。ずっと気になっていたんですけど、ホームセンターに行ったらちょうど鉢が売っていて。そのとき、気になるならやっちゃいなよ！　と家族が背中を押してくれたんです」

笑顔ではつらつと語るのは、Instagram や YouTube で自身のビオトープや水草水槽のエピソードを発信しているあかだまちゃん（ハンドルネーム）。自宅リビングは着生ランからパルダリウム、水草水槽まで多様なグリーンにあふれている。観葉植物には以前から親しんでいたそうだが、アクアリウムやパルダリウムの世界に入るきっかけを与えてくれたのは、ビオトープだった。

実はその最初のビオトープは、旅行の都合で立ち上げの直後にしばら

窓のそばに置かれたビオトープ。ミリオフィラムの水上葉などが美しく茂っている

90cmのレイアウトは、1年前に初めて立ち上げた水草水槽。「初挑戦」は一生に一度しかない！　と考え、自分と同じ初心者への励ましになればと、制作過程の動画配信も始めた

球形のグラスアクアリウムは、カヤツリグサの仲間などを中心に大胆に配し、水上部分も楽しめる。内部では"ミクロラスボラ"・ハナビが遊び、幻想的な雰囲気

流木に着生したコケが味わい深い、30cmキューブのパルダリウム。ユキノシタやジュエルオーキッドの葉脈が美しい。照明は左上方の距離をとったところから当てている

く放置してしまったのだそう。

「旅先から帰ったら、水草がもっさもさになってて！　それに感動しちゃって（笑）」

Instagramは、ビオトープの旺盛な成長の記録を残すために始めたのだとか。その感動を原動力に、あかだまちゃんが次に挑戦したのは、水草水槽の立ち上げだった。

イメトレから長期維持まで！

水草の育成に興味を持ち、レイアウトの構想を練り始めたあかだまちゃん。アクアリストなら皆、新しい水槽に想像をめぐらす時間の楽しさをご存じだろうが、あかだまちゃんは半年かけて妄想（！）を膨らませたそうだ。

「インテリアに溶け込むような水槽にしたくて。部屋に置いたときのサイズ感と、長期維持を考えたら、90センチだったんです！」

水槽に関しては全くの初心者だったため、まずは水草専門店に相談。お店に通い、レイアウトの組み方や水草選び、器具の設置方法などをシミュレーションしたうえで、水槽一式を持ち帰った。

「流木や石といったレイアウトの骨組みは、お店でスタッフの方に一緒に組んでもらい、写真を撮っておいたものを、ここで再現しました。全く同じにはならなかったけれど、そういうところも含めて楽しかった！」

こうして立ち上げられた、陰生水草中心の90センチレイアウト。すでに1年が経過したが、コケが出ることもなく順調そうだ。

30センチキューブのパルダリウムも、1年以上にわたりていねいに維持している。室内の植物は、調子を見ては日当たりやエアコンの風向などを考慮しつつ配置を変えているとか。立ち上げ前の綿密なイメージトレーニングはもちろんのこと、もっと元気に育てたい！　というあかだまちゃんの思いが長期維持につながっているのだろう。

家で過ごす、植物とのひととき

水辺の植物を楽しむ生活を始めてから2年ほどが経ち、日々の生活に変化はあったのだろうか？

「休日は出かけるのが当たり前だったんですけど、お休みが2日あったら、1日は家にいて、水槽のメンテしたいな、とか、そのあとまったりコーヒーでも飲みたいな、って思うようになりましたね。家にいる時間を楽しめるようになりました。SNSを始めたことで、同じ趣味のベテランの方とコメントで繋がることができたのもよかったです。お話を聞くといつも新しい発見があって、すごく面白い！」

手をかけたお気に入りの植物たちと、インテリアに囲まれて過ごす時間は、充実したものに違いない。水換えの後、水槽自体が生き生きと見える瞬間が大好きだというあかだまちゃん。その言葉の端々からは、小さな変化も捉えて楽しむセンスが感じられた。

04

愛好家訪問

“水上葉”を使うパルダリウム愛好家

新設した90cm幅のパルダリウム。間近で見ると奥深いジャングルのような光景が、たまらなく好きなのだという（普段はフタを閉めて管理している）

パルダリウムが置かれたリビングにて愛犬のフジ太君と。この壁を一面グリーンにしたいという構想があるが、それにはご家族の理解が必要かも。右90cm幅、左60cm幅のパルダリウム

千葉県／熊本均史さん

協力／ロイヤルホームセンター千葉北店ワンズモール内ビオナ
撮影／石渡俊晴　文／編集部

昨今は、水槽に水を張らないパルダリウム流行りで、ショップのディスプレイでも見かける機会が増えた。ある程度の基準というか、こうすればパルダリウムらしいという共通の認識ができつつあるが、熊本さん宅のパルダリウムは異色だ。

見た目こそは普通なのだが、陸上の植物が水草メインなのだ。普通であれば観葉植物を置くようなところに、あえて水草の水上葉を用いているのである。そんな熊本さんの愛好家としての遍歴、現在管理するパルダリウムなどを紹介しよう。

アクアテラからパルダリウム

20年ほど前にアクアテラリウムをショップで見たのがこの趣味にのめり込むきっかけだったという熊本さん。滝が流れるダイナミックな景色を自宅の水槽で楽しんでいた。もともと植物に思い入れがある方ではなかったそうだが、雑誌に掲載された気泡をつけるリシアに魅了され、水草水槽一式を購入した。

リシアを育ててみたのはよいものの、そもそも浮き草であることを知らず、その維持の難しさに断念。そ

1. ポリゴヌム sp.‘ピンク’は佗び草で導入したもの　2. 下草も水草。キューバパールグラスやニューラージパールグラスが混栽している。60cm 幅のパルダリウムにて　3. ワイルドのアヌビアスは 90cm 幅のパルダリウムにて。濃い緑色は主役の風格　4. ブセファランドラの一種とコケ類が絶妙にマッチ！　5. オーストラリアンドワーフヒドロコティレ。丸い葉がよいアクセントに　6. アマミシリケンイモリは 60cm 幅のパルダリウムで飼育している。人懐っこいイモリだ

フィロデンドロン・オキシカルジウム・‘ブラジル’。これは水草ではないが、気に入って購入したもの

の後はアロワナやダトニオなどを飼育していたが、東日本大震災の影響などもあり、いったんはアクアリウム自体をやめてしまった。

しばらくしてアクアリウムを再開しようとショップに足を運んだところ、思わぬ出会いがあった。

「佗び草です。とてもきれいだし、こんなに便利なものがあるのか！と……」

いたく感動したという。佗び草は水草であるが、水上葉で売られている。沈めて水中葉にすることはできるが、熊本さんは当初水上専用と思い込んでいたらしい。また同じ時期、足を運んだ爬虫類イベントにて展示されていたカエルのパルダリウムにも感化され、水草の水上葉をメインにしたパルダリウムを始めることにした。それが2年半前くらいのことである。

トイレの周りも気になる！

当初は、雑誌（月刊アクアライフ）を読んだり、パルダリウムに強いショップで話を聞いたりして、少しずつその管理の感覚をつかんでいった。現在は底床にはアクアリウム用ソイル、背面には造形君を用土して使い、照明はLEDライトを日に8時間、朝晩2回の霧吹きで植物を育成している。

感動したという佗び草も水上に置いているが、これは2週間に1回ほどトリミングしている。株がひょろひょろと徒長しがちで悩んでいたところ、定期的にハサミを入れた方がよいとショップのスタッフに聞き実践しているそうだ。

休日にはお子さんの部活動の見学で各地の学校に訪れる熊本さんだが、そのとき葛藤があるのだという。

「屋外のトイレの周りにパルダリウムに使いたくなる、いいコケが生えているんですよ。でも、さすがにそんなところで採取したら変な人だと思われそうだし（笑）」

これに限らず、普段から植え込みなどでコケを見つけると、うずうずしてしまうという。我慢できずに採取をするときには愛犬のフジ太くんを連れて、犬の散歩を装うなどしているそうだ。色々とやかましくいわれる世の中であるから、それは賢明かもしれない。

取材の最後に次はどんなプランがありますか、とたずねたところ

「壁面緑化に憧れていて、あれこれ考えているのですが、水草を使えば霧吹きが必要だし、となると壁紙がカビるし……」

普通の観葉植物であれば水差しで管理できるが、水草にこだわるがゆえの問題も想定される。どこまでも水草ありきの熊本さんなのであった。

一番初めに作ったのがこちらのイモリウム。広い面積をホソバオキナゴケが覆い、ステンレスとの組み合わせがなんとも爽やか。中央の木はソフォラ

05

愛好家訪問

溢れるイモリ愛から生まれた工夫いっぱいのイモリウム

千葉県／するめ☆イモリ生活☆さん

撮影／石渡俊晴　文／編集部

ステンレスのプロ

するめさんのイモリウムを特徴付けている金属はステンレスだ。職業でステンレスの加工をしていることから半ば必然の選択であるが、そもそも素材としてのステンレスが好きなのだとか。そのステンレスをイモリのために加工してレイアウトの基礎とする。

こちらのイモリウムは清潔な環境を保つためメンテナンス性に重きを置かれたものとなっている。ケージに配された各種ステンレスパーツは取り外し可能となっており隅々まで掃除ができる。

また、各種ステンレスパーツは、そこで暮らすイモリの行動を想像し制作されている。たとえば陸場と水場をつなぐステップは、イモリの歩幅を考慮しつつ、ステップの隙間からイモリが滑落しないような間隔で設計されている。

設置したパーツでイモリが想像どおりの行動をとったときには「やった！」という喜びがあるという。反対にイモリにとってあまり快適では

ビチャビチャした環境を嫌うホソバオキナゴケのために考案した２階建のシステム。陸地面積も水量も大きく確保できるというメリットも

DATA

【水槽】60 × 45 × 45cm（グラステラリウム 6045）
【照明】LightUP 600、フラット LED600　ともに７～８時間／日
【ろ過】コーナーフィルター F1
【気温・水温】23℃
【管理】週に一度全量の水換え。その他、１日一度の霧吹きと掃除
【底床】津軽プレミアム
【主な餌】ひかりクレスト カーニバルを５日に一度　（一個体につき一粒）
【飼育種】アカハライモリ（5）
【植物】ホソバオキナゴケ、ソフォラ・リトルベイビー、コケモモイタビ、ヒメイタビ、ヌリトラノオ（シダ）

10畳ほどのスペースでイモリウムを楽しんでいる。気温は一年を通してエアコンで管理

中央に湧き水のあるイモリウム。こちらはコツボゴケが植生のメイン。基本的にするめさん宅のイモリウムは上に陸場、下に水場の2階建

「人には馴れると思いますよ」。小指を出すとコツンと鼻先を当ててくる。イモリ同士でも見られるこの行動は、イモリにとっての挨拶なのかもしれない

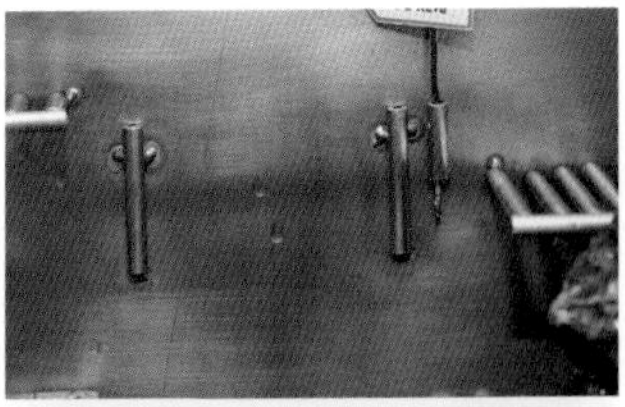

こちらのステンレスパーツはフックで取り外しができる。「私はステンレスで自作していますが、百円均一のアクリルケースなどを利用しても同様のシステムを作ることはできると思います」

コケほか植物を配するケースはすべて底面がパンチング加工されていて、水が貯まらないようになっている

ないと感じたら、次のパーツ制作にそれを活かし改良を加えていくそうだ。

イモリ第一主義

ステンレスパーツの他にも、イモリ愛に溢れるエピソードをいくつもお聞きした。

まずはメインとしているホソバオキナゴケ。するめさんが好きという理由の他に、イモリに似合うということと、そのクッション性を挙げられた。イモリが何かの拍子に高い位置から落ちたとき、ふわふわしたこのコケがケガを防いでくれるはず、というのである。

レイアウトに使われている植物についても同様だ。ソフォラという小さな植物はイモリがよじ登っても適度にしなり、落下の際のショックが小さいとのこと。

イモリの餌としてワラジムシ（ホソワラジ）を培養しているが、元親は安全と思われるものを通販で購入した。近所でも採ることはできるが、農薬などの影響を無視できなかったそうだ。

たくさんのピンセットをお持ちだが、それぞれの用途は異なるという。たとえば植物を植えるのと抜くのでは別々のピンセットを使っているのだが、イモリの餌やり専門もある。その特徴を聞けば「イモリがくわえてもケガをしないように、先端に滑り止め（ギザギザ）がついていないピンセットを用意した」とおっしゃる。

現在21匹のイモリを飼育しているが、それぞれの顔は「ぜんぜん違う」というするめさん。当たり前のようにイモリを第一に考えつつも、それを心から楽しんでいることが、その話し振りから伝わってくる。大げさではなく生物飼育という趣味の原点を見た気がしたお宅取材であった。

身近な場所でコケやシダを見つけて育ててみよう！

自然での採集とトリートメント

身近な自然のなかにもパルダリウムやアクアテラリウムに使える自生している。
日本産の植物を採集するときの注意点やその後の処理などについてお伝えしよう

写真・文／富沢直人（岡山理科大学専門学校アクアリウム学科長）

滝や渓谷は最も多くのコケやシダが見られる場所。特に景勝地は多くの人がコケを含めた景観を楽しむ場所なので採集はせずに観察だけにとどめよう

コケやシダ、地生ランの入手法

パルダリウムやアクアテラリウムで用いるコケやシダは、ショップや通販で入手するのが一般的。しかし、実際に自生している状態を観察することは、レイアウトや栽培する上で大きなヒントを与えてくれる。その際にコケやシダを採集するのも楽しいものだ。

ただし、どこでも採集できるというわけではなく、場所によっては採集が禁止されていたり、採集すると法律で罰せられることも。

そこでここでは絶対に採集してはいけない場所、採集しても問題のない場所について触れていこう。ちなみに地生ランについては自生数が激減しているため、園芸業者が増殖したものを購入するようにしよう。

採集してはいけない場所

国立公園、国定公園および都道府県立自然公園は自然公園法によりそこに分布している動植物が保護されているため採集は禁止されている。それ以外の場所で、私有地の場合

林道の道の上に生えるコツボゴケ

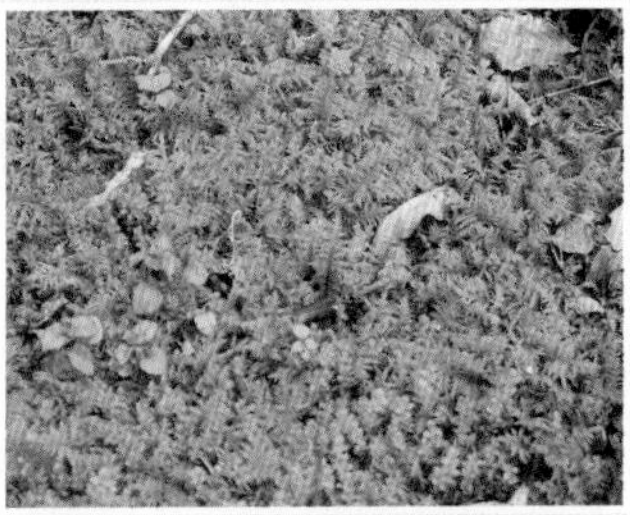

林道脇に広がるシノブゴケの仲間

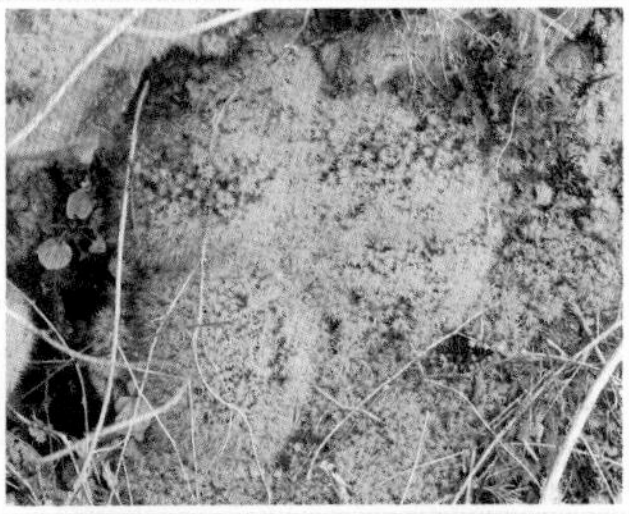

林道脇の岩面に生えるタマゴケ

渓流沿いの林道脇で見られるヒノキゴケ

林道脇の沢沿いなど湿った場所に多いクモノスゴケ

林道脇の斜面でハイゴケと混生することの多いオオシッポゴケ

水の滴る場所や水たまりなどで見られるホソバミズゼニゴケ

渓流沿いの杉林を走る林道や県道は採集に適している

は地権者の許可をもらえば基本的に採集可能。ただ親戚や知り合いなどがいる場合を除き、いきなりフィールドに出かけて地権者を探すのは難しい。

　また景勝地など多くの人が訪れる滝や渓谷なども基本的に採集が禁止されている。

採集に適した場所

　国有林や県有林などを走る林道や県道、国道沿い。特に沢沿いの杉林を走る林道や県道沿いはコケの種類も多く採集に適している。厳密に言えば許可を得る必要があるが、趣味レベルで使用する量であれば特に許可なく採集できる。

　これはレイアウトに用いる石などでも同様で、基本的に川原での石の採取には県の土木事務所に許可を得て、量に応じた料金を払って採取しなければならないが、多くの県では趣味に用いる目的で、手で持てるサイズの石であれば採取してもかまわないとされている。ただ筆者も全ての県で確認したわけではないので不安であれば県の土木事務所で確認するといいだろう。

　車で出かける時には他の車の邪魔にならない場所に車を停め、通行する車に気をつけて採集しよう。

採集したコケやシダのクリーニングとトリートメント

現場での処理

❶ 採集したコケはタッパーやチャック付きのポリ袋に詰める

❷ タッパーやポリ袋を保冷バッグに入れ持ち帰る

自宅でのトリートメント

❶ コケをカゴに広げゴミや目に付く生物を取り除く

❷ 流水で泥や土を洗い流す

❸ カゴごと水に沈め30分放置する

❹ フタ付きコンテナボックスに湿らせた用土を敷く

❺ その上に再度洗ったコケを並べる

❻ フタをして直射日光のあたらない明るい場所で2週間管理

害虫の駆除

採集したコケやシダには昆虫や多足類、ナメクジや小さなカタツムリ、カビなどが付着していることも。そのまま水槽に入れると他の植物が食害されたり、カビが広がったりなど様々なトラブルを招きやすい。そのため持ち帰ったらすぐにクリーニングやトリートメントを行なう必要がある。

コケやシダを採集したらタッパーケースやチャック付きのポリ袋に入れ、それを保冷バッグやクーラーボックスに入れて持ち帰る。暑い季節には保冷剤などを入れて温度が上がらないように。

家に着いたらコケやシダを容器から出し、カゴに並べ、枯れ葉などのゴミや目に付く生物をピンセットなどで取り除く。次に流水で土や泥をきれいに洗う。完全に土を取り除くとバラバラになりやすいホウオウゴケなどはそうならない程度に土を残すようにしよう。

洗い終えたらカゴごと水に沈め、水道水に30分程度浸けておく。このときキッチンハイターを水1リットルに対して1cc程度（塩素濃度として0・005％）入れると殺菌効果が高くなる。この場合、浸けておく時間は10分程度にする。試験結果ではこの10倍の濃度でのコケの塩素に対する耐性を確認しているが、全てのコケで試したわけではないので、不安な時は少量のコケでテストしてから実施した方がいいだろう。

向き不向きの見極め

あとは再度よく水洗いして、湿らせた用土（赤玉土やそれに日向軽石をミックスしたもの）を敷いたフタ付きのコンテナボックスにコケを並べ、しっかりとフタをして直射日光があたらない明るい場所で2週間ほど管理する。このあいだ時々フタを開けて中を確認し、乾燥しないように霧吹きなどで水やりをしよう。

こうすることで湿潤なパルダリウムやアクアテラリウムに近い環境が作られるため、育成環境がわからないコケを採集した時に、使用できるかどうかも判別できる。判断基準は2週間経っても採集した時のような緑色を保っているかどうか。色を保っているようであれば使える可能性が高いし、逆に色が褪せる、褐色に変わってしまうなど、明らかに弱っている場合には環境に適していない可能性が高いので使用は避けるようにした方がよい。

採集しないフィールド行

景色をハントして水槽に！

早坂氏とその教え子さんたちが、とある渓流へ“景色を狩り”に足を運んだ。
帰ったらレイアウトの制作だ

本文 / 早坂 誠 (SENSUOUS)　レイアウト撮影 / 石渡俊晴　その他の撮影 / 編集部

当日訪れた川は巨大な岩、険しい岩があちらこちらに。自然と足の運びもゆっくりと、時間をかけて景色を堪能していく

左から早坂さん、藤村さん、田中さん。2人は早坂さんが講師を務める東京コミュニケーションアート専門学校でアクアリウムや生物について学ぶ学生だ

フィールド当日は午後から雨との情報で幾分雲の多い空模様ではあるが、晴れには晴れの、雨には雨のよさがある。特に雨が滴る森林は霧がかる景色もあいまって、神秘的な雰囲気を作り出してくれる。

集合は渋谷にある筆者の店に朝の8時。今回、参加してくれた学生は男女一名ずつ。同行する筆者と編集者はその親御さん世代。途中、運転する編集者が道を間違えたこともあり到着はやや遅くなったが、目的地までの1時間半は他愛のない話や、知られざるアクア業界話（？）で盛り上がった。

目的の川に着いたあと入渓のポイントを探す。さほど人が手を加えていない川はいつ訪れても楽しい。魚の影が見え隠れする透明な水の流れ、胴長からでも水温を感じ取れ、シダや蘚苔類も多い。至る所に自分のお気に入りのポイント、景色のヒントが点在しているため、歩く速度もかなり緩やかだ。

フィールドでぶつけられた学生の質問には全力で答えていった。2人の真剣な目線の先には石、倒木、水、植物がある。このような空間で景色の吸収を行なうことは、3コマ分くらいの授業に匹敵してもおかしくない。フィールドで作られた空気感が、そう確信させる。

即興の野外授業。体験を通じて得た知識はのちの糧となるはず

熱心にスケッチする田中さん。写真より時間をかけたスケッチを優先していた

台風の影響か倒木も多い。自然の摂理を肌で感じる

苔むした枯れ木。その気になって目をこらせば絵になる景色が 1m 刻みで現れる

苔むした杉を見上げ微動だにしない藤村さん。
どうやらこの景色をレイアウトに落とし込むと決めたようだ

青々しいシノブゴケの仲間の群生

水が染み出す岩肌にはホウオウゴケの仲間がびっしりと

そのまま持ち帰りたくなる自然の美

フィールドの数日後。早坂さんのお店に集まってレイアウト制作。
コケの同定なども交えた、楽しくもアカデミックな時間となった

田中 歩さん

この作品は木の根と根が作る空間を再現しました。森では色々な場所に空間があり、石が入り込んでいたり、細い枝がたくさんあったりと同じ空間がありませんでした。その空間に惹かれレイアウトを決めました。

自然の中ではコケの生え方に着目しました。石の上についていることがかなり多いことや水の流れているところにはコケがつきにくいことなどを学ぶことができました。

作品を作るにあたっては木を選び貼り付ける作業が難しかったです。木の根を再現する時に枝の使い方が何通りもあって迷いました。完成に近づくにつれて自分の世界観が出てきてとても楽しかったです。

今回はレイアウト、自然について考えることができ、学ぶことが多い体験になりました。

空間に着目！

【水槽】 直径（最大部）12 ×高さ 15cm
【植物】 コツボゴケ、シノブゴケ、ハイゴケ、ミクロソルム・ディベルシフォリウム、ダバリア・フィジーエンシス、ブレクナム・スピカント、フィットニア・'ジェイド'、フィットニア・'ピンク'

早坂先生のコメント

手前から奥へと石を積み上げることで石畳のような演出効果となった。その奥に見える「木の根元」に入り込むような空間は、見る者がそれぞれの想像力でストーリーを構築することができる。水槽の背面にある小枝を積み上げた景観も違和感なく、作者の「きれいな作品を創りたい」想いが伝わる。木の根元にある色彩豊かなフィットニアもアクセントとなって、暗い印象になりがちの景観に明るさをプラスした。底床の凹凸や流木に付着する接着剤跡など修正すべき箇所はあるが、作品に対しての想い入れを感じられる。

【水槽】12cm キューブ
【植物】コツボゴケ、シノブゴケ、ハイゴケ、ミクロソルム・ディベルシフォリウム、ダバリア・フィジーエンシス、ブレクナム・スピカント、フィットニア・'ジェイド'、フィットニア・'ピンク'

大きな木の根元

藤村啓史さん

土砂によって崩れ、木全体が倒れかかっている様子を再現したいと思いました。フィールド調査では木の根元部分が前にのめり出し、根元下部のくぼみに苔むした石があり、木と石の間に空間ができていました。その空間を再現した上で奥行き感も出したかったので、ソイルで傾斜をつけることで使える空間を広くし、できるだけ枝にふくらみのある流木を選びました。ラフ（スケッチ）案通りだと水槽上部の流木が枝分かれしていなかったので少し物足りないと感じ、複数の流木をつなぎ合わせ、アクアテラリウムの特徴を最大限に活かせるようにしました。

実際にあった景観をレイアウト水槽に移す経験は初めてであったので困難に感じるところもありましたが、その手順と考え方を学ぶことができました。

早坂先生のコメント

ケト土を底床素材に使用して傾斜をつけ、奥行き感を演出。後方から迫り出した流木を基本としてレイアウトを広げていった作品。同種の石をひな壇状に並べることで、白い化粧砂と両端のケト土との仕切りが明確になり、制作作業を容易に進めることができた。正面より幾分下から水槽を眺めると、迫り出した流木や化粧砂がつくる道の方向の美しさが強調され、それが意図的ではないにしろ良い演出となっている。ただし、フィットニアを流木に接着、シダをケト土に差し込む植栽方法は逆にした方がよいと感じる。初めての制作に努力を感じさせる作品となった。

大きな万天石（ADA）を中心にしたレイアウト。石の上には活着君（ピクタ）を置いてその上にコケやシダを配している

景観から生きる制作術

レイアウト制作・本文／早坂 誠（SENSUOUS）

レイアウトのための記録写真はデジタルになってから飛躍的な枚数となった。その分、大して想い入れのない場所まで撮る悪影響もあるようだ。一説によると、写真で残した景色と記憶でのみ残した景色の再現性は後者に分があるという。つまり、脳が「写真に残した事実」を優先し、その景観を引き出すときは写真を見ればよいと判断する理屈のようだ。

すべてにこれが当てはまることはないだろうが、このデジタル時代においては「この景観のどこがよいのか？」と自問しながらシャッターを切る、それを強く意識することも必要ではないだろうか。

今回、最も気に入ったアングルからのレイアウト制作である。

迫り出した石の寄り写真を撮っている学生の姿が「よい‼」と思った瞬間で、本人の表情と石との距離感をレイアウトに落とし込みたいと思ったカットである。

川中央まで迫り出す石を主石として、その派生となる石を配置していくが、コケの広がる美しさを表現する意図で底面空間を多くとりたい。そのため主石から添え石をわずかな面で接着した。写真からの構図をデフォルメしたレイアウトであり「不安定な美しさ」を表現した作品とした。日々、忙しい時間を過ごしていると、今回のような企画は気分のリセットを行なう上で何よりの報酬かもしれない。

【水槽】30 × 30 × 20cm
【照明】LED ライト　10 時間／日
【温度】25℃　【管理】1 日 2 回霧吹き
【底床】下から、軽石、ケト土、赤玉土、手前の化粧砂はラプラタサンド（ADA）
【植物】①コツボゴケ　②ハイゴケ　③シノブゴケ　④ミクロソルム・ディベルシフォリウム　⑤シダ（不明種）　⑥フィットニア・'ジェイド' その他、フィットニア・'ピンク'

早坂さんが「よい！」と思った瞬間

考えながらシャッターを切った

GOODS

パルダリウムやアクアテラリウムで使いやすい**グッズカタログ**

水槽
ケース

アクアリウム用品を流用することも多かったこの分野にも専用の商品が続々と登場している。お気に入りを見つけよう！

※表記のサイズは幅×奥行×高 ㎝

システムパルダ 60

システムパルダ

DOOA

湿度を調整するミストフローやサーキュレーションファン 40、侘び草マットなどがセットになったパルダリウム専用システム。ミストやファンはパワーコード S-70（ADA）につなげることで、分単位での稼働が設定できるため、細かい湿度調整をしやすい。ジャングルプランツなどを植栽した侘び草マットを背面にあるグリッドに固定できる

・システムパルダ 30（30 × 30 × 45cm）
　62,000 円 + 税
・システムパルダ 60（60 × 30 × 45cm）
　79,000 円 + 税

ネオグラスパルダ

DOOA

熱帯雨林の植物を簡易的に育成するパルダリウム水槽。上面手前のガラスはスライド式、前面のガラスは 30 では左片開き、60 では両開きとなっており、手を入れやすく作業性に優れている。また、サーキュレーションファン 40（別売）を設置すれば水槽内の空気の循環、入れ替えを自在に行なえる

・ネオグラスパルダ 30　¥25,300+ 税
・ネオグラスパルダ 60　¥35,000+ 税

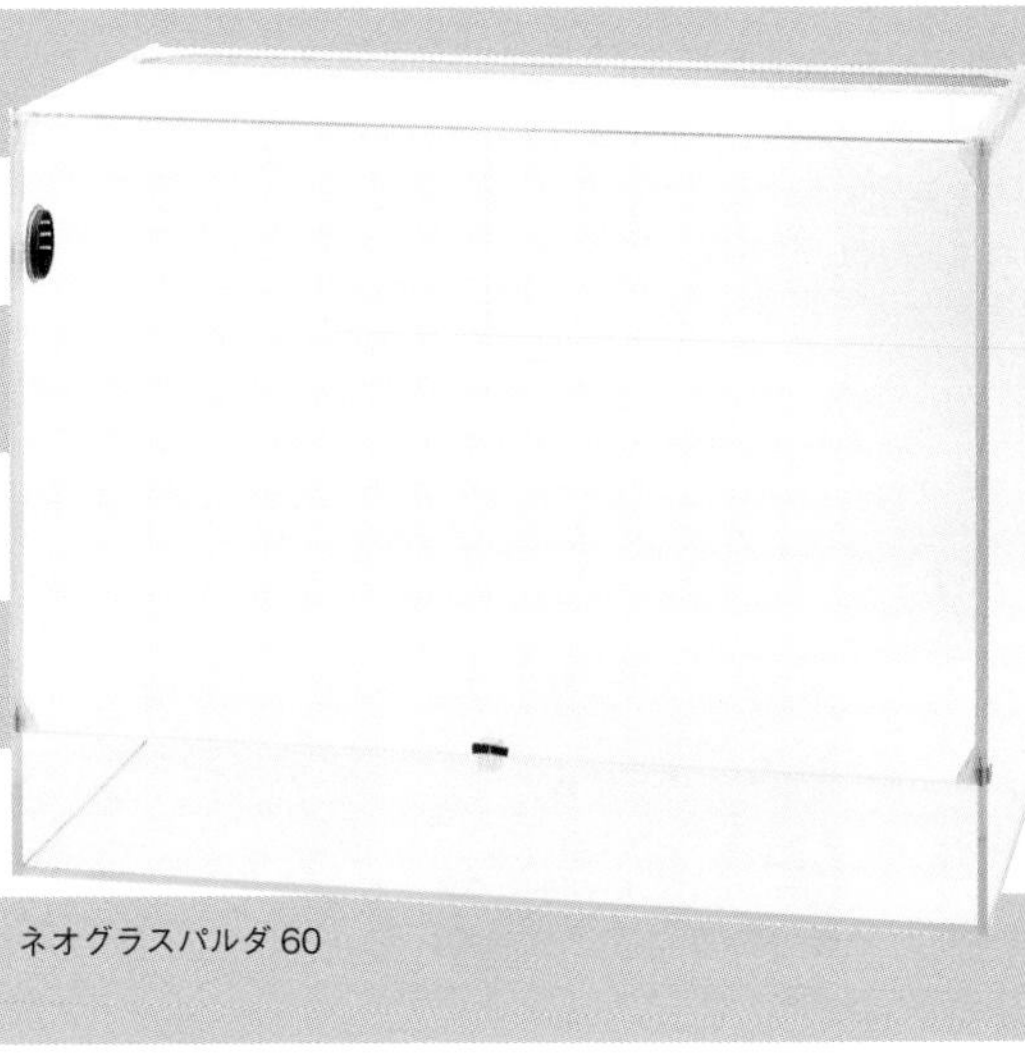

ネオグラスパルダ 60

ガラスケース & カバーセット 400 High/Low

GEX

楽しみが広がるハイタイプとコンパクトなロータイプの２種類。キズがつきにくいガラス製。カバー（フタ）は隙間がなく、しっかりロックする前面カバー付き。また一部開閉ができ、エアチューブを通す穴もあり、爬虫類用ヒーター（EXO-TERRA ／ヒーティングトップ S）を設置することもできるため、いろいろな生物の飼育に向いている

・オープン価格

ガラスケース & カバーセット 400High
（39.8 × 25.4 × 28.2cm）

ガラスケース & カバーセット 400 Low
（39.8 × 25.4 × 19.5cm）

グラステラリウム

GEX

前面扉でメンテナンスがしやすい。トップカバーがメッシュになっており通気性が高く、前面扉はロックができるため生体の逃げ出し防止にもなる。イモリやカエルなど動物を主体としたレイアウトに用いやすいつくりだ。写真のナノキューブ、3045のほか幅約 20 ～ 90cm まで多数のサイズがラインナップ

グラステラリウム 3045
（31.5 × 31.5 × 48cm）　13,900 円 + 税
（写真はセット例）

グラステラリウム ナノキューブ
（21.5 × 21.5 × 22.7cm）
7,200 円 + 税

パルダリウムケージプロ

アクア・テイラーズ

通気性、排水の効率や利便性などにこだわって作られたパルダリウムの専用ケージ。上部にはミスティングシステムを取り付けられる穴も設けられている

・30 × 30 × 45cm　25,830 円（税込）

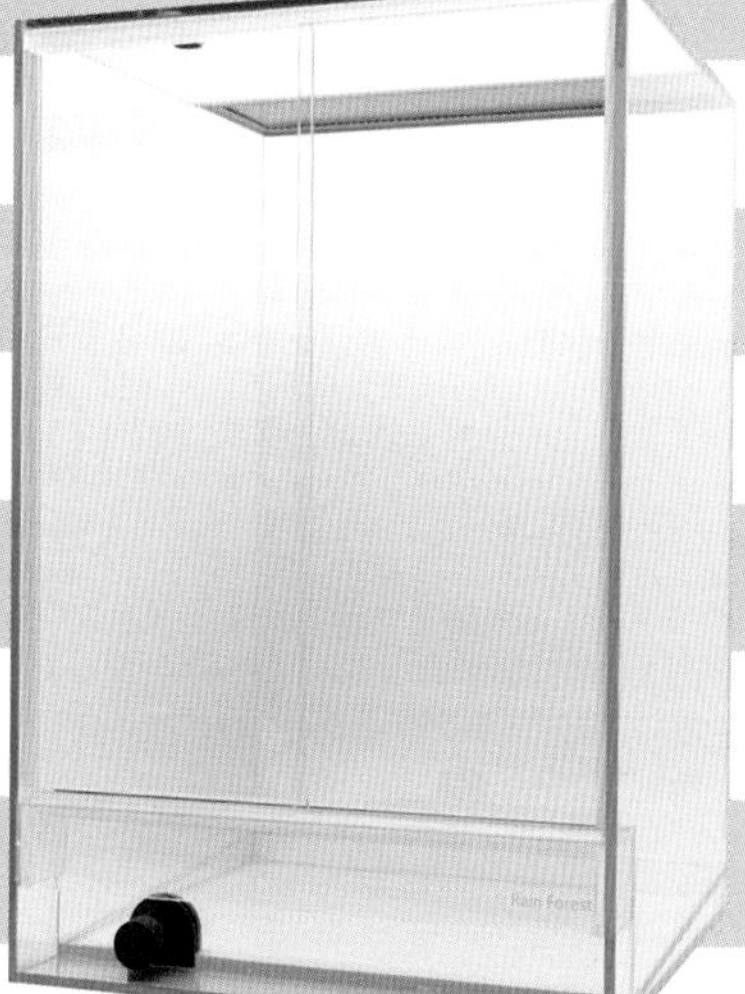

T.I

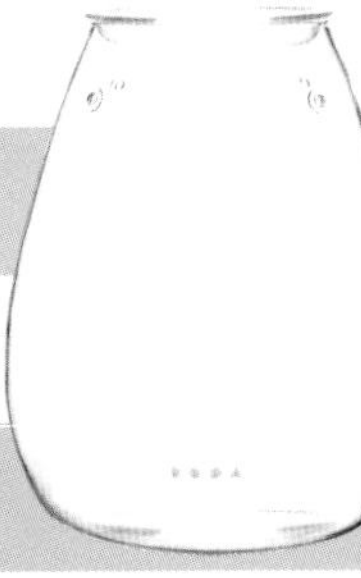

ガラスポット SHIZUKU

DOOA

フタに水を注ぐと「しずく」が少しずつ滴り落ちる。容器内の湿度がこれで保たれると同時に、見た目に楽しい作りとなっている。側面には過度な湿気を防ぐ通気孔も設けられている。本体のサイズで直径（最大）17×高さ20cm
・4,600円＋税

セット例（ウッドベースとマグライトは別売）

ほとりえ グリーンカーペット キットP

水作

ほとりえに円柱型の水槽がラインナップ。緑の絨毯のアレンジが広がりそうだ。ガラス容器の他、ベースソイル、ベースサンド、ラヴァストーン、水草のタネが同梱。直径15×高さ15cm
・4,800円＋税

セット例

アクアテリア メダカ用 N190

水作

付属のプランターに水に強い植物を植えれば簡単アクアテラの出来上がり。魚をメインで植物も……という方にも良いだろう。19×21×10cm
・4,000円＋税

セット例

器具類

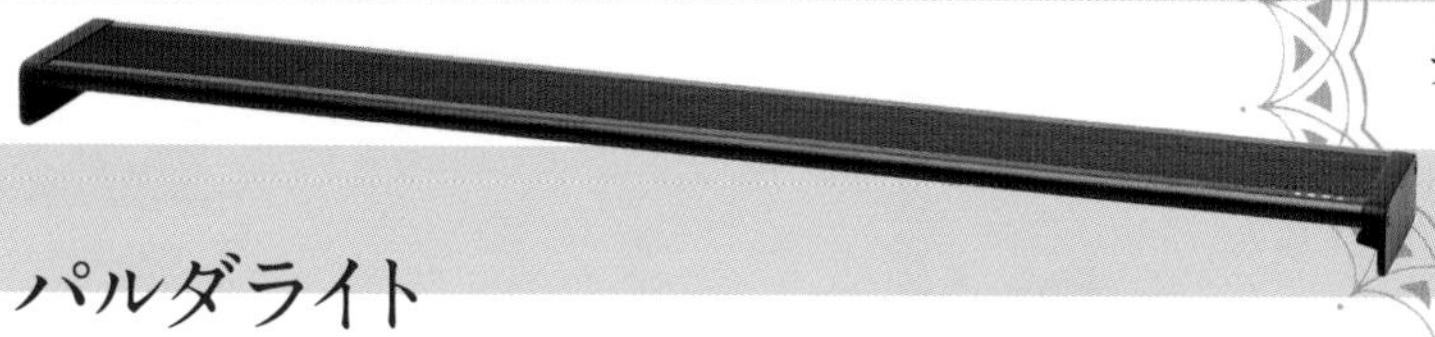

パルダライト

DOOA

熱帯雨林植物を育成するための照明器具。水草育成用のライトとはR（赤）、G（緑）、B（青）のバランス比が異なり、熱帯雨林植物特有の青く輝く葉や色鮮やかな小型原種ランの花などが美しく観賞できる

・パルダライト60　36,000円＋税

セット例

リーフグロー

GEX

ガラス容器、グラスポット、小型水槽にぴったりのLEDライト。取り付け部はフレームレス水槽にも対応。フレキシブルアームは長さ調整、角度調整が可能で、どんな容器にも最適な距離、角度で照らすことが可能。色温度6,500Kによる自然でさわやかな光が、魚と緑を色鮮やかに照らす

・オープン価格

セット例

LEDスタンドライト　こもれび

水作

小型水槽に向いたスタンド型のLEDライト。スタンドは23～40cmの高さに伸縮する（高さ30cmの水槽まで対応）。小さいながらも植物の育成に適した光を照射する

・5,200円＋税

ミストフロー　DOOA

システムテラ30、システムパルダ30／60専用の超音波ミスト発生器。ろ過槽の水中に沈め電源を入れることで微細な霧が発生する。交換用の振動板（3枚）、専用工具などが付属

・6,200円＋税

ミスター
GEX

加圧式のスプレー。ノズルを回すと霧の広がりも調節可能。容量は1ℓあるので小さなスプレーに比べれば給水の手間も軽減できる

・1,750円＋税

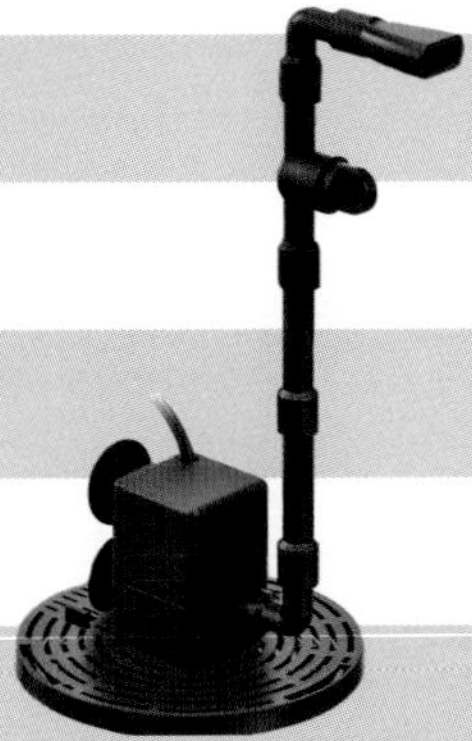

ピコロカHigh
GEX

小さな水槽にも対応できる超コンパクトな静音フィルター。レイアウトに合わせて使い方は自由自在だ。底面式フィルター付き。やさしい水流で高さのある水槽にも対応する

・オープン価格

使用例

モンスーンソロ　GEX

たとえば2時間に10秒など、一定のサイクルでケージ内に噴霧ができるミスティングシステム。他に任意での噴霧もできる。多湿を好む植物や両生類に

・21,000円＋税

アクアパネルヒーター
水作

水槽の下に敷くタイプのヒーター。水を張ったアクアリウムでは水中ヒーターを利用できるが、小さなアクアテラリウムや水の少ないパルダリウムではこのようなタイプが重宝する。表面温度約25～60℃の範囲で調整可能。時折水槽内の温度を確認して温度を調整しよう

・7,500円＋税

底床造形材

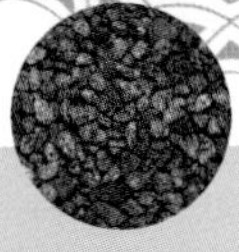

ジャングルソイル　DOOA

パルダリウムなどでの植物育成に適した底床素材。天然黒土をベースに植物の生育に有効な土壌微生物や無煙炭を配合しているため、植物の根張りが良く、健康に育つ

・700mℓ　660円＋税

・3ℓ　1,900円＋税

ジャングルベース
DOOA

水の停滞しやすいパルダリウムの水槽底部に用いる底床材。軽石をベースにしており、植物の生育に有効な土壌微生物や木炭粉を配合しているため、底床内の通気性を維持し植物の根腐れを防ぐ

・200mℓ　440円＋税

・1ℓ　1,500円＋税

大地の恵み 育つソイル

アクア・テイラーズ

栄養分を含みpHや硬度を下げる働きがあるため、植物の育成や、弱酸性の軟水を好む生物の飼育に向いている
・1ℓ（ノーマル／パウダーともに）480円（税込）
・3ℓ（ノーマル／パウダーともに）980円（税込）
・8ℓ（ノーマル／パウダーともに）2,480円（税込）

極床 造形君 ピクタ

水を加えてドロ状にして使用する。思い通りの形に造形しやすく、植物の栽培も可能。各種素材の表面に貼り付けるようにして使用することもできる
・2ℓ　オープン価格
・4ℓ　オープン価格

極床 植えれる君 ピクタ

吸水性に優れた植栽用フォーム。高さのあるケージでも水を吸い上げてくれる。カッターやスプーンなどで容易に造形可能。水を含むと黒っぽくなりレイアウトになじむ
・A4サイズ厚さ1cm　オープン価格
・A4サイズ厚さ3cm　オープン価格
・A4サイズ厚さ9cm　オープン価格

作れる君 ピクタ

強化発泡スチロール製。カッターで切断でき、グルーガンやシリコーンで接着できるので、パルダリウムの土台、陸地、ポンプカバーなど様々な場面に用いることができる。どこでカットしても黒いためレイアウトでも目立たない。59×29×1.5cm
・オープン価格

セット例

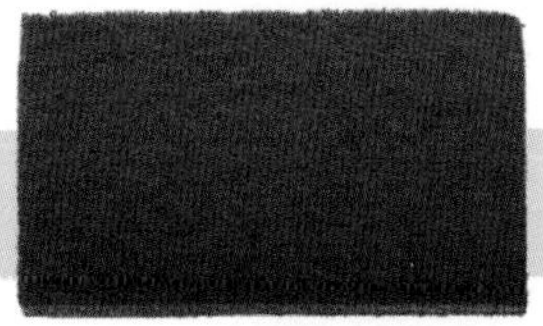
パネルタイプ

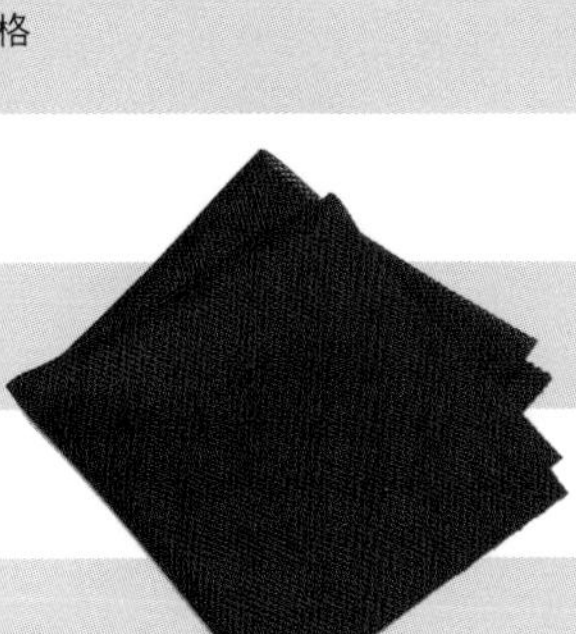

Hygrolon（ハイグロロン）シート

アクア・テイラーズ

植物を着生できるパルダリウム用の保水性の高いシート。保水、吸水力が高くEpiwebなどの素材に貼り付けて使うことで、より高い吸水性をもたせることができる
・50×50cm　1,350円（税込）
・100×100cm　3,410円（税込）
・100×200cm　6,380円（税込）

Epiweb エピウェブ アクア・テイラーズ

リサイクルプラスチックを原料とした植物が着生する素材。水槽背面に貼ったり、カットしてポケットを作ったりと、いろいろな使い方ができる。パネルタイプ、バンキングバスケットタイプ、ブランチタイプなど様々な形状がある
・2,350円（税込）※29×44×2cm

レイアウトグッズ その他

テラベース

DOOA

表面にコケなどを着生して育てられる陶製のオーナメント。内部に水を満たすと少しずつ表面から染み出して植物を潤す

・テラベース 160（直径 10 × 16cm）
2,800 円 + 税

・テラベース 230（直径 10 × 23cm）
3,000 円 + 税

テラベース 230

ウォーターソフナー DOOA

ガラスポット SHIZUKU に注ぐ水や小型パルダリウムに噴霧する霧吹き用の水に最適な軟水生成用容器。容器に付属のパルダクリーン PC を入れ、水道水を注いで攪拌すると TH:10mg/ℓ 以下の軟水となる。処理した水を使用することで、ガラス面に付着する白いカルシウム汚れが軽減される

・2,200 円（税込） パルダクリーン PC 2 パック付属

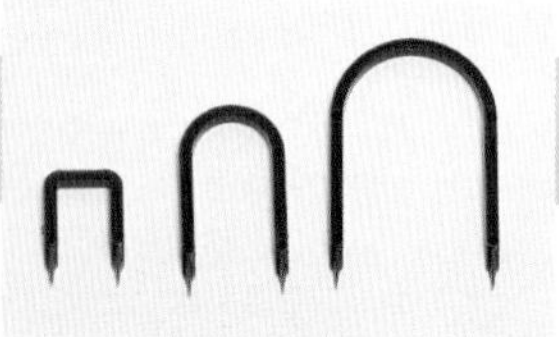

テラライン

DOOA

流木やテラベースに着生ランやモス類を固定するためのライン。緑色で植物になじみ目立ちにくい。化学繊維のため長い時間しっかりと植物を固定する

・660 円 + 税

Epiweb 専用プラピン

アクア・テイラーズ

樹脂製で腐らず、先端が特殊な形状のため抜けにくいピン。Epiweb 専用に開発された

・コ -8（18 × 12mm ／ 16 個入り）400 円（税込）
・U-12（30 × 16mm ／ 12 個入り）400 円（税込）
・U-22（40 × 26mm ／ 8 個入り）400 円（税込）

テラテープ

DOOA

流木などに巻きつけることで水を吸い上げて乾燥を防ぎ、コケ類などの着生植物が生育しやすい環境をつくる自着性の保湿テープ

・1,000 円 + 税

活着君 ピクタ

高い保水力を持つシート状の素材。表面が起毛しており土を使わずに植物を栽培できる。また、裏面はファスナーのメス側として機能するので、あらかじめレイアウト素材に本製品の表側（オス面）を取り付けておけば、垂直な壁面での活用や、取り外しも可能

・S（30 × 24cm）オープン価格
・M（48 × 30cm）オープン価格
・L（60 × 48cm）オープン価格
・XL（100 × 70cm）オープン価格

ルドウィジア sp.
スーパーレッド

ミリオフィラム・
マトグロッセンセ

BIO みずくさの森 ADA

特殊な培地で育てられたカップ入りの水草。半水中葉のため陸上での栽培もしやすい。ヘアーグラス、ハイグロフィラ・ピンナティフィダ、アヌビアス・ナナなど多数がラインナップ
・全てオープン価格

ジャングルプランツ DOOA

水草や熱帯魚の住む地域に自生する植物を取り扱うシリーズ。販売時には、陸上で育成するものは緑色のラベル、水中でも育成できるものには白いラベルが付されているので、レイアウトに使用の際には目安となる
・オープン価格

ベゴニア・
アンフィオクサス
（陸上で育成）

ラゲナンドラ・
ケラレンシス
（水中でも育成可）

アクアテラリキッド GEX

天然由来抗菌成分であるグレープフルーツシードエキスの殺菌効果によって、テラリウムの流木などに発生するカビや、カビに由来する臭いを抑える。動物や植物がいる水槽でも安心して使用できる
・オープン価格

癒し水景 MIX プランツウッド／バリスネリア

癒し水景 MIX プランツウッド／ルドウィジア

ほとりえ ミニチュアピック 水作

アクアリウムやパルダリウムをかわいらしく飾るミニフィギュア。ピンを底床に刺して固定する。きのこ、ヤドクガエル、てんとうむしなど 12 のフィギュアがラインナップ。耐久性のある素材（レジン）でつくられている
・各 500 円 + 税

ヤドクガエル

きのこ 3 種のセット例

癒し水景 MIX プランツ GEX

特にアクアテラリウムでは水中が暗くなりがちで、水草を育てるのにも工夫がいる。そんなときはこうした人工のプランツを使うのも一つの手だ。最近では質感などがリアルなものも増えてきた。癒し水景は豊富なラインナップで、流木や石などが組み合わさった凝った造形のものもある
・オープン価格

New Style Indoor Green

新しいインドアグリーンのカタチ

CELL

EMERALD / CLEAR / AMBER

セル | エメラルド / クリア / アンバー

Lagenandra meeboldii 'Amaranth' / Columnea bilabiata / Homalomena humilis Silver / Euphorbia horrida f.monstrosa / Racinaea crispa / Acronia paquishae

GEX
CLEAR LED
LEAF GLOW EX
リーフグローエクストリーム
2倍※の明るさ×3種類の色温度
600 lm
2倍※の明るさ
※リーフグローとの比較
写真はイメージです
水草・植物・レイアウトに合わせて選べる3種類の色温度
温かみのある白色
明るさ300lm
色温度3,500k
青みのある白色
明るさ300lm
色温度10,000k
自然な白色
明るさ600lm
色温度7,000k
取り付け方2WAY
アタッチメント＆
スタンドの２WAY。
フレームレス水槽、
枠付水槽に使用可能。
動画はこちら
・商品の仕様、デザイン等予告なく変更する場合がございます
このやさしさを人と社会へ
GEX ジェックス株式会社
ジェックスグループ
工　場　PT LIMA TEKNO INDONESIA
貿易部門　ジェックス インターナショナル
SUSTAINABLE DEVELOPMENT GOALS
私たちは持続可能な開発目標（SDGｓ）を支援しています。
ジェックス　検索

本書は2021年発行「月刊アクアライフ増刊　パルダリウムとアクアテラリウム」を加筆修正し、新たな記事を追加するなどして発行したものです。本書に掲載した情報は一部を除き取材時のものです。

STAFF

編集　山口正吾
撮影　石渡俊晴（T.I）
　　　橋本直之（N.H）
写真協力　アクアデザインアマノ（ADA）
　　　高城邦之（K.T）
　　　Nederlandse Bond Aqua Terra（N.B.A.T）
イラスト　いずもり・よう
デザイン　平野編集制作事務所
広告　柿沼 功
　　　位飼孝之
　　　伊藤史彦
　　　江藤有摩
販売　鈴木一也

新装版
パルダリウムとアクアテラリウム

2024年3月10日　初版発行

発行人　清水 晃
編　者　月刊アクアライフ編集部
発　売　株式会社エムピージェー
〒221-0001
神奈川県横浜市神奈川区西寺尾2-7-10
太南ビル2F
TEL　045-439-0160
FAX　045-439-0161
e-mail　al@mpj-aqualife.co.jp
https://www.mpj-aqualife.com

印　刷　シナノパブリッシングプレス

ISBN 978-4-909701-84-8